Arqueologia medieval
reflexions des de la pràctica

Arqueologia medieval

Reflexions des de la pràctica

I Curs Internacional d'Arqueologia Medieval

Flocel Sabaté, director
Jesús Brufal, coordinador

Pagès editors
LLEIDA, 2007

Sant Salvador, 8 - 25005 Lleida
ed.pages.editors@cambrescat.es
www.pageseditors.com
Primera edició: octubre de 2007
ISBN: 978-84-9779-577-7
Dipòsit legal: L-1277-2007
Imprès a Arts Gràfiques Bobalà, SL

CULTURA CATALANA
SINGULAR i UNIVERSAL
Convidada a Frankfurt 2007

Ajuntament
d'Algerri

INSTITUT
D'ESTUDIS
ILERDENCS
Fundació Pública de la Diputació de Lleida

CONSELL COMARCAL DE LA NOGUERA

Grup de Recerca Consolidat
ESPAI, PODER I CULTURA
Universitat de Lleida

ÍNDEX

Introducció

L'ARQUEOLOGIA MEDIEVAL EN ENTRAR AL SEGLE XXI

FLOCEL SABATÉ

"No abandonéis el historiador a la fantasía del poeta, porque os creará un mundo nuevo en vez de presentaros el que ha existido; dadle sí por compañero al paciente arqueólogo, que interrogando al mármol y al bronce halla tal vez en una letra medio corroída la solución de un problema". Aquest consell s'inclou en la reflexió amb què Tomàs Aguiló, el 1849, reivindicava "*los auxilios que presta la arqueología a la historia*", convençut que "*la Historia y la Arqueología son dos hermanas, si se quiere de edad y carácter algo diversos, pero que se proponen un mismo objeto.*"[1]

Certament, l'objectiu sols pot ser un de comú: comprendre les arrels del present a través d'estudiar el temps i l'espai que ens ha precedit. Clar que hom podia imaginar aquest àmbit arqueològic sols abocat a dialogar amb materials nobles provinents de períodes concrets d'escassa documentació. En aquest sentit i en el mateix segle XIX, Hübner, quan reivindica una arqueologia seriosa, esguarda les restes medievals per a veure-hi sobretot les traces romanes, tal com explica ell mateix pensant en la Península Ibèrica: "*¿Cuántas iglesias, castillos y murallas, después de la ocupación árabe y desde la Reconquista, se han construido casi exclusivamente, o en su mayor parte, con materiales romanos?*".[2]

Tanmateix, aquests mots veieren la llum el 1888 a Barcelona, coincidint, doncs, amb una societat que recerca els propis orígens, sobretot, en el període medieval. De manera ben particular, a Catalunya, les expressions constructives i materials provinents dels segles que veieren néixer la llengua, la cultura i, en definitiva, la identitat catalana, són objecte d'un nítid interès: "*La Renaixença como movimiento romántico nacionalista contribuyó a desplazar una parte del interés del mundo antiguo*

1. Tomàs AGUILÓ, *Memoria sobre los auxilios que presta la arqueología a la historia,* Imprenta de Antonio Puigrubí y Canals, Tarragona, 1849, p. 9, 5.

2. Emilio HÜBNER, *La arqueología de España,* Tipo-litografía de los sres. de Ramírez y compañía, Barcelona, 1888, p. 258-259.

hacia la arqueología medieval del país, a través de monumentos que se encontraban en ruinas y que representaban el nacimiento medieval de la nación catalana".[3] De fet, l'arqueologia aporta, en aquests moments, un potencial cabdal, enllaçant àmbits acadèmics i ressò popular i contribuint a orientar la tria en les actuacions de preservació del patrimoni.[4] Es facilita així la comprensió d'una arqueologia que cobreix amb naturalitat el període medieval, tal com, juntament amb altres intervencions sobre el patrimoni, l'exposà Josep Gudiol[5] o la practicà Puig i Cadafalch,[6] ja en el segle xx.

Aquests trets específics, pels que les restes materials evoquen un passat que forneix una identitat nacional, la consciència de la qual cal fomentar per a evitar-ne la desaparició, donen vigor a uns afanys que, alhora, saben aclimatar d'una altra manera les alenades científiques que arriben de l'exterior europeu. En els mateixos primers anys del segle xx s'apleguen les primeres regulacions legals de les excavacions arqueològiques a Espanya, el 1911, i el desenvolupament, a Catalunya, d'específiques institucions que vetllen pel propi patrimoni, començant per la tasca impulsada per l'Institut d'Estudis Catalans gairebé des de la seva creació el 1907. En aquest context, l'arqueologia aplicada al període medieval s'endinsa en el segle xx sostinguda per figures com Joan Serra i Vilaró[7] o Agustí Duran i Sanpere, que, en la seva vitalitat, marcaran dècades de treball tot essent capaços de mantenir el tremp de la recerca arqueològica a través dels diferents períodes polítics, tot aprofitant institucions ben diverses, com les municipals de Barcelona.[8]

Amb aquests guiatges i sota l'afany pel coneixement històric i, també, per l'estudi d'un país que cada cop sembla més fonedís en la seva identitat,[9] es traspassa la segona meitat del segle xx enmig de greus precarietats institucionals i formatives. Alhora, i concordant amb altres àmbits en la descoberta i l'estudi del propi patrimoni, el dens teixit associatiu cultural català que ha caracteritzat el país manté tasques arqueològiques vinculades a institucions comarcals i provincials com,

3. Xavier Barral, *L'arqueología en Cataluña*, Ediciones Destino, Barcelona, 1989, p. 32.

4. Eduard Riu-Barrera, *De la fi de l'imperi al feudalisme. Problemes d'arqueologia i història,* "El feudalisme comptat i debatut. Formació i expansió del feudalisme català", M. Barceló, G. Feliu, A. Furió, M. Miquel, J. Sobrequès, eds., Publicacions de la Universitat de València, València, 2003, p 125.

5. Josep Gudiol, *Nociones de arqueología sagrada catalana,* Imprenta de la Viuda de R. Anglada, Vic, 1902.

6. Antoni González, *A propòsit de Jeroni Martorell, Puig i Cadafalch i Torres Balbas,* "Les restauracions de les esglésies de Sant Pere de Terrassa", Diputació de Barcelona, Barcelona, 1993, p. 46-47.

7. Amadeu Soberanas i Lleó, *Mossèn Joan Serra i Vilaró,* "Boletín Arqueológico", època IV, fasc. 113-120 (Tarrragona, 1971-1974), p. 11-14.

8. Adolfo Florensa, *Conservación y restauración de monumentos históricos (1927-1946),* Ayuntamiento de Barcelona, Barcelona, 1949, p. 7-19; *Conservación y restauración de monumentos históricos (1947-1953),* Ayuntamiento de Barcelona, Barcelona, 1953, p. 11-28; *Conservación y restauración de monumentos históricos (1954-1962),* Ayuntamiento de Barcelona, Barcelona, 1962, 11-29.

9. Eulàlia Duran, *Agustí Duran i Sanpere. Semblanza biogràfica*, Institut d'Estudis Catalans, Barcelona, 2000, p. 10-12.

destacadament, l'Institut d'Estudis Ilerdencs, consolidant unes específiques línies que ompliran amb notòries aportacions el tercer quart del segle XX.[10]

Tot i aquestes aportacions, la realitat espanyola es mostrava desencaixada respecte de les innovacions que en arqueologia medieval s'estaven assolint per investigadors europeus. Des de 1945 a París es publicaven els *Cahiers Archéologiques* que clarament pretenien fomentar la recerca entorn la "fin de l'Antiquité et Moyen Âge". A la Gran Bretanya l'obertura de perspectives i la multiplicació d'actuacions qualla, el 1957, en la fundació de la Society of Medieval Archaeology, amb la seva revista científica *Medieval Archaeology*. Aviat, però, es tractarà d'establir ponts i avançar també a la Península Ibèrica vers una arqueologia de formació universitària, tal com s'esforcen de fer, durant les dècades dels anys seixanta i setanta del segle XX, professors com Alberto del Castillo i Manuel Riu. Aquesta ja és una arqueologia que interroga totes les restes materials per contribuir a reconstruir el període històric objecte d'estudi. La consolidació de l'específica perspectiva medieval assoleix un nivell suficient per efectuar balanços tant generals —el manual sobre Arqueologia medieval escrit per Boüard es tradueix en 1977,[11] només dos anys després de la seva edició francesa— com a escala peninsular —la traducció de Boüard es publica amb un apèndix sobre l'arqueologia medieval a Espanya—[12] i fins i tot en l'àmbit català,[13] aconseguint que els avenços científics s'acompanyin d'un interès generalitzat i d'una ràpida divulgació.[14]

Aquesta bona acollida concorda amb uns moments favorables en tots els vessants: l'arqueologia dels períodes precedents mostra uns signes d'esgotament que semblen reclamar l'obertura de nous fronts, com també succeeix amb les vies tradicionals del medievalisme, tot beneficiant-se d'una elevada receptibilitat social per l'estudi i el coneixement de l'edat mitjana[15] i, també, del vigor que està experimentant l'arqueologia medieval a tot Europa, segons en dóna bona mostra la consolidació de diverses revistes especialitzades al llarg de la dècada dels setanta, amb l'aparició a França, el 1971, de la *Revue d'Archéologie Médiévale*, a la que el 1976 se suma l'específica *Archéologie du Midi Médiéval*; a Itàlia, també el 1971, amb el *Notiziario di Archeologia Medievale*, al que s'afegirà destacadament, el

10. La revista *Ilerda* serví per a difondre les aportacions d'autors com Rodrigo Pita o Luis Díez-Coronel, que obriren via en temes inexplorats com l'arqueologia del període andalusí.

11. Michel DE BOÜARD, *Manual de Arqueología Medieval. De la prospección a la historia,* Editorial Teide /Editorial Base, Barcelona, 1977.

12. Manuel RIU, *Arqueología Medieval en España,* "Manual de Arqueología Medieval. De la prospección a la historia", Editorial Teide /Editorial Base, Barcelona, 1977.

13. Manuel RIU, *L'arqueologia medieval a Catalunya,* Amelia Romero editora, Sant Cugat del Vallès, 1989.

14. Josep Maria GURT – Araceli MARTÍN, *L'arqueologia a Catalunya, avui,* Departament de Cultura de la Generalitat de Catalunya, Barcelona, 1982, p. 155-181.

15. Ricardo IZQUIERDO, *La Arqueología medieval en España: antecedentes y estado actual,* "Arqueología y territorio medieval", 1 (Jaén, 1994), p. 121-122.

1974, *Archeologia Medievale*; a Alemanya, el 1973, amb la *Zeitschrift für Archäologie des Mittelalters* i a Suècia el 1979 amb la *Medeltidsarkeologisk Tidskrift*. Seguint aquesta estela, a Espanya s'aconsegueix aclimatar l'arqueologia medieval com una branca específica, vigorosa, atractiva i amb uns continguts específics.[16] Compta amb prou gruix de professionals i suport científic a Espanya per a donar lloc, el 1982, al naixement d'una específica Asociación Española de Arqueología Medieval, ben difosa a partir d'impulsar congressos exclusivament dedicats a l'arqueologia medieval espanyola des de 1985 i de publicar, amb caràcter anual, un butlletí científic a partir de 1987.[17]

El camí es mostrava així, en la penúltima dècada del segle xx, prou madur per a rebre crítiques amb les que plantejar revisions conceptuals i enriquiments de perspectives, fins i tot procedents d'un angle d'estudi de l'edat mitjana situat "*a las afueras del medievalismo*" segons la pròpia autodefinició.[18] Alhora, els mètodes i tècniques guanyaren complexitat i eficàcia. Tot definint l'arqueologia "*entre les ciències humanes i les ciències de la natura*"[19] i esperant que l'especialització tècnica i la ciència exacta aportessin seguretat,[20] s'accelerava la transmissió de coneixements tècnics específics en l'aplicació de sistemes de datació[21] i en la realització d'anàlisis antracològiques, edafològiques, mineralògiques o químiques, sumades als estudis carpològics, palinològics, geoarqueològics, zoològics i antropològics.[22] Calia, doncs, posar-se al dia en "*noves tendències en arqueologia medieval*",[23] al mateix temps que

16. Manuel Riu, per exemple, el 1983, divulgava i sistematitzava l'arqueologia medieval començant per atorgar-li definició: "*¿Qué es la Arqueología Medieval? Una ciencia nueva, joven, de unos treinta años poco más o menos, hoy en boga, que trata de perfeccionar nuestro conocimiento de la época medieval exhumando testimonios que completan los que nos aportan y estudian los textos escritos, los topónimos, etc; el estudio de los testimonios arqueológicos permite ampliar de forma extraordinaria el ámbito de aspectos cognoscibles del pasado y, en particular, aquéllos que afectan a la vida cotidiana de los hombres*" (Manuel Riu, *Los estudios sobre arqueología medieval en España*, "Acta historica et archaeologica Mediaevalia", 4 [Barcelona, 1983], p. 277).

17. *Boletín de Arqueología Medieval*, 1 (Toledo, 1987).

18. Miquel Barceló, dir., *Arqueología medieval. En las afueras del "medievalismo"*, Editorial Crítica, Barcelona, 1988.

19. Sara Aliaga; Maite Garcia; Salvador Martínez; Georgina Mateu; Judit Molera; Trinitat Predell; Marius Vendrell, *Tècniques experimentals per a l'estudi de la ceràmica*, "Limes", 1 (Cerdanyola, 1991), p. 44.

20. M. Encarna Sanahuja Yll, *Renúncia conscient a la subjectivitat: l'aplicació d'alguns mètodes quantitatius a l'arqueologia*, "Cota Zero", 1 (Vic, 1985), p. 57-74.

21. Fernán Alonso, Luis Caballero, Eduardo Rodríguez, *Cronología constructiva de la iglesia mozárabe de San Baudelio de Berlanga (Soria): primeros resultados de dendrocronología y Carbono-14*, "Boletín de Arqueología Medieval", 11 (Madrid, 1997), p. 249-263.

22. Elisenda Vives, *La població catalana medieval. Origen i evolució*, Eumo Editorial, Vic, 1990; Jaime M. Chiarri, Blas Cloquell, Fernando Rodes, Juan B. Martí, *Estudio antropológico de los restos óseos humanos hallados en una necrópolis bajomedieval de Novelda (Alicante)*, "Boletín de Arqueología Medieval", 9 (Madrid, 1995), p. 237 – 261.

23. Per exemple, fou l'objecte, el 1990, de les "V Jornades d'Arqueologia Medieval a Catalunya" (*V Jornades d'Arqueologia Medieval a Catalunya. Noves tendències en Arqueología Medieval"*, Universitat de Barcelona, Barcelona, 1990).

s'innovaven arqueologies experimentals,[24] no sols en ceràmica[25] sinó també en agricultura i tractament del sòl.[26]

La vitalitat amb què l'arqueologia medieval tancava la centúria es reflecteix en les nombroses reflexions sobre diferents vessants del propi ofici —mètodes d'anàlisi,[27] possibilitats didàctiques, expositives i divulgatives[28]...— i en la reeixida especialització en nombrosos àmbits i singularitzacions: es parlarà d'arqueologia del territori,[29] del paisatge,[30] agrària,[31] dels parcelaris,[32] de l'hidraulisme,[33] de la geofísica,[34] del poblament,[35] de les instal·lacions artesanals,[36] urbana,[37] de la prospecció[38]... De fet, en accentuar el seu caràcter interpretatiu s'ha pogut adjectivar amplament la ciència arqueològica per a parlar no sols de l'arqueologia de la mort,[39] sinó de l'arqueologia de la colonització,[40] per exemple. En el mateix sentit, s'ha aconseguit

24 Peter J. Reynols, *Arqueologia Experimental. Una perspectiva de futur*, Eumo editorial, Vic, 1988.

25. Màrius Vendrell, Trinitat Pradell, Judith Molera, Salvador Martínez, *El procés de producció de la ceràmica de la ceràmica grisa: resultats de l'arqueologia experimental*, "Actes del 1r i 2n Curs d'Arqueologia d'Andorra (Andorra la Vella, 1988-1989)", Andorra la Vella, 1991, p. 163-167.

26. Peter J. Reynols, *Mediaeval cereal yields in Catalonia & England: an empirical challenge*, "Acta historica et archaeologica Mediaevalia", 18 (Barcelona, 1997), p. 495-507.

27. *Paisajes rurales y paisajes urbanos: métodos de análisis en historia medieval*, Universidad de Zaragoza, Saragossa, 1994.

28. *Seminario de parques arqueológicos (Madrid, diciembre, 1989)*, Ministerio de Cultura, Madrid, 1993.

29. José Avelino Gutiérrez, *Sobre los orígenes de la sociedad astuleonesa: aportaciones desde la arqueología del territorio*, "Studia historica. Historia Antigua", 18 (Salamanca, 1998), p. 173-193.

30. Almudena Orejas, *Territorio, análisis territorial y Arqueología del Paisaje*, "Studia historica. Historia Antigua", 13-14 (Salamanca, 1995-1996), p. 61-67.

31. Clara Arbués, *Vinyes que ja no hi són. Per una arqueologia agrària del domini feudal del treball pagès: les vinyes de Sorre i Montardit (El Pallars Sobirà) i Músser (la Cerdanya)*, "Actes del Congrés Internacional: Gerbert d'Orlhac i el seu temps: Catalunya i Europa a la fi del 1r mil·lenni (Vic-Ripoll, 10-13 de Novembre de 1999)", Eumo Editorial, Vic, 1999, p. 321-338.

32. Ricardo González, *Arqueología del paisaje e historia agraria: algunas cuestiones de método*, "Revista d'Història Medieval", 7 (València, 1996), p. 223-242.

33. Helena Kirchner y Carmen Navarro, *Objetivos, métodos y práctica de la arqueología hidráulica*, "Arqueología y territorio medieval", 1 (Jaén, 1994), p. 159-182.

34. Pere Freixas; Josep M. Nolla, *Geofísica i arqueologia. La catedral romànica de Girona a la vista*, "Lambard. Estudis d'art medieval", XIV (Barcelona, 2001-2002), p. 147-172.

35. Juan Zozaya, *La arqueología del poblamiento islámico en Al-Andalus*, "Boletín de Arqueología Medieval", 7 (Madrid, 1993), p. 53-64.

36. Ricardo Córdoba de la Llave, *Arqueología de las instalaciones industriales de época medieval en la Península Ibérica. Estado de la cuestión*, "Medievalismo", 6 (Madrid, 1996), p. 193-212.

37. Entre d'altres: Manuel Riu, *Notes sobre l'aportació de l'arqueologia a l'urbanisme medieval català*, "Fonaments. Prehistòria i Món Antic als Països Catalans", 5 (Barcelona, 1985), p. 143-158; F. Audoin, T. Badin, F. Baucheron, J. A. Muñoz, I. Rovaze, E. Sapin, C. Voyet, S. Zylawyj, *Les excavacions de la rue de Lutèce i l'arqueologia urbana a Paris*, "Tribuna d'Arqueologia" s/n (Barcelona, 1987-1988), p. 27-38.

38. Antonio F. Buendía Moreno, Fernando E. Villada Paredes, *Consideraciones en torno a la prospección sistemática de superficie. Problemas de la praxis*, "II Congreso de Arqueología Medieval Española (Madrid, 19 - 24 enero 1987)", Comunidad de Madrid, Madrid, 1987, t. II, p. 44-48.

39. Inma Ollich, *Arqueologia de la mort: una perspectiva de la Història Medieval*, "Acta historica et archaeologica Mediaevalia", 14-15 (Barcelona, 1993-1994), p. 277-290.

40. Helena Kirchner i Fèlix Retamero, *Cap a una arqueologia de la colonització. La subversió feudal de l'espai rural a les illes*, "L'Avenç", 290 (Barcelona, abril 2004), p. 40-45.

l'aprofundiment en tots els períodes cronològics, inclosos els que es mostren ben gasius en l'aportació de dades o els que aboquen elements de difícil definició, ja sigui en el passatge del món romà al medieval, en el període andalusí o en diversos àmbits baixmedievals. Igualment, la preocupació per la gestió i conservació del patrimoni implicat ha donat pas a determinades reflexions[41] per a trobar els corresponents criteris i per a perfilar una específica demanda de polítiques coherents i concordants amb les necessitats.[42]

Damunt d'aquests elements, la reflexió metodològica continua avançant, centrada sobretot en la capacitat per a tractar les dades obtingudes en la recerca i treure'n el màxim profit científic i divulgatiu. Per això, gaudeix una plena actualitat el desplegament informàtic, que ha obert nombroses vies de millora tècnica, tot oferint un ample ventall de possibilitats encara per activar, tot esdevenint un dels punts centrals en la renovació de l'arqueologia medieval actual.[43] La vitalitat en la recerca ha justificat la consolidació de noves publicacions específiques, com l'explícita *Archéologie islamique*, editada a París des de 1990, la revista *Arqueología y Territorio Medieval*, publicada a Jaén des del 1994, o la represa del *Boletín de Arqueología Medieval*, que ha tornat a ser publicat el 2005 després de vuit anys de silenci.[44]

Aquest vigor coincideix, en el temps, amb l'assentament d'uns escenaris socials i polítics específics, marcats pel desenvolupament de les institucions de preservació del patrimoni, la regulació d'intervencions preventives i l'arrelament tant d'àmbits de recerca arqueològica com d'empreses específiques. Tot això ha consolidat l'actuació arqueològica i l'ha situada en la normalitat quotidiana de les societats occidentals actuals. És un nou marc que no deixa d'oferir noves problemàtiques. D'antuvi, es percep un cert divorci entre intervencions arqueològiques destinades a la recerca universitària i altres adreçades a actuacions preventives que sovint adopten un caire més administratiu que d'investigació.[45] De fet, les intervencions preventives o d'urgència topen amb nombrosos interessos, sobretot econòmics, cosa que pot danyar l'eficàcia i la mateixa existència de la tasca arqueològica,[46] fins al punt que ara mateix Nicole Pot es pregunta retòricament, a la premsa, si "*fouiller pour détruire, est-ce bien utile?*".[47]

41. Vegeu, entre d'altres, les *Actas del Coloquio "Problemas en Arqueología Medieval (Jaén, 4 al 7 de mayo de 1993)"*, a "Arqueología y territorio medieval" 1 (Jaén, 1994), p. 7-215.

42. Antonio Malpica, ed., *Primer encuentro de Arqueología y patrimonio,* Servicio de Publicaciones de la Universidad de Granada, Granada, 1993.

43. Alberto García Porras, ed., *Informática y arqueología medieval,* Universidad de Granada, Granada, 2003.

44. "Boletín de Arqueología Medieval", 12 (Ciudad Real, 2005).

45. Manuel Acién Almansa, "Politica y Arqueología: ¿dependencia?", *Arqueología y territorio medieval,* 1 (Jaén, 1994), p. 71.

46. Emilio Cabrera, *Problemàtica de la arqueología medieval en la ciudad de Córdoba,* "Aragón en la Edad Media", XIV-XV (Saragossa, 1999), p. 210-211.

47. Nicole Pot, *Fouiller pour détruire, est-ce bien utile?,* "Le Monde diplomatique", 633 (París, desembre 2006), p. 28.

En qualsevol cas, la recerca arqueològica medieval, per la seva pròpia vivor, evidencia que té encara molt camí per recórrer en tots els àmbits, sigui excavació urbana o rural, prospecció o divulgació. Continua essent tot un repte obert el reforç del mètode analític amb elements de rigor científic contrastable que avalin les necessàries deduccions interpretatives. El pas de l'excavació a la interpretació històrica, eix bàsic de l'actuació, sovint mostra dificultats d'encaix, tant per a superar l'estadi merament descriptiu com per a garantir la deguda lectura interpretativa. S'acostuma a criticar que les aportacions arqueològiques moltes vegades es limiten a inventariar objectes i paraments, trobant, en canvi, dificultats per a la contextualització que justifica, al final, la interpretació. Ve a ser el comentari que efectuava Eduard Riu-Barrera en parlar específicament de l'arqueologia medieval: "*el seu gran perfeccionament analític ha anat acompanyat d'una desatenció palmària envers l'anàlisi històrica, de manera que gran part de la seva activitat no supera la descripció dels vestigis que l'excavació disseca o bé s'encalla en esforços cronotipològics d'elements de mobiliari, sobretot les sempiternes ceràmiques, amb uns resultats estantissos de dubtosa versemblança, atesa la dificultat intrínseca en la seva aplicació*". Es pot, fins i tot, sospitar de l'existència d'un vici d'ofici que pot arribar a desvirtuar l'eficàcia de la feina: "*Poques vegades, però, ha superat la simple descomposició estratigràfica dels vestigis i l'enumeració de la ceràmica recuperada; respecte a aquest darrer material, central a tota la tradició arqueològica, és sempre tractat prolixament, amb un detallisme exasperant que en determinats autors arriba a destil·lar unes tan fantasioses com precises cronotipologies que, en comptes de fer cap servei, esgarrifen per la feinada que donaran a l'hora de rebatre la seva inconsistència tenyida d'erudició*".[48]

A la vegada, tant si s'assumeixen aquestes bases com si s'ignoren, quan des de l'arqueologia medieval es pretén sobrepassar el caire descriptiu i abordar un clar repte interpretatiu, aquest pot esdevenir un veritable parany, parat per la mudesa de les troballes, encara que es defineixin perfectament en el seu estrat, i per aparents seguretats en realitat tremoloses en basar-se en el mètode comparatiu i en l'habilitat per deduir cronologies, usos, pràctiques i encaixos d'elements fragmentaris, tot plegat amanit, encara, per les presses amb què sovint cal treballar, amb escàs marge per a una detinguda reflexió. A voltes les conclusions de la recerca arqueològica són deduccions expressades amb seguretat però sustentades damunt de bases ben febles. Les advertències mai no seran suficients, sobretot perquè "*fouiller, c'est quasiment toujours détruire*", atès que "*la technique même de la fouille est destructrice, dans la mesure où elle procède par un examen des différentes strates de*

48. Eduard RIU-BARRERA, *De la fi de l'imperi al feudalisme. Problemes d'arqueologia i història*, "El feudalisme comptat i debatut. Formació i expansió del feudalisme català", M. Barceló, G. Feliu, A. Furió, M. Miquel, J. Sobrequés, eds., Publicacions de la Universitat de València, València, 2003, 127, 131.

l'occupation humaine; atteindre les niveaux inférieurs implique d'avoir, au préalable, démoli au moins partiellement les niveaux plus récents".[49] Així, doncs, a diferència de l'anàlisi documental, on l'objecte d'estudi sempre es presta a noves anàlisis per afinar, adequar o millorar les lectures interpretatives, l'arqueologia és una "*tasca irrepetible*"[50] i, per tant, la segona oportunitat es fa difícil, en tot cas haurà de ser indirecta i parcial, sols centrada en les anotacions i les restes extretes.

Per tal de tractar de superar aquestes dificultats, cal abocar-se a un treball arqueològic minuciós en la seva elaboració i en la seva interpretació, cosa que exigeix una absorció de temps i energies que amb facilitat abstreu els mateixos investigadors de la capacitat d'inserir la recerca en el seu marc global. Hom comprèn, doncs, que les visions de conjunt provinents de l'arqueologia a voltes tenen el perill de ser massa genèriques o, per contra, inexistents.[51] Per això Pedro López Elum ha criticat les aportacions de l'arqueologia medieval per la seva dispersió i manca de mètode: "*el rápido desarrollo no ha propiciado estudios de carácter metodológico y no existe una planificación en la investigación*", tot apreciant que els predominants "*trabajos aislados además de ser costosos son, a la vez, menos productivos*", i conclou, per tant, que "*falta de planificación y deficiente formación —medievalista— son respectivamente, los dos grandes problemas que presenta la Arqueología Medieval y algunos de sus estudiosos*".[52] Una excessiva separació entre arqueologia i història pot propiciar algunes d'aquestes dificultats interpretatives, com ho raonava Emilio Cabrera en considerar que "*ese carácter de técnica auxiliar no lo han aceptado, desgraciadamente, muchos arqueólogos*".[53]

Com a activitat pública que afecta el patrimoni comú, l'arqueologia depèn molt obertament de les polítiques imposades, que poden inclinar la tasca vers un costat o altre i que en condicionaran el funcionament, l'activitat i el finançament, d'acord amb la legislació que s'estableixi i la interpretació i aplicació que se'n faci. L'arqueologia medieval pot, doncs, patir polítiques patrimonials ideològicament molt dirigistes[54] o, pel contrari, extremadament desatentes vers les restes medievals,

49. Nicole Pot, *Fouiller pour détruire, est-ce bien utile?*, "Le Monde diplomatique", 633 (París, desembre 2006), p. 28.

50. Manuel Riu, *L'aportació de l'arqueologia a l'estudi de la formació i expansió del feudalisme català*, "La formació i expansió del feudalisme català. Actes del col·loqui organitzat pel Col·legi Universitari de Girona (8-11 de gener de 1985). Homenatge a Santiago Sobrequés i Vidal", Universitat Autònoma de Barcelona, Girona, 1985-1986 ("Estudi General", 5-6 [Girona, 1985-1986]), p. 27-28.

51. Podeu fullejar, per exemple, el programa de trobades com el "II Congrés d'Arqueologia Medieval i Moderna a Catalunya" (Sant Cugat del Vallès, abril 2002), on no sols les comunicacions sinó també les ponències se centren majoritàriament en casos puntuals i concrets.

52. Pedro López Elum, *Arqueología e historia medieval*, "Millars", XIV (Castelló de la Plana, 1991), p. 192.

53. Emilio Cabrera, *Problemática de la arqueología medieval en la ciudad de Córdoba*, "Aragón en la Edad Media", XIV-XV (Zaragoza, 1999), p. 219.

54. Eduard Riu-Barrera, *Arqueologia i conflicte urbà*, "L'Avenç", 273 (Barcelona, octubre, 2002), p. 62-64.

i fins i tot guiades pel dictat d'interessos mesquins, perquè, al cap i a la fi, "*la Arqueología mueve mucho dinero en España, y facilita la oportunidad de apuntarse importantes méritos en un 'curriculum vitae'*".[55] En aquest sentit, la mateixa consolidació de la tasca arqueològica i el seu elevat seguiment popular no deixen d'afegir-hi problemàtiques. Sovint cal prendre decisions en la intersecció dels afanys científics amb els criteris de rendibilitat econòmica que han de caracteritzar les empreses dedicades a l'arqueologia[56] o, també, en un escenari on les troballes tenen un gran i immediat ressò mediàtic i social que es presta a utilitzacions sota criteris de rendibilitat política. Per una i altra via es poden escolar preses de posició sota criteris extracientífics, incloent-hi greus manipulacions, no sols per part dels responsables polítics[57] sinó, a vegades, també dels mateixos professionals[58].

En realitat, l'arqueologia medieval es troba, sense pretendre-ho, en una cruïlla de canvis, de tal manera que, per la seva posició axial, l'afecten tant la crisi de la disciplina històrica[59] com les modificacions en la valoració i la gestió del patrimoni, incloent en aquest els moderns reptes en divulgació i difusió[60] i els nous encaixos en el mercat empresarial i laboral.[61]

Es comprèn, doncs, que, el vigor de l'arqueologia medieval actual oscil·li, al mateix temps, entre l'eufòrica crida d'Alain Guerreau que tots els medievalistes acceptin que "*le premier axe de renouvellement, qui concerne spécificament la médié-*

55. Emilio CABRERA, *Problemática de la arqueología medieval en la ciudad de Córdoba,* "Aragón en la Edad Media", XIV-XV (Saragossa, 1999), p. 221.

56. Una aproximació genèrica es pot veure a: R. Mª DOMÍNGUEZ; A. FERNÁNDEZ; J. L. HERCE; M. MENASANCH; M. Mª PRESAS, *Empresas de Arqueología y Arqueología urbana: investigación, negocio, profesión,* "Arqueología y territorio medieval", 1 (Jaén, 1993), p. 83-91.

57. *"Una de las cuestiones más graves en la relación con nuestro tema es la utilización de la Arqueología y los hallazgos arqueológicos como arma arrojadiza, como una más entre ellas. Por ejemplo en las contiendas políticas"* (Emilio CABRERA, *Problemática de la arqueología medieval en la ciudad de Córdoba,* "Aragón en la Edad Media", XIV-XV (Saragossa, 1999), p. 224).

58. Podeu veure el cas viscut a Tàrrega el 1997 (Flocel SABATÉ, *El solar del molí d'en Codina com a sinagoga: realitat i ficció,* "Nova Tàrrega", LVI/ 2809-2810-2819 [Tàrrega, 1999], sense numerar), on l'immediat i abrandat posicionament dels arqueòlegs proclamant que havien descobert una sinagoga, malgrat que les restes exhumades evidenciaven tota una altra cosa i que no s'havia deixat temps per a l'anàlisi interpretativa entorn d'una excavació tot just encetada, permeté a l'expert en judaisme Jaume Riera ironitzar dient que les restes arqueològiques aportades presentaven tants elements per a tractar-se d'una sinagoga com de "*la cueva de Alí Babá*" (Jaume RIERA, *Juderías y sinagogas' en Cataluña. Diez años después,* "Juderías y sinagogas de la Sefarad medieval. En memoria de José Luis Lacave Riaño. XI Curso de Cultura Hispanojudía y Sefardí de la Universidad de Castilla-La Mancha (2001)", Ana María López y Ricardo Izquierdo, coord., Ediciones de la Universidad de Castilla- La Mancha, Cuenca, 2003, p. 251).

59. Joan-Anton BARCELÓ o Miquel MOLIST, dirs., *Dossier: Teoria en arqueologia,* "Cota Zero", 14 (Vic, 1998), p. 7-92.

60. Gabriel ALCALDE i Walter CRUELLS, dirs., *Dossier: Arqueologia, Patrimoni i Societat,* "Cota Zero", 15 (Vic, 1999), p. 7-110.

61. Entre d'altres, es pot veure: Mònica BLASCO, Josep M. DEFAUS, Jaume MASSÓ, M. Teresa MIRÓ, Rafael MORA, Cristina BENET, Rodolf CORTÉS, *Universitat i mercat laboral en arqueologia. Problemàtica actual i perspectivas,* "Revista d'Arqueologia de Ponent", 6 (Lleida, 1996), p. 278-285; Elena GÓMEZ-Eduardo PENEDO, *Universidad y empresa en la arqueología actual,* "Revista d'Arqueologia de Ponent", 6 (Lleida, 1996), p. 369-373.

vistique, est celui de l'archéologie", fins a l'extrem, ben coherent, que "*les médiévistes doivent tous fouiller: oui tous!*";[62] i els tocs d'alarma amb què Philippe Araguas advertia que estem immersos en una "*balkanisation de l'archéologie médiévale*", si més no a la França del 2002, entenent que "*cette absence de projet global, cette vision très sectorielle des problématiques et de la recherche, cette manière de céder aux séductions des nouvelles starlettes épistemologiques et des Célestines institutionnelles est ce que recouvre le terme de balkanisation*".[63]

En qualsevol cas, totes aquestes qüestions sorgeixen de les possibilitats inherents a l'arqueologia ben enfocada. Una arqueologia medieval degudament recolzada institucionalment, emmarcada en els àmbits propis de recerca, sostinguda sobre unes eines rigoroses i conduïda per professionals ben preparats i coneixedors de les seves possibilitats i els seus límits, no sols complementarà els detalls que no trobem en els documents sinó que ens descriurà la vida, en totes les seves dimensions, dels homes i les dones que ens han precedit, arribant a la seva quotidianitat, amb els seus diversos elements, i incloent el coneixement del seu entorn humà, constituït de convivències, agressions o migracions, i, també, del seu medi natural, de les condicions climàtiques, dels seus recursos... És, per tant, un saber que "*appartient au registre des sciences humaines et non à celui des beaux-arts*" i que, per això mateix, mantenint els mots de Nicole Pot, "*ces découvertes nous donnent donc des pistes pour gérer le présent et penser notre avenir*".[64]

En definitiva, en parlar d'arqueologia medieval tenim al davant nous reptes, moltes qüestions obertes i un ample horitzó del medievalisme per recórrer. El conjunt justifica amb escreix que quan tot just encetem el segle XXI tractem d'obrir un nou àmbit per a la reflexió entorn de l'arqueologia medieval. Aplegant la responsabilitat de recerca de la universitat i els lloables afanys per aprofundir en el coneixement de les pròpies arrels, la Universitat de Lleida i l'Ajuntament d'Algerri han endegat una via d'actuació conjunta de caire arqueològic, centrat tant en l'excavació del seu castell d'origen islàmic —Àgira[65]— com en el desenvolupament d'àmbits de reflexió sobre el mateix estudi del passat i els seus mètodes. Per això, amb l'explícit suport de l'Institut d'Estudis Ilerdencs i amb la involucració de la Facultat de Lletres de la Universitat de Lleida, l'octubre de 2005 congregàrem a Algerri cinc destacats especialistes en arqueologia medieval per a demanar-los una reflexió sobre la realitat

62. Alain GUERREAU, *L'avenir d'un passé incertain: quelle histoire du Moyen Âge au XXIe siècle*, Éditions du Seuil, Paris, 2001, p. 141, 154.

63. Philippe ARAGUAS, *La balkanisation de l'archéologie médiévale dans la France de 2002*, "Medievalisme: noves perspectives (Balaguer, juliol de 2002)", Flocel Sabaté i Joan Farré (eds.), Pagès Editors, Lleida, 2003, p. 161.

64. Nicole POT, *Fouiller pour détruire, est-ce bien utile?*, "Le Monde diplomatique" 633 (París, desembre 2006), p. 28.

65. Dolors BRAMON, *De quan érem o no musulmans. Textos del 713 al 1010*, Eumo Editorial – Institut d'Estudis Catalans, Vic - Barcelona, 2000, p. 267-268.

i les vies de l'arqueologia medieval en els seus respectius àmbits de treball. Ben intencionadament acotàrem el marc de reflexió en l'àmbit andalusí i el seu entorn, no sols per la seva proximitat en l'espai físic que ens envolta,[66] sinó, sobretot, per tractar-se d'un dels camps on els treballs recents han ofert nombroses novetats i han apuntat una major renovació.[67]

66. Ja fa prop de dues dècades que es poden fer balanços sobre aquesta relació: Josep GIRALT, *L'arqueologia andalusina a les nostres terres,* "Recerques. Terres de Ponent", IX (Tàrrega, 1988), p. 107-119.

67. Una visió global i resumida sobre la recerca entorn del període andalusí en el cas català es pot apreciar a: Flocel SABATÉ, coord., *Entorn de l'arrel andalusina de Catalunya,* "Plecs d'història local", 108 (Barcelona, desembre 2003), p. 1697-1707.

Introducció a l'estudi de la ceràmica andalusina

Guillem Rosselló Bordy

I. Estat de la qüestió. Història de les investigacions

Introducció general:

Plantejar com s'ha desenvolupat al nostre país l'estudi de la ceràmica andalusina, allò que abans anomenàvem *la cerámica hispano-musulmana*, comporta una sèrie d'etapes de molt llarga duració, no sempre amb la continuïtat necessària pel que fa als projectes d'investigació i sempre dins una absoluta manca de recursos financers per a poder-la dur a bon termini.

D'altra banda, el tradicional tarannà elitista que ha caracteritzat la Universitat nostrada, des dels anys de poques universitats afectades també de mancances econòmiques a la plètora actual, supòs que també víctimes del mateix problema, estriba en la dualitat entre arqueòleg i investigador documentalista. Per un costat la prehistòria i el món clàssic, més la primera que el segon, fou compartiment estanc dels arqueòlegs, mentre que l'edat mitjana i no diguem la moderna i la contemporània foren domini absolut dels documentalistes de manera que, uns i altres, mantingueren fronteres infranquejables oblidant que les tècniques de treball emprades per cada especialitat podien aportar informacions cabdals, necessàries per complementar les respectives investigacions.

És clar que un prehistoriador no pot comptar amb un inventari *post mortem* que li expliqui què hi havia a un fons de cabana abandonat. L'arqueòleg clàssic tampoc no pot comptar amb un *cens* que reculli els noms de tots els habitants d'una illeta urbana, per moltes restes humanes que trobi dins una casa de Pompeia enfonsada per les esllavissades volcàniques. Tant el primer com el segon juguen amb uns materials gairebé sempre incomplets. La matèria orgànica és extingible i el que queda, si és que res queda, mai ens dóna la clara imatge que mantenia quan es trobava en ús.

El documentalista treballa amb l'ajut de textos escrits que li aporten moltes dades, emperò la informació rebuda no permet capir la claredat de la forma de les coses, dels seus colors ni dels seus caràcters externs.

És, per tant, aquesta contradictòria manera d'acceptar la idoneïtat d'unes tècniques que no són contraposades, ans al contrari, absolutament i necessària complementàries, allò que ha regit durant dècades el comportament d'uns i altres. Dels arqueòlegs rebutjant els estrats superiors d'unes runes amb l'ànsia aclaparadora d'arribar al rovell de l'ou més antic del jaciment mentre que els documentalistes, amb menyspreu evident, han passat, omniscients, per sobre els descobriments arqueològics sense capir-ne el significat.

En aquest sentit no està de més recordar que grans arqueòlegs que en el món han treballat partiren d'una formació filològica. Així, cal esmentar el cas d'Emil Hübner, un dels primers especialistes alemanys que es preocupà per l'arqueologia hispànica, o Pere Bosch Gimpera, creador de l'Escola Catalana de Prehistòria, o el mateix Giovanni Lilliu de la Universitat de Cagliari, pare de la prehistòria de la Mediterrània occidental malgrat alguns especialistes que ara pontifiquen s'oblidin de la seva existència i de les seves aportacions a la prehistòria de les Illes de la mar que fou nostra.

Avui, quan la investigació presumeix de la interdisciplinarietat, el fet de prescindir de la conjunció d'ambdues tècniques és cosa que voreja l'absurd més absolut. No podem oblidar que l'arqueòleg és historiador, no és un simple recolector de tests i olles. És historiador que treballa amb una documentació molt especial, minvada en molts d'aspectes, és veritat, perquè la matèria orgànica se'ns escapa emperò il·lustrativa més que unes paraules escrites sobre un pergamí o un full estripat de paper.

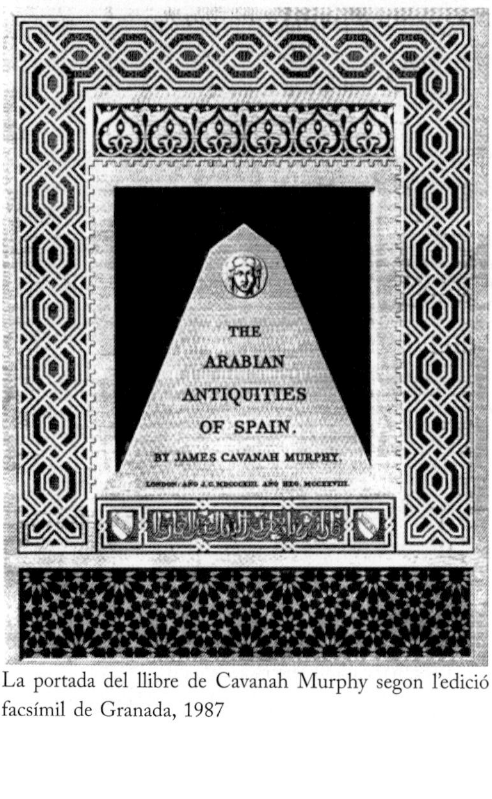

La portada del llibre de Cavanah Murphy segon l'edició facsímil de Granada, 1987

No està de més recordar les paraules d'un dels més grans investigadors anglesos, sir Mortimer Wheeler, que ens recomanava al començament de la seva *Archeology on the earth*, a la qual em referiré més tard. Cal destacar entre els termes apuntats una frase cabdal: *utilitzar la imaginació controlada*. Tot descontrol acaba en pura ciència ficció i tal cosa està bé per a un realitzador de Hollywood, no per a un historiador.

Història de les investigacions

Podríem iniciar aquest repàs per la història de la investigació amb el llibre que la Reial Acadèmia de Belles Arts sota el títol *Antigüedades árabes*

de España, publicat l'any 1804, en què es donaven a conèixer dibuixos de Tomás Francisco Prieto traçats en ple segle XVIII. Anys després, utilitzà el mateix títol James Cavanah Murphy: *Arabian antiquities of Spain*, London, 1813 JC – 1228H, per donar a conèixer a tot Europa els famosos *jarrones de la Alhambra* que generarien una maurofilia, tal volta exagerada, que arribà a termes fora mida durant el romanticisme vuitcentista.

Els dos *jarrones* segons la visió de Cavanah Murphy comparats amb els models anteriors de 1780. El primer ha desaparegut, romput al llarg del segle XIX. L'altre es conserva al Museu de l'Alhambra

El primer era un llibre d'imatges encomanades als més preclars il·lustradors de l'època, imatges que l'autor anglès no dubtà a aprofitar i recrear unes bellíssimes imatges, tant paisatges com reproduccions de temes decoratius, arabescs geomètrics, florals, etc. A un i altre destaquen les més antigues reproduccions de ceràmica andalusina. Es tracta dels dos *jarrones de la Alhambra,* que en aquella època encara es trobaven *in situ* a les *taqât* del Generalife. Un encara es conserva, es el famós *jarrón de las gacelas* o alfàbia de les daines, l'altre ha decomparegut, romput en una de les moltes vicissituts patides per tan singulars peces. Sortadament, part dels fragments encara es conserven a les reserves del Museu de l'Alhambra de Granada, mentre que la part superior de dita alfàbia forma part de les colel·leccions de la Hispanic Society de Nova York. Són gravats d'una qualitat extraordinària, burilats amb una cura meticulosa, obra d'artistes de gran vàlua que preludien els avenços que en ple romanticisme assolirà l'art gràfic. Això sí, la fantasia de Murphy traspassa els límits de la més estricta realitat.

No cal esmentar que les primeres representacions que tenim d'unes ceràmiques andalusines són de peces molt tardanes que suposen quasi el moment final de la producció i, per tant, mostres d'una extraordinària qualitat tècnica. Sens dubte, aquesta producció no té parangó amb cap de les magnífiques peces produïdes pels terrissers andalusins en èpoques anteriors que començaren a desenvolupar la seva activitat al segle IX dC que en el còmput islàmic correspondria als segles I i II H.

MEDINA ELVIRA

POR

D. MANUEL GOMEZ MORENO.

FACSIMIL DE LA EDICION DE 1888

Estudio preliminar y cuidado de la edición por
MANUEL BARRIOS AGUILERA

Grupo de Autores Unidos
Granada, 1986

La reimpressió de la memòria de Medina Elvira (Granada 1986)

Els investigadors del segle XIX

No serà fins l'any 1886 quan s'inauguri l'activitat arqueològica a un jaciment d'època islàmica. La troballa casual, en construir un tram de la via ferroviària a la serra d'Elvira a Granada, de restes romanes, suposadament pertanyents a l'antiga *Iliberis* de la Bètica, les troballes corresponents a època islàmica foren molt més importants i d'un valor artístic i arqueològic foramidats.

La memòria escrita per Manuel Gómez Moreno González, pare del mestre, vertader pare de l'arqueologia medieval al nostre país, Manuel Gómez Moreno Martínez, es publicà l'any 1886 (hi ha reimpressió facsímil de l'original, Granada, 1986, amb comentaris de Manuel Barrios Aguilera). És el primer text que

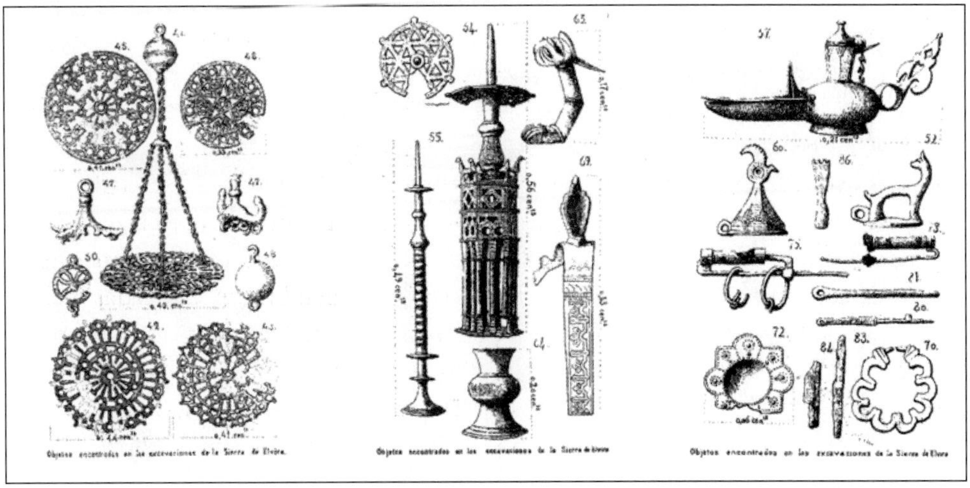

Materials metal·lics de Medina Elvira: alimara, canelobre, portallànties, llàntia, opèrculs de llàntia, forrellat

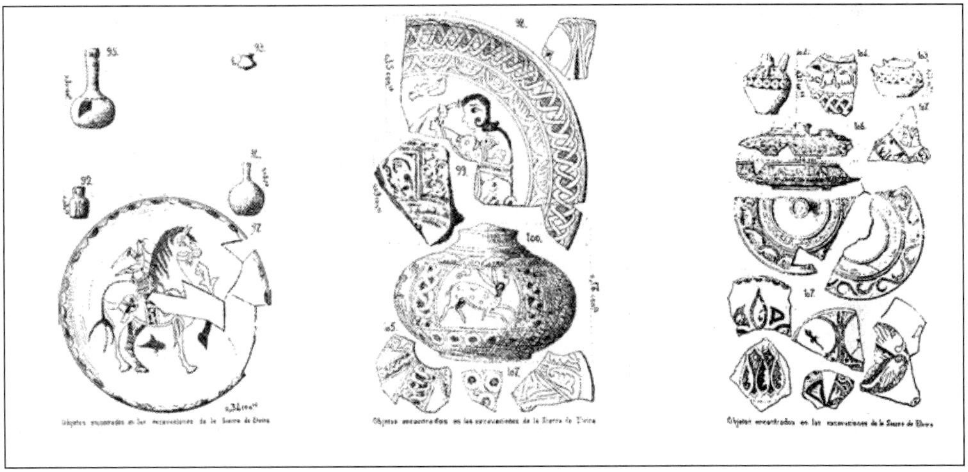

Materials ceràmics: safes de servei, bòtil i tapadores

encapçala la nostra investigació. Com era i encara és habitual, allò que pretenien els excavadors era trobar la ciutat iberoromana, emperò les troballes d'època musulmana superaren totes les esperances dels investigadors del món clàssic i Medina Ilbira, com fou coneguda a partir del segle VIII, durant moltes dècades va ésser el referent gairebé únic a l'hora de judicar la producció ceràmica andalusina.

Els materials abastaven una sèrie d'alimares metàl·liques i una molt bella mostra de ceràmica decorada mitjançant òxids de coure i manganès que es tornaven, després de la cuita, en els colors verd i morat. Es tractava de peces que corresponien a un servei de taula de gran categoria, representat per plats de servei, tapadores i bòtils per servir líquids.

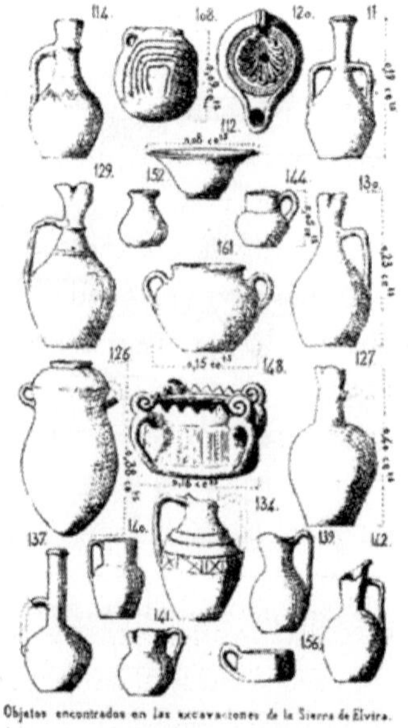

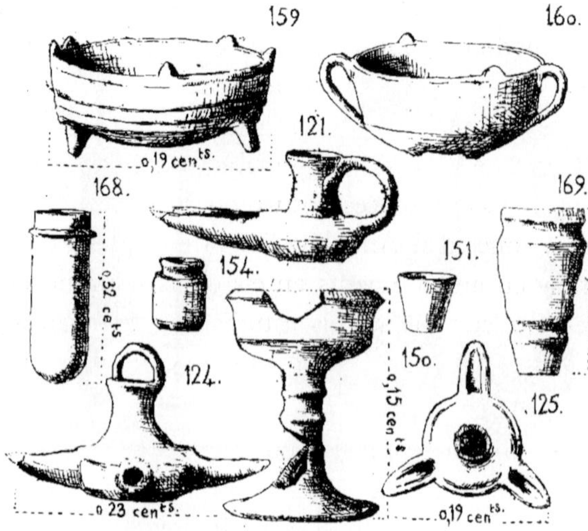

Terrissa comuna: servei de cuina, magatzem i llànties per a il·luminació casolana

Gómez Moreno *senior*, conegut dins l'àmbit familiar com *el pintor*, deixà una mostra important dels temes decoratius que podríem definir-la com els primers dibuixos de la ceràmica que ens ocupa ara fets amb criteris diguem-ne arqueològics, malgrat que dita definició sigui *avant la lettre*.

En els darrers anys s'han iniciat diferents revisions dels materials, sortadament conservats, de les més antigues excavacions realitzades en jaciments d'època islàmica. No sempre és factible, com comentaré més endavant, emperò en els casos en què tal cosa sigui possible els coneixements que ara tenim són molts superiors i permetrien establir noves conclusions. No tan sols diferenciar allò que és andalusí d'allò que és romà, com es pot veure a la il·lustració dels elements d'il·luminació, sinó determinar noves identificacions, com seria el cas del forrellat d'Elvira del qual avui tenim manta de paral·lels que havien passat per complet desapercebuts i que avui podem considerar com a elements d'ús comú emprats a qualsevol indret d'al-Andalús.[1] Els petits opèrculs de llànties metàl·liques amb temes zoomòrfics, considerats elements aïllats, de difícil definició utilitària, es poden integrar perfectament dins un context funcional, la qual cosa, fa més d'un segle, era impensable.

1. Gillem Rosselló Bordoy, *El ajuar de las casas andalusíes*, Màlaga, 2002.

Pel que fa a la ceràmica decorada, fins fa molt poc temps l'ús del verd i el morat el consideràvem una exclusiva d'Ilbira i al-Zahrâ', puix no teníem idea dels tallers perifèrics que ja a finals del segle x comencen a treballar a ciutats importants de la perifèria d'al-Andalus i que a partir del segle xi com a capitals de les taifes postcalifals mantindran una producció de gran importància, com Mallorca, Màlaga, Dénia, València, possiblement Almeria. Hem de reconèixer que l'estat de les nostres coneixences encara no ha assolit marges òptims perquè encara queden moltes zones d'al-Andalús dins la més plena de les foscúries, com ara Sevilla. Cas extrany en uns moments en els quals la producció d'al-Andalús oriental comença a ser ben coneguda i els estudis dels companys portuguesos han arribat a cotes prou altes per a saber com es desenvolupà la producció terrissera a l'occident del territori andalusí.

D'altra banda, la presència de la decoració en verd i morat també esmentada com verd i manganès, no fou una tècnica pròpia del segle x, ans al contrari, avui sabem perfectament com es perllongà al llarg del segle xi i deixant de banda possibles eclipsis durant el segle xii, torna comparèixer en època almohade (segona meitat del xii-primer terç del xiii) per marcar una etapa inicial dins les produccions terrisseres mudèjars, manufacturades en territoris sota el poder polític cristià (ceràmiques en verd i manganès de Paterna, Manisses, Manresa, Barcelona i altres centres catalans encara mal coneguts). Això sense comptar amb produccions semblants a Castella la Vella també realitzades per manobres moriscs.[2]

Ricardo Velázquez Bosco (Burgos, 1846-Madrid, 1923)

El segle XX: les etapes inicials

L'any 1910 es comencen a ritme constant les intervencions arqueològiques a Madînat al-Zahrâ' (Còrdova), constant emperò lent a causa dels incomptables problemes econòmics que retardaren l'adquisició per part de l'Estat del terrenys que ocupà l'antiga ciutat palatina fundada per 'Abd al-Rahmân III l'any 936 als peus de la *Serranía* de Còrdova aprofitant les pendents del ŷibâl al 'arûsa. Seria destruïda per la gran revolta bereber cent anys després, revolta que ocasionà la caiguda del califat de Còrdova.

2. Olatz Villanueva Zubizarreta, *El alfar de la calle de la Duquesa de la Victoria*, Valladolid, 1991.

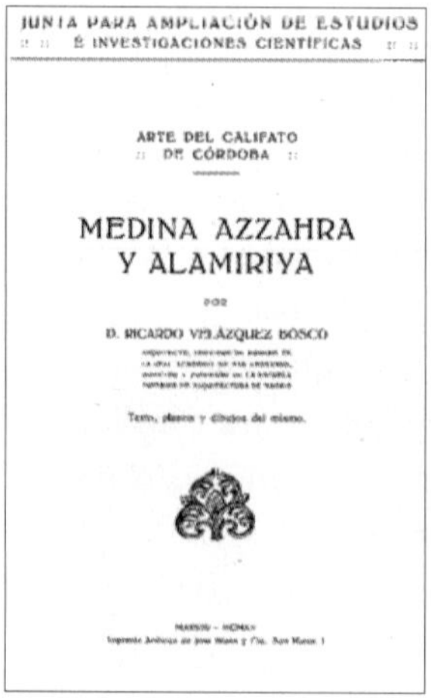
JUNTA PARA AMPLIACIÓN DE ESTUDIOS
É INVESTIGACIONES CIENTÍFICAS

ARTE DEL CALIFATO
DE CÓRDOBA

MEDINA AZZAHRA
Y ALAMIRIYA

POR

D. RICARDO VELÁZQUEZ BOSCO

Texto, planos y dibujos del mismo.

La primera publicació científica sobre Madînat Al-Zahrâ'

L'adquisició de la zona cristal·litzà l'any 1923 i des de llavores les intervencions arqueològiques amb més o menys intensitat han continuat. L'ànima de l'empresa d'al-Zahrâ' fou l'arquitecte Ricardo Velázquez Bosco (Burgos, 1846-Madrid, 1923). La primera memòria es publicà dos anys després.[3]

L'autor, arquitecte de professió, com és lògic prestà tota l'atenció possible a les restes arquitectòniques, emperò mai no rebutjà les descobertes menors i ja en aquesta primerenca informació sobre la vila àulica de 'Abd al-Rahmân III, aportà una extensa informació sobre peces ceràmiques. La més important, sens dubte, era el ric orinal de terrissa, d'època almohade, decorat a la corda seca, que fou restaurat amb cura per tractar-se d'un exemplar excepcional. Posteriorment, la reconstrucció formal dirigida per Velázquez fou reestructurada conformant l'altària actual que la convertí em moixina i no orinal.

Criden l'atenció uns receptacles de terra cuita, de forma cònica, amb un apèndix basal que impossibilita l'equilibri de la peça que avui es consideren receptacles d'oli en connexió amb les alimares circulars trobades a Ilbira. Seria el complement dels *polykandelon* orientals de tradició bizantina que en el món andalusí rebrien el nom d'*al-manar* o *al-manara,* ètim del català alimara.

Les ceràmiques en verd i manganès també foren reconegudes i en tenim les primeres transcripcions en color, que, en honor a la veritat, passaren desapercebudes als ulls dels investigadors, atès que els magnífics dibuixos aquarelats mai no es tornaren a reproduir. Corresponen a grans plats o safes de servei amb decoració zoomòrfica, vegetal, epigràfica o geomètrica que, a mesura que les excavacions, en anys posteriors, assoliren una cadència uniforme, proporcionaren mostres excepcionals.

L'orinal d'Al-Zahrâ' segons la reconstrucció de Velázquez Bosco

En aquesta fase inicial no es plantejà el problema semàntic i la terminologia emprada seguí la tònica habitual en aquella època manllevant noms d'època clàssica per denominar peces que no tenien res a veure, ni en l'aspecte tècnic ni en el cultural.

3. Ricardo Velázquez Bosco, *Medina Azzahra i Alamiriya*, Madrid, 1912.

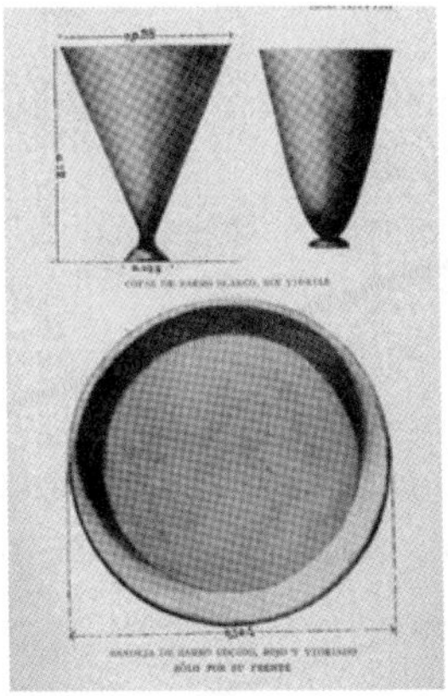

Els receptacles d'oli i gran safa de terrissa sense vidriar

Fragments ceràmics amb els temes característics d'Al-Zahrâ'

L'Estat va adquirir els terrenys d'al-Zahrâ' els anys vint del segle passat. Velázquez Bosco no gaudí de la bona notícia, puix moria l'any 1923, data de la darrera memòria signada per l'arquitecte. La comissió d'experts que posteriorment estudiaren el tema de l'adquisició mitjançant compra directa estava formada per persones lligades a Còrdova, Rafael Jiménez Angulo, Ezequiel Ruíz Martínez, Rafael Castejón i Félix Hernández Jiménez, aquest, també arquitecte, mantindrà per molts d'anys la direcció tècnica del jaciment. En representació de l'Estat hi havia el conservador de museus Joaquín María de Navascués y de Juan, qui seria molts d'anys després director del Museo Arqueológico Nacional.

NÚM. GRAL.: 54 NÚM. 1 DE 1922-23

JUNTA SUPERIOR DE EXCAVACIONES Y ANTIGÜEDADES

EXCAVACIONES EN MEDINA AZAHARA

MEMORIA

SOBRE LO DESCUBIERTO EN DICHAS EXCAVACIONES

REDACTADA POR EL DELEGADO DIRECTOR DE LAS MISMAS

EXCMO. SR. D. RICARDO VELÁZQUEZ BOSCO

MADRID
IMP. DE LA "REV. DE ARCH., BIBL. Y MUSEOS"
Olózaga, núm. 1.
1923

NÚM. GRAL.: 67 NÚM. 7 DE 1923-24

JUNTA SUPERIOR DE EXCAVACIONES Y ANTIGÜEDADES

EXCAVACIONES EN MEDINA AZZAHRA
(CÓRDOBA)

MEMORIA

DE LOS TRABAJOS REALIZADOS POR LA COMISION DELEGADO-DIRECTORA DE LOS MISMOS

SEÑORES

DON RAFAEL JIMÉNEZ, DON RAFAEL CASTEJÓN, DON FÉLIX HERNÁNDEZ JIMÉNEZ, DON EZEQUIEL RUIZ MARTÍNEZ Y DON JOAQUÍN MARÍA DE NAVASCUÉS

MADRID
TIP. DE LA "REVISTA DE ARCHIVOS, BIBLIOTECAS Y MUSEOS"
Olózaga, núm. 1.
1924

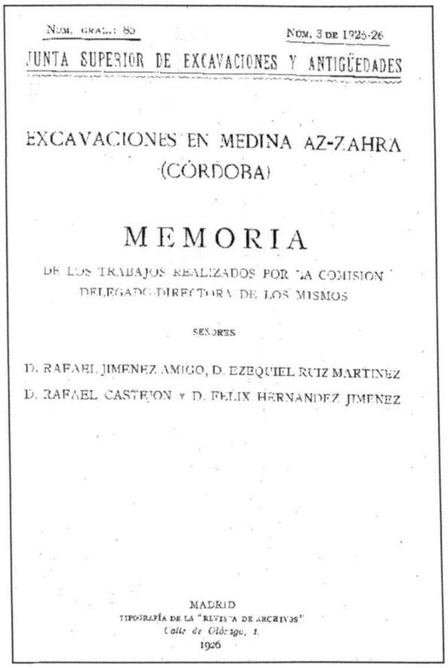

NÚM. GRAL.: 85 NÚM. 3 DE 1925-26

JUNTA SUPERIOR DE EXCAVACIONES Y ANTIGÜEDADES

EXCAVACIONES EN MEDINA AZ-ZAHRA
(CÓRDOBA)

MEMORIA

DE LOS TRABAJOS REALIZADOS POR LA COMISION DELEGADO-DIRECTORA DE LOS MISMOS

SEÑORES

D. RAFAEL JIMENEZ AMIGO, D. EZEQUIEL RUIZ MARTINEZ
D. RAFAEL CASTEJON Y D. FELIX HERNANDEZ JIMENEZ

MADRID
TIPOGRAFÍA DE LA "REVISTA DE ARCHIVOS"
Calle de Olózaga, 1.
1926

Les tres memòries publicades per la Junta Superior entre 1923 i 1926

1924: primer intent de sistematització

La conferència del professor Manuel Gómez Moreno Martínez a la Universitat de Barcelona en forma de curs fou el primer intent d'una clara sistematització de l'obra de fang d'època islàmica.[4] El curs fou impartit entre març i abril de 1922. Fou públic i consta que es projectaren diapositives de les quals no tenim notícia si es conserven o s'han perdudes. Serien les plaques de vidre habituals fins a molt avançat el segle xx. A la publicació, una *Nota preliminar* adverteix del següent:

> Debido a la importancia del conferenciante y para que tuviera el curso consecuente eficacia, los alumnos de la Cátedra de Arqueología se encargaron de tomar los apuntes de los cuales nace esta publicación. El profesor Gómez Moreno ha tenido la amabilidad de revisar lo recogido por los alumnos por lo cual, aunque no completas, las lecciones van avaladas con el visado del conferenciante.
>
> Se deseaba publicarlas hace tiempo, pero varias causas inevitables, han ido retardándolo, a pesar de los buenos deseos de la Facultad de Filosofía y Letras, como también han impedido que acompañen a estas páginas los gráficos correspondientes...

La reimpressió d'aquest text, poc conegut i gairebé mai citat, programada fa uns anys, no arribà a bon port pels problemes econòmics de sempre. La minuciositat del text i la descripció de les il·lustracions permetien la recuperació del material gràfic, gairebé tot. Els impoderables de sempre ajornaren el projecte, que no reeixí, ni tan sols s'acabà la recollida dels materials, o peces semblants, que el professor Gómez Moreno va comentar.

Núm. gral.: 82 Núm. 12 de 1924-25

JUNTA SUPERIOR DE EXCAVACIONES Y ANTIGÜEDADES

OCILIS (MEDINACELI)

MEMORIA

DE LAS

EXCAVACIONES PRACTICADAS EN 1924-1925

REDACTADA POR EL DELEGADO-DIRECTOR

DON JOSE RAMON MELIDA

MADRID

TIPOGRAFÍA DE LA "REVISTA DE ARCHIVOS"

Calle de Olózaga, 1

1926

La memòria de les excavacions de Medinaceli.

Altres activitats medievals de la Junta Superior

Les memòries publicades per la Junta Superior no foren gaires. Més atenció es dedicà a la prehistòria i a l'arqueologia clàssica. En aquest sentit l'excavació programada a l'antiga Ocilis (Medinaceli, Sòria), en proporcionar uns nivells d'època islàmica importants convertí una investigació destinada a la coneixença del món romà en un treball bàsic per a l'estudi de la influència islàmica en una zona tan septentrional com la provincia de Sòria.

4. *Cerámica Medieval Española. Cursillo de ocho conferencias por el Dr. Manuel Gómez Moreno de la Universidad de Madrid*, Barcelona, 1924.

Fragments de ceràmica decorats en verd i manganès trobats a Medinaceli

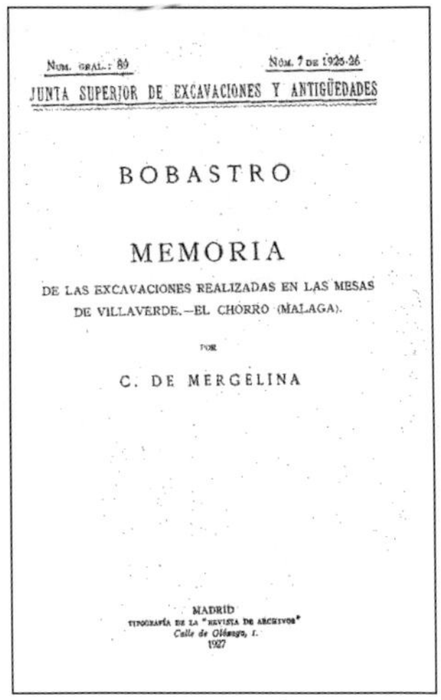

Núm. gral.: 80 — Núm. 7 de 1925-26

JUNTA SUPERIOR DE EXCAVACIONES Y ANTIGÜEDADES

BOBASTRO

MEMORIA

DE LAS EXCAVACIONES REALIZADAS EN LAS MESAS DE VILLAVERDE.—EL CHORRO (MÁLAGA).

POR

C. DE MERGELINA

MADRID
TIPOGRAFÍA DE LA "REVISTA DE ARCHIVOS"
Calle de Olózaga, 1.
1927

La memòria de Bobastro (Madrid, 1927)

En veritat, es pretenia esbrinar el perquè de l'existència de l'arc de triomf conservat en aquell indret, emperò la professionalitat de José Ramón Mélida, ja en els seus darrers anys d'activitat, no rebutjà els materials trobats corresponents a una fase cultural que seguia i seguiria per molts d'anys sense interessar els arqueòlegs, més preocupats per l'esplendor del món romà que per la feble qualitat de les troballes d'època islàmica.[5]

L'any 1927, la recerca entorn al refugi de 'Umar ibn Hafsûn, el rebel muladí, enfrontat amb el poder constituït, establert a Còrdova a inicis del segle x, féu possible l'excavació de Bobastro (Màlaga). Projecte finançat per la Junta Superior de Excavaciones. El que realment importava era la figura de 'Umar, suposat descendent del nucli hispanoromà sotmès arran de la conquesta de 711 que, malgrat la seva islamització, en un moment donat havia rebutjat l'Islam per tal de tornar a la religió dels avantpassats. 'Umar era el símbol de la reacció hispànica en contra dels dominadors islàmics. En poques paraules, l'etern problema sobre la identitat dels *hispani* com a paradigma d'una hispanitat que havia de surar per damunt de totes les coses.

No hi ha dubte que el resultat de l'excavació i la recuperació del *maŷlis* basilical excavat a la roca, considerat com l'església dels refugiats, encara ara suposa un aspecte d'una bellesa insospitada, però els resultats que podien aclarir com es desenvolupà la vida material dels rebels encamellats en aquell indret, vertaderament inexpugnable, foren més bé minsos.

5. José Ramón Mélida, *Ocilis (Medinaceli) Memoria de las excavaciones practicadas en 1924. 1925*, Madrid, 1926.

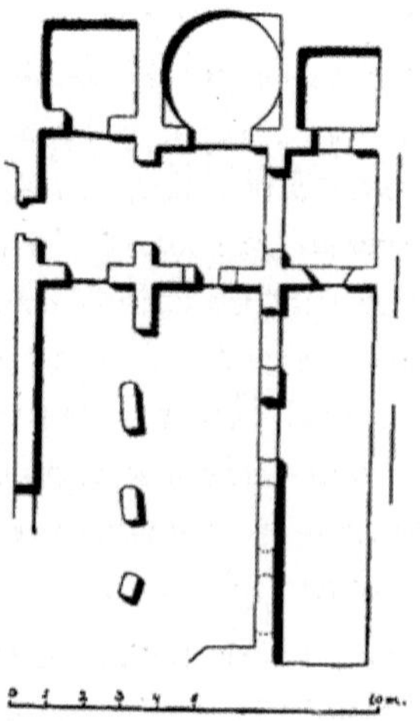

Plànol de la suposada església rupestre de Bobastro, que molt bé podria ser el *maŷlis* de 'Umar ibn Hafsûn

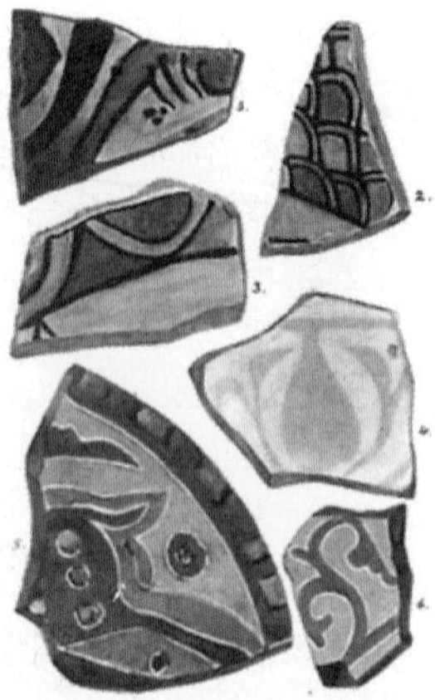

Materials ceràmics trobats a Bobastro (Segons C. de Mergelina)

De fet, les troballes en aquell indret tan sols les coneixem a través de les fotografies i els dibuixos publicats per Mergelina. Durant la guerra civil es feren malbé i es perdé la possibilitat d'una nova interpretació, com ha pogut fer, recentment, Susana Gómez amb els materials de Medinaceli.[6]

Del material publicat poc es pot aclarir. Les il·lustracions en color poden correspondre a peces califals o de taifes. És a dir un lapse, de temps que abasta gairebé dos segles. L'ancolla reconstruïda és més pròpia d'una peça del segle XI que emiral o califal, mentre que el fragment de llambreig metàl·lic daurat recorda les rajoles del mihrab de Qayrawân, tot depèn del color que l'artista va aplicar en dibuixar-la, per tant la reproducció no és fiable.

Per raons òbvies, la investigació quedà paralitzada entre 1936 i 1940. Malgrat tot, cal tenir en compte dos fets importants que en aquells moments passaren despercebuts. El bombardeig d'Irún l'any 1936 suposà la pèrdua irremeiable del *jarrón* Heilbronner, una de les peces nasserines que de la col·lecció esmentada retornava a Espanya. Poc sabem d'aquesta peça destruïda, de la qual tan sols es coneix una fotografia prou dolenta que publicà Torres Balbás[7] juntament amb el següent comentari:

> Hay que lamentar, en cambio, la destrucción de otro poco conocido que, emigrado hace bastantes años, retornaba, como el de Simonetti, a su tierra de origen. Adquirido también por un comerciante de antigüedades con la intención de venderlo en España, hallábase en la Aduana de Irún en julio de 1936 y pereció en el incendio

6. Susana GÓMEZ MARTÍNEZ, "Cerámica islámica de Medinaceli," *Boletín de Arqueología Medieval,* 10, 1996. p. 123-182; Susana GÓMEZ MARTÍNEZ, *La cerámica islamica de Mértola: producción y comercio*, Madrid, 2004.

7. Reproducció de la foto original publicada al catàleg de l'exposició de Munic.

Única fotografia coneguda del *jarrón* Heilbronner (segons Torres Balbás)

BOLETÍN DE LA SOCIEDAD ARQUEOLÓGICA LULIANA

SEGUNDA EPOCA

Año LIII - Tomo XXVII. Enero-Junio 1938, II T. N.os 668-670

Los recientes hallazgos de cerámica en Palma

Unos compañeros de Junta de la Arqueológica Luliana me invitaron a que publicase en el BOLETÍN mis impresiones acerca de la cerámica el año pasado puesta al descubierto, ocasionalmente, cuando los trabajos de construcción de ciertos refugios subterráneos dentro del casco antiguo de Palma. He aquí como una prudente, necesaria medida de precaución y defensa contra los bombardeos de la piratería aérea ha ofrecido ocasión, que puede no se hubiera presentado a no mediar tal circunstancia, para que apreciásemos objetos de mucha estima artística y arqueológica, a veces, sendos ejemplares de cerámica que por su rareza en esta isla son algo tan único para nosotros que aún reconociendo su belleza y valor, es de mayor importancia todavía la luz que reflejan sobre cierto período de nuestra Historia y la sugestión, por no decir la prueba, que determinan de las actividades isleñas en relación con su capacidad para la fabricación de cerámica indígena que, dicho se está, había de resentirse, naturalmente, del medio y de la influencia de escuelas y orientacio-

L'article de Mulet Gomila

de esa ciudad. Era muy semejante al de Simonetti y al del Kaiser Friedrich Museum de Berlín, habiendo figurado en la Exposición de arte musulmán de Munich de 1910, como propiedad el señor Raúl Heilbronner.[8]

Es perdé per complet a causa de la cremadissa i res més se'n va saber, ni tan sols no hi ha constància dels seus trets específics que permetin donar-ne una descripció sempre útil, per minsa que sia.

L'altra dada important fou la descoberta a Palma de Mallorca en excavar al centre de la ciutat antiga un refugi antiaeri. Es tractava d'un lot de ceràmica decorada amb esgrafiats i corda seca parcial. El formaven més d'un centenar de peces noves, sense utilitzar, disposades per a la venda. La nota publicada al nostre *Bolletí de la Societat Arqueològica Lul·liana* per Antoni Mulet Gomila va ser l'única referència bibliogràfica sobre el tema que ens ocupa.[9]

Article publicat amb retard a causa de les circumstàncies que es vivien en aquell moment tot mantenint la data que hauria correspost al *Bolletí* de publicar-se d'hora. Anys després, sense la menor trascendència al públic, en plena postguerra desapareixeren les ceràmiques de Zavellá, adquirides per l'arqueòleg i anticuari Josep Colomines i Roca, que les va revendre al col·leccionista Rocamora de Barcelona. A la fallida d'aquest important *amateur* fou l'Ajuntament de Barcelona que les recuperà per incorporar-les a les col·leccions del Museu de Ceràmica. Lluís Maria Llubià en donà succinta notícia al seu llibre *Cerámica medieval española*, però no es publicà l'estudi complet de tan important troballa ceràmica fins l'any 1983.[10]

8. Leopoldo TORRES BALBÁS, "De cerámica hispano-musulmana", *Al-Andalus*, 4, Madrid-Granada, 1936-1939, 419. E. SARRE; F. R. MARTIN: *Die Ausstellung von Maisterweren Muhammedanischer Kunst in München*, 1910, Munic, 1912, taf. 118).

9. Antonio MULET GOMILA, " Los recientes hallazgos de cerámica en Palma", *BSAL*, Palma, 1938, p. 169-180.

10. Luis M. LLUBIÁ, *Cerámica medieval española*, Barcelona, 1967, 68. Margalida ROSSELLÓ PONS, *Les ceràmiques almohades del carrer de Zavellà. Ciutat de Mallorca*, Palma de Mallorca, 1983.

La troballa del carrer de Zavellà

Quedà definit que es tractava d'una producció almohade amagada arran de la conquesta catalana de 1229. Possiblement, fou producte de terrisseries d'Almeria o del nord d'Àfrica. És una qüestió que encara no s'ha pogut definir amb seguretat.

L'etapa de postguerra, 1940-1978

Els anys de postguerra foren estèrils quant a investigació arqueològica de camp, encara que la producció investigadora la podem considerar positiva, en especial gràcies a l'estudi de materials provinents d'investigacions anteriors.

Dues publicacions periòdiques seran les capdavanteres: *Memorias de los Museos Arqueológicos Provinciales* (1940-1955) i *Al-Andalus. Revista de las Escuela de Estudios Árabes de Madrid y Granada* (1934-1978).

La primera, inspirada per la Comisaría Nacional de Museos Arqueológicos, publicà amb tota clase de dificultats, problemes econòmics i presentació força modesta gran part del tresor ceràmic conservat als museus provincials. La tasca dels meus companys de professió, els facultatius del Cos d'arqueòlegs, fou exemplar i diria que única quan la ceràmica medieval, i en especial la d'època islàmica, romania completament oblidada i allunyada de les grans síntesis que es començaven a publicar sobre art medieval. Els estudis així publicats, dins la seva modèstia i la deficient presentació gràfica, foren la més important i seriosa aportació a la coneixença de la terrisseria del període islàmic, tant l'obra comuna sense decorar, de caràcter purament utilitari, com la peça de luxe, acuradament decorada. No debades, en publicar el meu assaig sobre el tema, la dedicatòria inicial anava dirigida als dos companys, que no vaig arribar a conèixer, Emilio Camps Cazorla i Samuel de los Santos Gener. Els seus estudis foren primordials per a bastir la meva obra.

Cal recordar els seus noms, juntament amb els de Joaquina Eguaras Ibañez, Jesús Bermúdez Pareja i Fernando Ochotorena.[11]

11. Jesús Bermúdez Pareja, "Quemadores de perfumes en la Alhambra", *Memorias de los Museos Arqueológicos Provinciales*, 13-14, Madrid, 1953, p. 42-50; Emilio Camps Cazorla;,º"Cerámica y vidrios de Medina Azzahara (Córdoba)", *Adquisiciones del Museo Arqueológico Nacional (1940-1945)*, Madrid, 1942, p. 148-154; Emilio Camps Cazorla, "Cerámica musulmana de Córdoba", *Adquisiciones del Museo Arqueológico Nacional (1940-1945)*, Madrid, 1942, p. 154-161; Joaquina Eguaras Ibañez, "La cerámica de Elvira", *MMAP*, 6, Madrid, 1945, p. 73-77; Fernando Ochotorena, "Cerámica árabe de Pechina", *MMAP*, p. 13-14, Madrid, 1952-1953, p. 126.134. Samuel de los Santos Gener; "Cerámica pintada musulmana", *MMAP*, 8, Madrid, 1947, p. 96-106; Samuel de los Santos Gener, "Adquisiciones del Museo Arqueológico Provincial de Córdoba", *MMAP*, p. 9-10, Madrid, 1948-1949, p. 57-60; Samuel de los Santos Gener:

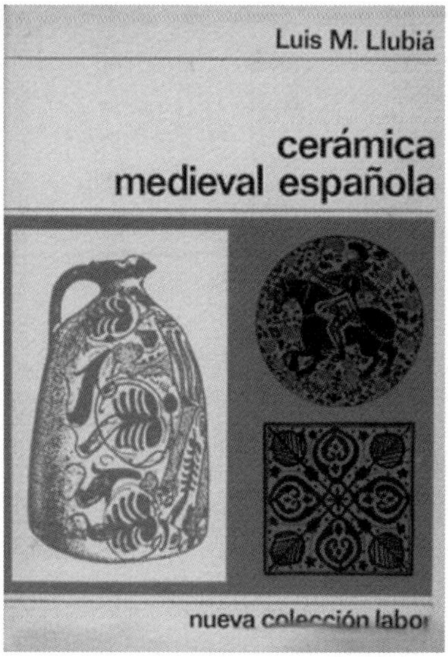

La primera edició del llibre de Lluís Maria Llubià (Barcelona, 1967)

Dins les planes *d'Al-Andalus*, les col·laboracions referides a ceràmica foren acollides cordialment per Leopoldo Torres Balbás, inspirador i ànima de la *Crónica Arqueológica de la España Musulmana* que va estar per complet oberta a tots els especialistes que ens dedicàvem al tema. Tant figures consagrades com el mateix Torres Balbás, que contribuí amb una sèrie de treballs sobre ceràmica, Manuel Esteve Guerrero (1960), que reincidia en el tema esbossat l'any 1942 sobre les troballes de Mesas de Asta (Càdis) o Josep Maria Millàs i Vallicrosa (1957), com molts de nosaltres, aprenents aleshores, que iniciàvem en aquelles saons la que seria després la més pregona de les nostres activitats, com Manuel Casamar Rodríguez (1958, 1959, 1961), Manuel Jorge Aragoneses (1957) Gamal Mehrez (1959), Basilio Pavón Maldonado (1966, 1967, 1972) qui es decantaria per altres especulacions sobre arquitectura i decoració d'igual època, i jo mateix (1957, 1964).

En l'àmbit individual, durant aquest període dugué a terme una activitat encomiable Lluís Maria Llubià i Munné, que a la seva *Cerámica medieval española*, abans esmentada, dedicà una part important a la terrissa que hem de considerar com el resum més ben estructurat fins aquell moment.[12]

D'igual manera, Manuel Gómez Moreno[13] dedicà un senzill estudi sobre el tema al volum tercer de l'*Ars Hispaniae* mentre que Torres Balbás dedicava una minsa atenció al tema dins la *Historia de España*, dirigida per Ramón Menéndez Pidal.[14]

Manuel Esteve Guerrero havia pogut publicar (1942) les primeres novetats sobre Mesas de Asta. En realitat, el que es pretenia amb aquesta intervenció era la troballa de la mítica Tartessos i el que es trobà fou simplement un hàbitat musulmà. Dins les orientacions dictatorials que als anys quaranta governaven l'arqueologia del

"Estampillas de alfarerías moriscas cordobesas", *MMAP*, 9-10, Madrid, 1948-1949, p. 220-232. Samuel de los Santos Gener; "Adquisiciones del Museo Arqueológico Provincial de Córdoba", *MMAP*, 11-13, Madrid, 1952-1949, p. 41-44.

12. Lluís Maria Llubià i Munné; *Cerámica medieval española*, Barcelona, 1967.

13. Manuel Gómez Moreno: "Cerámica", *El arte árabe español hasta los almohades*, *Ars Hispaniae*, 3, Madrid, 1951, p. 310-323.

14. Leopoldo Torres Balbás; "Arte califal", *España musulmana hasta la caída del califato de Córdoba, Historia de España dirigida por R. Menéndez Pidal*, V, Madrid, 1957, p. 772-782.

Les principals aportacions de Carles Posac i Mon

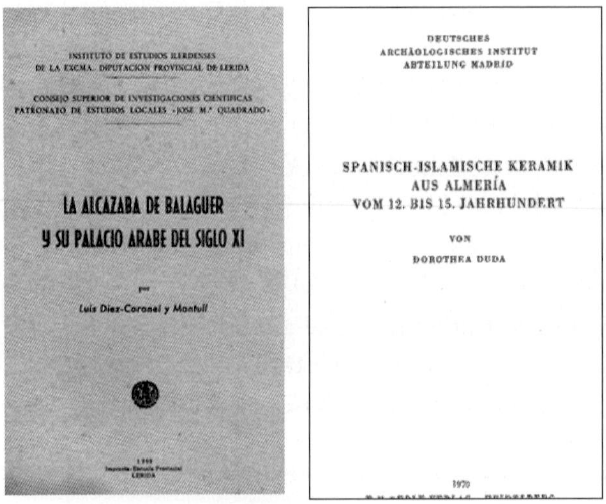

Aportacions de Luis Díez-Coronel i de Dorothea Duda

país, cal considerar un vertader triomf aquesta publicació que, com he esmentat abans, fou ampliada a les planes *d'Al-Andalus* anys després. Sortadament els materials de Mesas de Asta conservats al Museu de Jerez de la Frontera suposen una mostra molt especial de la ceràmica de l'època.

Quant als esforços individuals, no podem oblidar les actuacions d'investigadors catalans com Carles Posac i Mon (1967, 1971), Luis Díez-Coronel i Montull (1969) i Vicente Maestre (1971). De tots ells, Carles Posac, que durant molts d'anys exercí la docència a Ceuta continua dins aquest món cada dia més complicat i en què cada cop és més difícil d'entrar dins la seva problemàtica. Díez-Coronel, recordat amic, fou qui donà les primeres notícies sobre les troballes de Balaguer i de Maestre, la seva única incursió coneguda sobre el tema fou un intent de classificació, prou esperançador, que no tingué continuïtat.

Els estudis de Dorotea Duda dedicats a Almeria i a Balaguer foren també reveladors. Va donar a conèixer uns tresors insospitats dels quals no teníem notícia i que propiciaren en una data primerenca (1970, 1971) la necessitat d'establir d'una vegada una classificació, una terminologia i, de manera especial, una cronologia per a la producció ceràmica de l'època andalusina.

Recordem també que Juan Zozaya, l'any 1969, s'incorporava al grup d'investigadors que iniciàvem amb passió i amb esperit de treball aquesta tasca que un quart de segle després consideram que comença a donar els seus fruits.

D'aquell grup inicàtic els únics que continuem a l'avantguarda de la investigació som Zozaya i jo. Sortadament vius, Casamar i Posac han deixat de dedicar-se amb fruició al tema, la qual cosa no vol dir que, de tard en tard, no ens sorprenguin amb alguna de les seves descobertes.

La data de 1978 suposa un final d'etapa i el començament d'un període d'esponera, gosaria dir que foramidada. En aquell any es convocà el Primer Col·loqui Internacional sobre Ceràmica Medieval de la Mediterrània Occidental. La convocatòria estava auspiciada per la Universitat d'Aix-en-Provence (Aïs-en-Provenço, a l'occitana manera). No era la primera vegada que un fòrum internacional sobre aquesta matèria es convocava. Pocs anys abans (1971), a Hammamet (Tuníssia), es reuní un conjunt d'especialistes en ceràmica mediterrània de totes les èpoques. Malauradament, les actes de la reunió no es publicaren mai, però els participants poguérem entrar en contacte amb el món nord-africà, que ens obrí els ulls sobre molts dels problemes comuns que afectaven la coneixença de la ceràmica medieval.

Especialistes del Marroc, Algeria, Tuníssia, Libia i Siria conformaven el grup meridional de la Mediterrània. Espanya, França i Itàlia representàvem la riba septentrional.

Fou llàstima que les actes no es publicassin, però els contactes amb especialistes d'una i altra vora del nostre mar foren profitosos i molt positius. Intercanvi d'idees, discussió sobre les troballes d'unes rares terrisses vidriades que pareixien sigil·lates aretines amb una coberta vítria totalment fantasmagòrica, ens proporcionaren molts de maldecaps i la solució en aquell moment no la trobàrem. Solució que vingué anys després quan poguérem saber que tal cosa no era més que la *marmorata* i *maculata* pisana que a partir del segle XV envaí tota la Mediterrània fos musulmana, fos cristiana.

La relació amb Abû al-Faraŷ al-'Uš, director del museu de Damasc, amb 'Abd al-'Azîz Dawlatli̇̄, aleshores jovenissim, excavador de la Qasba de Tunis, i de manera especial amb Mostafa Slimane Zbiss fou essencial per a la ulterior activitat en aquest camp.

Per a mi, personalment, aquell període fou l'inici de l'activitat investigadora especialitzada en aquest moment medieval. Les dates dels primers estudis són fites que ho pregonen (1957, 1964, 1970, 1971, 1973, 1974, 1975, 1976, 1978). En la publicació de 1973 donava a conèixer la meva aportació a la reunió de Hammamet

Ensayo de sistematización de la cerámica árabe en Mallorca, Palma de Mallorca, 1978

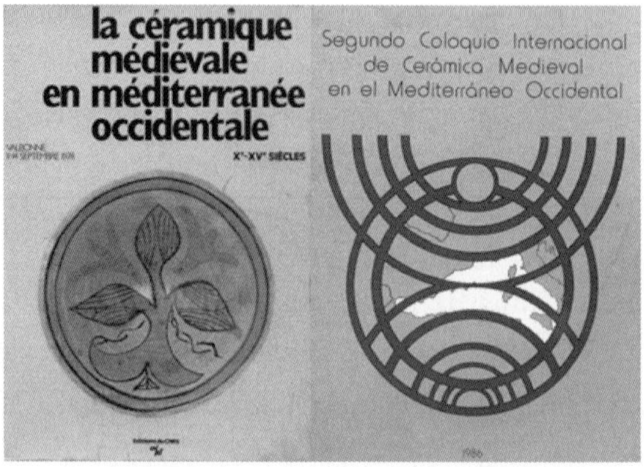

Les actes dels primers col·loquis: Valbonne, 1978, i Toledo, 1982

i aquell any 1978 l'Institut d'Estudis Baleàrics publicava el meu *Ensayo de sistematización de la cerámica árabe en Mallorc.*[15]

Si Hammamet suposà un primer contacte entre especialistes i en l'aspecte personal tal relació fou profitosa, a Valbonne els participants entràrem dins una dinàmica investigadora multidisciplinària. Els dendrogrames de Maurice Picon i Tiziano Mannoni ens enlluernaren. Fou quelcom semblant a l'encís que vint anys abans ens havia causat el descobriment de les analítiques a partir del C14 que en un principi, almenys per a mi i els que treballàvem sobre la prehistòria de Mallorca, fou un reconeixement als que ens havien precedit, els quals, sense l'ajut de la física, apuraren les cronologies de la prehistòria mediterrània de manera que les seves deduccions, malgrat que fossin aproximades, no eren gens forassenyades.

La possibilitat de determinar a través de l'analítica de les pastes ceràmiques el lloc d'origen de l'atuell, sens dubte, també comportava un panorama igual d'encisador i per força ens havia d'enterbolir l'enteniment. Dècades després els interrogants es tornaren a obrir i l'escepticisme tornà a imperar. Emperò allò que no sabíem l'any 1978 ens feia ser arriscats i, possiblement, el risc era molt més gros del que pensàvem.

Valbonne fou el primer dels col·loquis. Des d'aquell moment els investigadors nostrats formàrem comunitat amb els francesos, els italians i els marroquins. Alguns

15. Guillem Rosselló Bordoy, *Ensayo de sistematización de la cerámica árabe en Mallorca*, Palma de Mallorca, 1978.

anglesos que eren a Itàlia també s'adheriren a la moguda. Els polonesos deixaren d'acompanyar-nos a les convocatòries següents.

En aquella reunió, la participació d'especialistes dedicats al món cristià fou més nodrida que la dels que ens preocupava l'evolució de la terrissa d'època islàmica. Entre els primers, Manuel Riu i Riu, ja a la Universitat de Barcelona, acompanyat del seus deixebles Iñaki Padilla, Imma Ollich, Joan Cabestany i la seva muller, Francesca Riera Vilar, que ben prest ens deixà per sempre, més Balbina Martínez Caviro, de Madrid, ja amb una llarga experiència en el camp de la ceràmica decorada, que presentà una comunicació emperò no en record la presència física al col·loqui. Dins el món islàmic, Zozaya i jo mateix juntament amb la presentació d'un estudiant de la Universitat de Múrcia que aportà uns singulars descobriments de ceràmiques esgrafiades. Era Julio Navarro Palazón. Els investigadors francesos Pierre Guichard i André Bazzana comunicaren les primícies dels seus treballs a la zona valenciana.

El segon col·loqui, a Toledo (l'any 1982), suposà per a nosaltres un nou camí. Si a Valbonne la participació nostrada fou reduïda —als esmentats abans caldria afegir la presència de Maria Paz Soler, recentment ingressada al Cos facultatiu de Conservadors de Museus, amb Pepa Bolinches, de l'Escola de Ceràmica de Manises—, a Toledo la presència local fou desbordant. No tots seguiren dins aquest camp d'investigació, emperò la llavor aspergida havia trobat la llacor adequada i fruità més del que era d'esperar.

Si repassam la nòmina dels que presentaren les seves comunicacions queda palesa la importància que tingué aquell segon col·loqui no tan sols per al desenvolupament dels estudis sobre terrissa andalusina sinó també pel que fa a l'evolució de la producció a les Espanyes cristianes. Encara ara, vint anys després molts d'aquells noms participants a la reunió de Toledo suposen un clar referent.

La nova investigació:

El món islàmic	**El món cristià**
Manuel Retuerce Velasco	José Luis Corral Lafuente
André Bazzana	Josep A. Gisbert Santonja
Enrique Domínguez Perela	Francisco Reyes Téllez
J. A. Millán Crespo	Javier Peñil Mínguez
Ricardo Izquierdo Benito	Ramon Bohigas Roldán
José Aguado Villalba	Rosa Jimeno García-Lomas
Lauro Olmo Enciso	Josefina Andrio González

Juan Abellán	Josep Giralt Balagueró
Manuel Espinar Moreno	Jordi Bolós i Masclans
A. M. Carreras	Iñaki Padilla Lapuente
F. J. Blanco	Esther Loyola Perea
Josep Vicenç Lerma	Carmen Jusué Simonena
I. Miralles	Jaume Coll Conesa
M. Paz Soler Ferrer	Ferran Puig Verdaguer
Julio Navarro Palazón	Josep M. Solias Arís
Rafael Azuar Ruiz	Carmen de Aréchaga
Margalida Rosselló Pons	Jaime Barrachina
G. Rosselló Bordoy	R. Amorós Lloret
	María Isabel Álvaro Zamora
	Araceli Turina Gómez

José Luis Martin de Matos, portuguès, s'incorporà al grup d'investigadors i ben prest fou Portugal que acollí el IV Col·loqui ja amb la categoria de Congrés Internacional.

El període entre la convocatòria de Valbonne i la de Toledo havia suposat una fase interessant d'actuacions individuals sense tenir coneixença mútua de les actuacions realitzades a diferents indrets. Jo mateix a Mallorca publicava l'estudi sobre la ceràmica trobada a Palma entre 1966 i 1968. Després de deu anys d'investigació era possible presentar una tipologia i un esbós cronològic, encara feble, necessitat d'uns fonaments que en aquella època era impossible assentar. A causa de la meva formació filològica tal vegada la preocupació per donar nom als diferents estris ceràmics fos prioritària.

Aquest aspecte per a mi era essencial. Utilitzar la terminologia pròpia de l'arqueologia clàssica per referir-nos a una producció feta per artesans araboparlants ho considerava una estupidesa. Fins i tot, la petjada semàntica que la llengua àrab havia deixat dins la terminologia tècnica de l'artesania terrissera era tan gran, tant en l'àmbit de la llengua castellana com en el de la catalana, que considerava aberrant no aprofitar-lo. A la llarga, com a autor del treball al qual vaig dedicar moltes hores d'estudi, en no haver antecedents sobre el tema podia estructurar-lo al meu gust.

L'obra va ésser un èxit pels editors. S'exhaurí ràpidament i avui és introbable. Que l'Institut d'Estudis Baleàrics no volgués reeditar-lo fou problema dels responsables polítics que cuidaren de desgraciar una entitat que, en principi, prometia bon rèdits culturals.

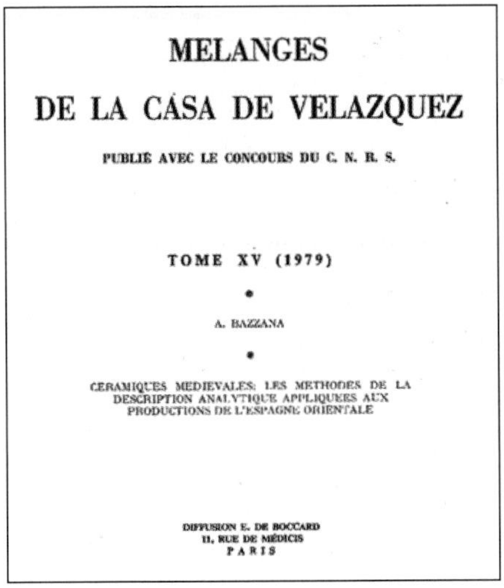

MELANGES

DE LA CASA DE VELAZQUEZ

PUBLIÉ AVEC LE CONCOURS DU C. N. R. S.

TOME XV (1979)

A. BAZZANA

CÉRAMIQUES MEDIEVALES: LES METHODES DE LA DESCRIPTION ANALYTIQUE APPLIQUEES AUX PRODUCTIONS DE L'ESPAGNE ORIENTALE

DIFFUSION E. DE BOCCARD
11, RUE DE MÉDICIS
PARIS

El primer dels articles de Bazzana sobre la metodologia emprada en l'estudi de la terrissa valenciana

Actes del I CAME, Terol, 1985

Coetàniament, André Bazzana, investigador de la francesa Casa de Velázquez, realitzà una tasca semblant a la regió valenciana.[16] A Valbonne, en col·laboració amb Pierre Guichard, havien presentat una comunicació sobre la ceràmica comuna de la regió valenciana, emperò no record haver tingut contacte amb ell, mentre que record perfectament la presència de Guichard. Diria que no va assistir a les reunions.

Pràcticament arribàvem a conclusions semblants sense haver mantingut contactes sobre els nostres camps d'investigació. Sense cap tipus de dubte, la relació, el contacte científic hauria millorat les respectives conclusions a què arribàrem mesos després del col·loqui de Valbonne, les actes del qual es van publicar l'any 1980, és a dir, després de la publicació del meu llibre i dels dos articles cabdals d'André.

Una vegada més es repetia el cas de la investigadora alemanya Dorothea Duda, que, entre 1970 i 1971 havia publicat els seus treballs sobre Almeria sense tenir notícies d'allò que fèiem a Mallorca i a València.

Sortadament per a mi, l'experiència de Duda fou profitosa a l'hora de redactar el meu assaig. El títol de l'obra obeïa clarament a la idea que tenia sobre els resultats de la investigació realitzada. L'*Ensayo de sistematización*... no era més que això; un assaig inicial. Un punt de partida que sí que va tenir algun mèrit fou de despertar moltes vocacions. I si va ésser útil per a molts d'investigadors, i em consta que així fou, suposa una alegria per a mi.

16. André BAZZANA, "Céramiques médiévales: Les methodes de la description analytique appliquées aux productions de l'Espagne Orientale", *Melanges de la Casa de Velázquez*, 15, París, 1979 i XVI, París, 1980.

Poc temps després, l'any 1985, a Osca, al Primer Congreso de Arqueología Medieval Española, la participació suposà la majoria d'edat de la investigació arqueològica aplicada a l'estudi de l'edat mitjana. Cal tenir ben present que era el primer congrés d'arqueologia medieval, la qual cosa vol dir que la ja llarguíssima tradició congressual iniciada els anys quaranta a Cartagena amb el, Congresos del Sudeste, nomenats posteriorment Congreso Nacional de Arqueología, poca relació havia tingut amb l'arqueologia medieval.

Aquesta és també, una llarga història mai contada. Una intervenció meva al Congrés Nacional d'Arqueologia celebrat a Barcelona l'any 1960, en la qual demanava un mínim d'atenció pels que iniciàvem l'aplicació de la tècnica arqueològica a l'estudi de l'edat mitjana, fou rebutjada pels grans patriarques del moment. Fins i tot, Martín Almagro Basch afirmà que si els congressos nacionals prestaven atenció a la nostra dèria, acabaríem per menjar-nos la resta d'arqueòlegs. En conseqüència, la proposta fou desestimada i ni tan sols figura al resum de l'Acta de cloenda d'aquella reunió.

Curiosament, al següent congrés, celebrat a Sevilla i Màlaga l'any 1963, el mateix professor Almagro ens va sorprendre amb una comunicació sobre *El tintero árabe de Corberes (Rossellón)*, fins i tot amb una lectura del text àrab que li havia preparat el bon amic Manuel Ocaña Jiménez i que jo mateix havia revisat a petició d'Almagro, que, com que no era arabista, no se'n fiava d'Ocaña, el millor epigrafista especialitzat en inscripcions àrabs que ha existit. No deixava de ser una bona forma de donar-me la raó, malgrat la seva violenta negativa de pocs anys abans. Dissortadament, queden pocs testimonis d'aquella intervenció meva quan, en realitat, era el darrer mot del Credo dins els investigadors del moment, com solem dir a la meva terra.

De tota manera, l'acceptació diguem-ne acadèmica de l'arqueologia medieval per part dels omnipotents cappares de l'arqueologia nacional fou llarga i aclaparadora. El mèrit sempre l'he atribuït a l'interès que el professor Alberto del Castillo Yurrita va sentir envers el tema. Consider que és una història a tenir en compte.

Alberto del Castillo era prehistoriador, deixeble de Bosch Gimpera. La seva tesi sobre el vas campaniforme encara ara és un referent que cal tenir ben present. Després de la guerra civil i ocupada la càtedra de prehistòria de la Universitat de Barcelona per l'omnipotent Martín Almagro Basch, a causa de l'exili forçat de Bosch, els prehistoriadors de l'escola catalana, Pericot i Castillo, quedaren marginats i d'acord amb la seva titulació acadèmica de catedràtics d'història antiga, mitjana i moderna universal i d'Espanya, passaren, després de la depuració, a impartir la docència en altres especialitats. A Alberto del Castillo li pertocà ser catedràtic d'història de l'edat mitjana universal. I al parer ocasionà més d'un malson als seus alumnes.

Com a tal, advocà per la utilització de la tècnica arqueològica aplicada a la història medieval cristiana. La seva participació als congressos nacionals d'arqueologia mai no fou qüestionada i pràcticament era l'únic, juntament amb el seu equip, que presentava comunicacions sobre el tema. Fou el seu deixeble Manuel Riu i Riu, medievalista, qui va mantenir l'esperit del mestre en aquest sentit i des de Granada inicià les campanyes arqueològiques a Marmuyas, també a la recerca del cau muntanyenc del famós 'Umar ibn Hafsûn. Al col·loqui de Valbonne la seva participació, juntament amb alguns dels seus deixebles, fou capdavantera.

Igual passà al col·loqui de Toledo, on Gratiniano Nieto Gallo, també prehistoriador, format a Valladolid i seguidor de l'escola Obermaier de la Universitat de Madrid, fou el gran valedor de la reunió en aquella ciutat i impulsor de la creació de l'Asociación Española de Arqueología Medieval.

Per aquells estranys viaranys de la vida fórem els prehistoriadors de formació els qui férem possible aconseguir que l'arqueologia tingués acceptació com a sistema metodològic per a l'estudi de l'edat mitjana.

La proliferació de congressos, reunions especialitzades, l'activitat intensa dels investigadors de la Casa de Velázquez i les actuacions d'especialistes lligats a l'Institut Arqueològic Alemany de Madrid, marcaren una etapa esponerosa en el camp de l'arqueologia medieval i l'estudi de la ceràmica tingué un protagonisme especial, posat de manifest en les tesines de llicenciatura i tesis doctorals que d'ençà 1982 al dia d'avui s'han defensades. D'igual manera, investigacions arqueològiques de gran volada feren possible una nova visió de la ceràmica d'època medieval que deixà de ser una exclusiva dels historiadors de l'art. Aleshores es va començar un procés de decantació a partir del qual l'origen, la forma, el nom, el temps i la funció dels estris ceràmics van prevaldre per damunt les qüestions purament estètiques. Aspectes que fins aquell moment havien mantingut la primacia en perjudici d'aquells que els arqueòlegs en podem extreure conclusions.

Noves revistes i en especial els congressos d'arqueologia medieval són bona prova de tal transformació. En el primer apartat cal destacar les següents: *Boletín de Arqueología Medieval,* a cura de l'AEAM, des de 1986, i *Arqueología y Territorio Medieval*, de la Universitat de Jaén, des de 1994, sense oblidar les revistes portugueses i les universitàries dedicades a l'arabisme que segueixen aportant notícies sobre arqueologia i ceràmica. Els congressos d'arqueologia medieval es continuaren fent a Madrid (1987), Oviedo (1989), Alacant (1993) i Valladolid (1999).

Les tesines i tesis doctorals que han tractat el tema de la ceràmica també són nombroses. Dissortadament, moltes d'elles no s'han publicat i no sempre és fàcil assabentar-se del ritme investigador, que avui dia és prou intens. Tan sols podria referir-me a aquelles en les quals indirectament o directa he participat aportant informació, dirigint-la o actuant com a jurat en el moment de la seva defensa. Serien les següents:

Helena Kirchner
Ana Loriente
Rafael Azuar Ruiz
Manuel Retuerce Velasco
Juan Zozaya Stabel-Hansen
Carlos Cano Piedra
Olatz Villanueva Zubizarreta
Sonia Gutiérrez Lloret
Francisco Cavilla Sánchez-Molero
Susana Gómez Martínez
Alberto García Porras

De tota manera, les circumstàncies polítiques que conformen l'actual organització de l'Estat espanyol han tergiversat i complicat el procés investigador de manera que l'actual divisió administrativa ha creat una desinformació absoluta sobre allò que es fa en matèria d'arqueologia medieval, com es fa i quins estaments decideixen el que s'ha de fer. Al meu entendre, la famosa Llei 16/85 referida al patrimoni cultural és d'obligat incompliment i la informació puntual sobre les diferents activitats de les disset taifes andalusines avui dia són per complet inabastables.

Exemple clar és la nul·la difusió de l'*Anuario Arqueológico de Andalucía* i la proliferació de revistes de museus locals que suposa mantenir una xarxa d'informadors per complet utòpica, si no pertanys a una institució econòmicament ben dotada. Emperò tot això són retrets que de moment no tenen solució i no parlem de l'arqueologia de gestió que ara s'estila i que no ha fet més que congestionar de mala manera la investigació arqueològica. Aquesta és una altra història.

II. La terminologia dels atuells ceràmics

La meva dedicació als estudis tipològics entorn als aixovars domèstics utilitzats arreu durant la història d'al-Andalús ha derivat, en els darrers anys, envers investigacions més complexes.

L'arqueòleg medievalista té a les seves mans un cabal informatiu que no sempre hem sabut o no hem volgut emprar. És freqüent considerar l'arqueòleg com un cercador d'objectes i malgrat que Mortimer Wheeler a *Archeology on the Earth*[17] defineixi amb tota precisió el paper de l'arqueòleg en el camp de la investigació, les seves paraules no sempre foren ateses.

17. Mortimer Wheeler, *Archeology on the Earth*, Nova York, 1962.

Consider adient recordar-les una vegada més per centrar, degudament, la nostra funció en els seus termes més estrictes.

> La arqueología es, primordialmente, una disciplina basada en la búsqueda de hechos, aunque un autor americano haya dicho que 'la arqueología, en sí misma, no es sino un método para recoger información cultural y por tanto el arqueólogo no es más que un técnico'. Por mi parte no vacilo en declarar absurdo este concepto extremista. Un naturalista es algo más que un simple coleccionista de mariposas y un arqueólogo que se limite a recoger, un coleccionista o un simple recopilador de tiestos no merece el título de arqueólogo, pues aunque *ab initio* sea un descubridor de hechos, esto es cierto, estos hechos son pruebas tangibles de la conquista humana y si este aserto es aceptado el arqueólogo es también un humanista y su función inmediata es la de hacer revivir o humanizar su material con imaginación controlada, la cual sin ninguna duda debe de ir acompañada de cualidades artísticas y filosóficas.

Malauradament, no sempre l'arqueòleg medievalista accepta aquesta aportació textual. De manera que aquest fet no tan sols en limita el camp d'acció sinó que posa entrebancs a la seva imaginació, per controlada que sia, i, sense cap tipus de dubte, en limita les qualitats artístiques i filosòfiques.

Dins aquest plantejament, ja des de les meves primerenques actuacions en el camp de l'estudi de la ceràmica d'època islàmica vaig tenir ben present que la conjunció d'ambdues línies de recerca era fonamental i en aquest sentit les paraules que justificaven l'*Ensayo de sistematización*, publicat l'any 1978,[18] encara tenen validesa. Aleshores argumentava sobre la terminologia a utilitzar per donar a conèixer la rica varietat formal de la ceràmica andalusina:

> Les raons d'aquesta terminologia parteixen de la necessitat de prescindir de termes adoptats per l'arqueologia clàssica per quant resulten disonants dins un ambient cultural radicalment diferent com és l'islàmic. Si bé aquest tipus d'investigació arqueològica es troba en els seus inicis he cregut convenient establir una seriació que permeti des d'un primer moment identificar la peça estudiada sense tenir que acudir per a la seva identificació a un concepte provinent de l'arqueologia clàssica, malgrat que, en molts d'aspectes és indubtable que l'origen formal de les ceràmiques estudiades ha de cercar-se en elements anteriors.

Més tard, l'any 1991, insistia sobre el mateix tema. Consider que la seva repetició avui en aquest indret i amb motiu del present curs és justa i necessària:

> Prou coneguda és la meva preocupació per donar a la ceràmica d'època islàmica una nomenclatura que permeti diferenciar de manera adequada les formes ceràmiques fins ara identificades.
>
> Les meves propostes anteriors sempre s'han basat en una constant semàntica present tant en castellà com en català fonamentada en la gran quantitat de paraules que en ambdues llengües tenen un origen àrab i en menor escala berèber.

18. Guillem Rosselló Bordoy, *Ensayo de sistematización de la cerámica árabe en Mallorca*, Palma, 1978, 12.

Aquest tresor semàntic, més o manco vigent dins el llenguatge actual, justifica aquesta idea, per quant la riquesa lingüística de les llengues romàniques desenrotllades al que avui coneixem com Estat espanyol és suficientment àmplia per justificar no tan sols llur ús a la terminologia ceramològica sinó també la seva posta en valor com a mitjà per a mantenir la fluidesa dels nostres idiomes i així evitar el seu empobriment.

Es pot argüir que els sistemes alfa-numèrics, avui, poden ser més operatius i més pràctics a l'hora de la informatització de les nostres coneixences, emperò és just reconèixer que el llenguatge de computadora, deixant de banda la seva aridesa i absoluta monotonia, és poc adient i inacceptable per tots aquells que seguim considerant que el llenguatge és un dels grans tresors de la humanitat. La bellesa de la paraula és privativa de l'home i llur utilització és, endemés, una forma de creació artística que malauradament, estam dilapidant de manera foramidada.

El cabal semàntic que gira entorn del terrisser i els seus productes és, de tal manera suggerent, que retornar sobre el tema, sempre serà una tasca enriquidora.

En realitat moltes d'aquestes paraules segueixen vigents, algunes d'elles han perdut el seu valor original i identifiquen objectes que no corresponen a l'objecte que inicialment fou identificat mitjançant una paraula concreta, altres, en canvi, han descomparegut del llenguatge col·loquial i malgrat llur recessió, s'han mantingut, tal volta per inèrcia, als diccionaris oficials que recullen el cabal lèxic dels nostres idiomes, la qual cosa, al meu particular entendre, justifica plenament la seva utilització en el camp científic.

Com és lògic tal opinió és compartida per uns, menyspreuada per altres i discutida en certes ocasions, la qual cosa no deixa de ser positiva, puix tota controvèrsia genera discussió i d'aquesta, per a bé o per a mal, neix la llum. Per tant em sent obligat a insistir en el tema, sabidor que la meva insistència arribi a ser prou pesada i tan volta en excés prolixa.

Possiblement, insisteixo, a la nostra època on la sigla i l'esquema alfa-numèric es mantenen a l'orde del dia, el pretenir jugar amb el simple valor de les paraules pot esser titllat d'extravagància. Tal vegada això ens vengui imposat per idiomes d'escàs desenrrotllament que per raons que no fan al cas, estan mediatitzant i asfixiant llengües amb una base semàntica esponerosa. El llenguage de computadora és aspre i la paraula, simple i planera, ofereix una quantitat de suggeriments que mai podran ser ofegats per una simple fòrmula.

De totes maneres el tema és arriscat i com a tal propens a polèmiques i discusions que poden arriba a proporcions enutjoses. De totes maneres consider oportú insistir sobre el tema reforçant en la mesura del possible les bases que han motivat la meva, ja llarga, aportació al tema.[19]

Malgrat tot, seria poc honest si prescindís d'altres propostes de classificació terminològica que al llarg de més de vint-i-cinc anys s'han plantejat en el camp de la investigació. El resum que Salvatierra, juntament amb Castillo, han dedicat

19. Guillem Rosselló Bordoy, "Reflexiones sobre un *Ensayo de sistematización ... y otras historias*", *Arqueología y territorio medieval*, 6. *Actas del coloquio La cerámica andalusí, 20 años de investigación. Jaén, 15 al 17 de octubre 1997*, Jaén, 1999, p. 21-22.

al tema és una bona prova de la importància que en un període realment breu tal qüestió ha preocupat als investigadors. És un treball d'obligada consulta pels interessats en el problema.[20]

Salvatierra i Castillo han centrat de manera perfecta les diferents tendències classificatòries des dels primers intents meus i els coetanis realitzats per André Bazzana[21] i Juan Zozaya[22] que per qüestions editorials foren publicats poc després de l'aparició de l'*Ensayo de sistematización*... Com que la prioritat no va referida a una competició esportiva voldria deixar ben clar que si els pioners haguéssim conegut els intents dels companys que treballàvem a la mateixa vinya, les nostres conclusions haurien tingut un valor més provatori i, pel que fa al meu treball, estic convençut que el llibre no hauria estat batiat com un simple assaig i, tal volta, molts articles posteriors, matisant i ampliant aspectes obscurs haurien resultat superflus.

Dins la preocupació terminològica cal referir-se als plantejaments exposats per Helena Catarino a Portugal. Fins ara, la problemàtica portuguesa no havia comparegut dins la present exposició. No cal recordar que els territoris portuguesos formaren part d'al-Andalús, per tant, no és debades afirmar que totes les reflexions fins ara expressades són extrapolables a una zona que a l'edat mitjana mantenia uns llaços d'unió prou ferms amb els territoris que formaren part d'al-Andalús, atès que en foren part integrant.

Catarino exposà davant la qüestió terminològica el seu parer i, en aquest sentit, tot referint-se al meu estudi extret a partir de la documentació escrita deia:

> Més recentment, compilà i ordenà (Rosselló 1991 i 1994, 37-87) un conjunt de paraules àrabs utilitzades per designar recipients d'ús quotidià. Com el propi Rosselló diu: *el castellano y el catalán son suficientemente ricos en arabismos como para buscar elementos extraños a nuestras lenguas y a la cultura material que motiva nuestras investigaciones.* Diria també que en portuguès podem trobar un cert nombre de noms d'origen àrab per identificar estris domèstics. En aquest cas vaig optar per fer coincidir en la mesura del possible, amb una terminologia àrab per descriure el conjunt de ceràmiques localitzades a les excavacions del Castelo Velho d'Alcoutim i del Castelo das reliquias.

D'aquesta manera la proposta semàntica d'Helena Catarino entrà de ple dins la nomenclatura a l'abast dels investigadors.[23]

---

20. Vicente Salvatierra Cuenca, Juan Carlos Castillo Armenteros, "Sistematizaciones y tipologías. Veinte años de investigación", *Arqueología y territorio medieval*, 6. *Actas del coloquio La cerámica andalusí, 20 años de investigación. Jaén, 15 al 17 de octubre 1997*, Jaén, 1999, p. 29-43.

21. André Bazzana, Pierre Guichard, "Céramiques communes médiévales de la région valencienne", *La céramique médiévale en Méditerranée Occidental x-xv siècles. Valbonne 11-14 septembre 1978*, Paris, 1980, p. 321-334.

22. Juan Zozaya, "Essai de chronologie pour certains types de poterie califale andalouse", *La céramique médiévale en Méditerranée Occidental x-xv siècles. Valbonne 11-14 septembre 1978*, París, 1980, p. 311-315.

23. Helena Catarino, "Cerâmicas omíadas do Garb al-Andalus: resultados arqueológicos no Castelo Velho de Alcoutim e no Castelo das Relíquias /Alcoutim)", *Arqueología y territorio medieval*, 6. *Actas del coloquio La cerámica andalusí, 20 años de investigación. Jaén, 15 al 17 de octubre 1997*, Jaén, 1999, p. 113-132.

Arabe	Castelhano	Portugues
burma, qidr	marmita, olla	panela
qas'a, tâyin, qasûla	cazuela	caçoila, sertã ou frigideira
sahfa, tayfûr, gidar	ataifor	prato, tigela ou malga
yafna e tass	jofaina e taza	escudela, taça
radûma, kûz	redoma	peq. bilha, alcuza, galheta
ibrîq	jarro, jarrito	jarro, jarrinho, púcaro ou pucarinho
surayba, barrada	jarrita	jarrinha, pucarinha
yarra, surba	jarra	cântaro, bilha, cantarinha, infusa
jâbîya	tinaja	talha
qulla	orza	pote
libril, quarîya, qadh	alcadafe, lebrillo	alguidar (de gidâr)
gitâ, mugatta	tapadera	testo, tampa
tabaq	disco	tampa plana
qandîl, misbâh	candil	candeia
qâdûs	arcaduz	alcatruz
tannûr, farayen (de fureyn)	(atanor) anafe	(atanor) fogareiro

La primera proposta semàntica presentada l'any 1978 a l'*Ensayo de sistematización...* va tenir diversos complements a mesura que la investigació dels documents notarials del segle x i els receptaris de cuina del xii-xiii posaren a l'abast la nomenclatura habitual emprada pels anònims autors àrabs que recolliren els sabers culinaris de l'època.

Fou precisament en terres lleidatanes on vaig presentar les primícies de la meva investigació,[24] completada posteriorment al col·loqui de Xàtiva,[25] en el qual fou possible completar la informació textual referida a tots els estris culinaris emprats entre els segles x i xiii.

De la nòmina així establerta les pervivències semàntiques tant en el castellà com en el català donaren lloc a la llista que s'acompanya, de manera que pràcticament els arabismes mantinguts a ambdós idiomes permetien definir tota la terrisseria emprada en l'art culinari d'al-Andalús. No està de més recordar que l'arqueòleg que juga sempre amb restes materials no tan sols es preocupa dels contenidors sinó d'allò que hi havia a dins, malgrat que no pugui definir com foren tals continguts. Parafrasejant el meu mestre, el professor Pericot, és una de les grandeses i misèries de l'arqueologia no poder gaudir dels aliments que donaren vida als nostres investigats.

Aquesta preocupació semàntica ha ultrapassat els límits locals i bona prova de tal cosa és el llibre de Bakirtzis, èfor d'antiquitats bizantines de Salònica, que a

24. Guillem Rosselló Bordoy, "Menjar, beure i cuinar a al-Andalus: una nova lectura del *Kitâb al-tabikh* (primer terç del segle xiii)", *I Col·loqui de l'alimentació a la Corona d'Aragó*, Lleida, 1995, p. 955-979.

25. Guillem Rosselló Bordoy, "Arqueología e información textual: el utillaje en la cocina andalusí)", Manuela Marín; David Waines (eds.): "*La alimentación en las culturas islámicas*", Madrid, 1994, p. 37-87.

partir de la documentació textual ha donat nom a la terrissa comuna del període bizantí que abasta des del segle x al final de l'imperi a la meitat del segle xv.[26] Gràcies al magnífic resum en anglès i la documentació gràfica que l'acompanya és un treball que interessa tots els que, poc o molt, poden tenir relació amb el món mediterrani.

Endinsar-se en la descripció formal de tots els atuells registrats seria una tasca prou feixuga que, al meu entendre, tot tractant-se d'atuells ceràmics, es pot obviar utilitzant les imatges, a la llarga més significatives que les paraules, encara que aquestes no es poden oblidar.

Nom	Transcripció	Huici	Català	Castellà
الاة	alâ'		atuell	instrumento
حجر	ḥaŷar	piedra	pedra	piedra
خرقة	jirqa	paño	drap, pedaç	paño, trapo
مخطاف	mujṭâf	tenedor	ganxo	gancho, horquilla
خيط	jayṭ	aguja	fil	hilo
مصفاة	miṣfâ	pasador	filtre	colador
قضيب	qaḍîb		branca, pal	palo, ramita
قليلة	qulayla	jarrita	ancolleta	jarrito
المراة	al-mirâ	cristal	vidre, mirall	cristal, espejo
طبق	ṭabaq	fuente	tabac	tabaque
مقراض	miqrâḍ	tijeras	tisores	tijeras
قصرية	qaṣriyya	fuente	ribell, gibrell	lebrillo
كاس	kâ's	vaso	copa, calze	copa, cáliz
قسولة	qasûla	cazuela	cassola	cazuela
آنية	anîya	vaso	atuell	instrumento
رضف	raḍaf	rescoldo	calivada	rescoldo
قنوط	qannûṭ	tubo	tub, canut	canuto
غربال	garbâl	cedazo	garbell, sedàs	cedazo
جفنة	ŷafna	fuente	servidora	plato grande
قصبة	qaṣaba	caña	canya	caña
صلاية	ṣalaya	rescoldo	calivada	rescoldo
إناء	inâ'	vaso	atuell	instrumento

26. Xaralambos BAKIRTZIZ, *Bizantina tsoukalolagina*, Athina, 2003. Vegeu, a més, Guillem ROSSELLÓ BORDOY, "Recensió" a *BSAL*, 61, Palma, 2005, p. 468-472.

رخام	raḫḫâm	mármol	marbre	mármol
قادوس	qâdûs	arcaduz	caduf, catúfol	arcaduz
اسكنفاج	iskinfâŷ		llima	lima
انبوب	anbûb	tubo	embut	embudo
بفحع	bifiḥa		embut	embudo
باقية	bâqîyya		atuell	vasija
جامة	ŷâmma		motlle de sucre	forma de azúcar
حصير	ḥaṣîr	paño	drap, pedaç	paño, trapo
حنتم	ḥantam	cazuela	cassola	cazuela vidriada
خاتم	jâtim	sello	encuny	sello, estampilla
ركشاب	rikšâb		ratllador	rallador
مسلة	missala	pincho	agulla saquera	aguja espartera
مسمار	mismâr	clavo	clau	clavo
شقف	šaqf	cazuela	fragment de terrissa	frag. de barro cocido
طحونة	ṭaḥûna	molino	molí de sang	molino
عدل	'idl	saco	sac	saco
معسول	ma'sûl	plato de miel	ancolleta de mel	mielero
عويد	'uwayd	palillo	pal petit	palillo
مقص	miqaṣṣ	tijeras	tisores	tijeras
قفة	quffa	espuerta	senalla	espuerta, capazo
قالب	qàlib	molde	motlle	molde
كف	kaff	plato	degotador	escurridor
ملعقة	mil'aqa	cucharón	giradora	espumadera
مائدة	mâ'ida	mesa	taula	mesa
منديل	mandîl	mandil, paño	drap, pedaç	mandil, paño, tela
هاون	ha'wun	mortero	morter	mortero
سكين	sikkîn	cuchillo	ganivet, guinavet	cuchillo
صرّة	ṣurra	bolsa	bossa	bolsa
لوح	lawḥ	tabla	post, tallant	tabla, madera
سفود	safūd	asador	ast, burjó	ast, espetón
مغرفة	magrafa	cuchara	cullera	cuchara
غضار	giḍâr	fuente	servidora	gran plato
طنجير	ṭanŷîr	fuente	servidora	gran plato
قصعة	qaṣ'a		cassola	cazuela
تنور	tannûr	horno	forn	horno, atanor

مهراس	mihrâs	almirez	morter	almirez
برمة	burma	olla	olla	marmita
غطاء	git>â'	tapadera	tapadora	tapadera
طاجين	t>ay[în	cazuela	cassola, tià	cazuela
فرن	furn	horno	forn	horno
مقلاة	miqlâ	freidor, sartén	fregidora	sartén
صحفة	ṣaḥfa	fuente	safa	zafa
قدر	qidr	olla	olla	olla

De l'anàlisi dels dos receptaris de cuina andalusins[27] que tenim a l'abast sabem que els atuells utilitzats a la cuina abastaven seixanta-mil estris diferents, fets de materials diversos com fusta, metall, pedra, etc. Els atuells ceràmics tan sols compten amb vint-i-tres peces, algunes de les quals poden ser confeccionades amb altres matèries, a més de possibles objectes que potser són aptes per a una mateixa funció, emperò identificats amb noms diferents, tal volta per variants formals que comportin alguna diferència física.

Amb aquesta nòmina podem establir el número de formes pròpies de l'aixovar culinari andalusí. Caldria afegir-hi els atuells ceràmics emprats en altres funcions domèstiques: il·luminació, magatzem, transport, agricultura, decoració o bé construcció. La investigació cristal·litzà en l'estudi publicat l'any 1991[28] en què resumia la tipologia ceràmica partint de la informació proporcionada per les investigacions realitzades a diferents indrets d'al-Andalús.

Les propostes tipològiques eren les següents:

Castelló	27 sèries ceràmiques diferents	(segons André Bazzana)
Jaén	22 sèries ceràmiques diferents	(segons André Bazzana)
Ceuta	22 sèries ceràmiques diferents	(segons Fdz. Sotelo)
Alacant	20 sèries ceràmiques diferents	(segons Azuar)
Mallorca	20 sèries ceràmiques diferents	(segons Rosselló Bordoy)
Múrcia	18 sèries ceràmiques diferents	(segons Navarro Palazón)
València	16 sèries ceràmiques diferents	(segons André Bazzana)
Almeria	14 sèries ceràmiques diferents	(segons Dorotea Duda)

27. Fernando de la Granja, *La cocina arábigo andaluza según un manuscrito inédito*, Madrid, 1960. Ambrosio Huici de Miranda, *Traducción española de un manuscrito anónimo del siglo XIII sobre la cocina hispano-magrebí*, Madrid,1966.

28. Guillem Rosselló Bordoy, *El nombre de las cosas en al-Andalus: una propuesta de terminología cerámica, Palma de Mallorca, 1991*, Lleida, 1995, p. 955-979.

La conclusió final del meu estudi, lligant la documentació textual amb la funció dels diferents estris i l'evidència arqueològica, comportava el següent quadre.

Elements de transport i magatzem

mot àrab	derivat català	derivat castellà
al-ẖâbiyya	alfàbia, tenalla	tinaja
al-qulla	ancolla	orza
ŷarra	gerra	jarra, cántaro
maṭara (Orient), qar'a (Magreb)	baldraca	cantimplora

Servei de taula

šurayba, mišrâb, barrada	gerreta	jarrita
qadḥ, ibrîq	cadaf	jarro, jarrito
radûma		redoma
kûz		alcuza
limma	ampolla	limeta
al-ṭayfûr		ataifor
ṣaḥfa	safa, safata	zafa, azafate
gidār		
ŷafna, ŷufayna	escudella	jofaina
aṯfiyya	trespeus	trípode
tassa	tassa	taza

Servei de cuina

burma, qidr	olla	marmita
qaṣ'a, qasûla	cassola	cazuela
ṭaŷîn	greixonera	
librîl	gibrell, llibrell, ribell	lebrillo
qaṣriyya	gibrell, llibrell, ribell	lebrillo
qadḥ	cadaf	alcadafe
mihrâs, mihrâz	morter	almirez
ṭabaq	tabac	disco
musafa		colador
gitâ', mugatta	tapadora	tapadera

Formes ambivalents: domesticoculinàries

tannûr, mallâ, nafaẖ	fogó	ánafe
kursî, burma		reposa tinajas
bût, anbûb, anbût	embut	embudo

Altres usos no necessàriament domèstics

inbiq	alambí	alambique
duwayya	tinter	tintero
al-kanz	lladriola	alcancía
ŷamma al-sukar	motlle de sucre	forma de azúcar
mabḫara		quema perfumes

Enllumenat

qandîl, misbâḥ	llàntia, llumet	candil
al-manâra	alimara	almenara
al-fanar	fanal	fanal

Ús agrícola

qadûs	caduf, catúfol	arcaduz
tannûr	coll de cisterna	atanor

Construcció

qarmad, qarmada	teula	teja
laŷûra, aŷûra	rajola	ladrillo
zulayŷ		azulejo
tûba	tubot	adobe

Instruments lúdics

dûb, dûf, tabal	tambor	adufe, atabal, tambor
muṣafir, ṣâfir	siurell	silbato
al-bûg		albogue

III. La tecnologia terrissera

A mesura que anava preparant les notes que han de conformar aquesta introducció a la coneixença de la ceràmica manufacturada i utilitzada a al-Andalús he comprovat que l'esquema inicial que havia presentat als organitzadors del curs necessitava uns retocs i una estructura diferent pel que fa a la tècnica terrissera emprada en l'elaboració dels atuells ceràmics, els sistemes decoratius, les formes d'enfornament i la terminologia aplicada a les diferents peces elaborades pels ceramistes.

Maneig del torn lent amb la col·laboració d'un ajudant (segons Herbert, 1931, *apud* Gutiérrez Lloret)

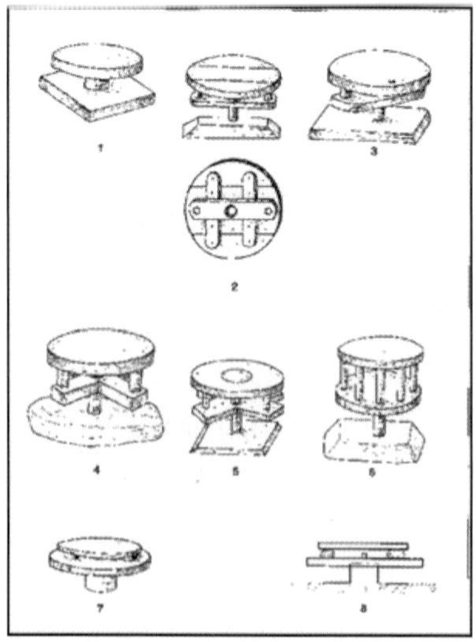

Diferents tipus de torn lent (Segons Gutiérrez Lloret)

Són detalls tècnics que des de fa molts d'anys han preocupat els tractadistes, dels quals tenim com a punt de partida un opuscle, mecanoscrit i reproduit en ciclostil que presentaren Lluís Maria Llubià Munné i Josep Batllori Munné l'any 1955.[29] Obra imprescindible que mai assolí el format d'una vertadera publicació i que en aquells moments era la guia més útil per als que intentàvem endinsar-nos en la coneixença de la ceràmica.

Pel que fa a la producció andalusina, aquests supòsits previs són essencials i, encara que sigui breument, per a una millor comprensió de l'evolució de la ceràmica d'època islàmica a al-Andalús consider que no està de més recordar-les.

A la ceràmica l'obrer especialitzat li pot donar forma de moltes maneres. Amb les mans directament, sense utilitzar cap tipus d'ormeig que faciliti la tasca. Era el sistema habitual en temps prehistòrics i protohistòrics i a l'edat mitjana el trobam a determinats exemplars de ceràmica comuna, de manera especial en alguns tipus de llàntia de cassoleta i bec simple.

També dins la ceràmica comuna un estri utilitzat es el torn lent (en castellà: *torneta*) consistent en un disc suportat per un eix, al qual amb l'ajut d'una mà es fa fer un moviment de rotació mentre que amb l'altra es dóna forma a la peça. Les il·lustracions que Sonia Gutièrrez incorpora a l'edició de la seva tesi són prou il·lustratives.[30]

29. Lluís Maria Llubià Munné; Josep Batllori Munné, *Terminología tipológica de la cerámica medieval española*, Barcelona, 1955.

30. Sonia Gutiérrez Lloret, *La Cora de Tudmir. De la antigüedad tardía al mundo islámico. Poblamiento y cultura material*, Madrid-Alicante, 1996, p. 47-57.

Esquema del torn emprat a Nabeul (Tunissia) envers 1955. (Segons P. Lisse i A. Louis: *Les potiers de Nabeul*)

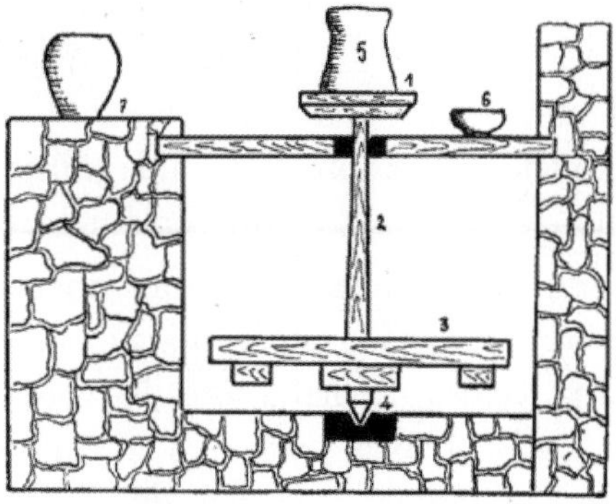

1. disc
2. eix
3. volant
4. polleguera
5. argila pastada
6. escudella per a la barbotina
7. peça tornejada

Ancolla de Fortuna (dibuix J. L. Cano Pérez *apud* J. Navarro Palazón)

Gerricó motllat de Dénia (segons Gisbert)

Modelat d'una alfàbia a tongades (segons S. Gutiérrez)

És una tècnica ben definida en època emiral amb una molt llarga pervivència per confeccionar els ormeigs de cuina. Gran part de la producció entre els segles VIII i X que ens ha arribat utilitza aquest sistema.

L'ús del torn ràpid o torn de gerrer impulsat pels peus del manobre de manera que queden lliures les dues mans per donar forma a la peça és habitual per a la confecció de l'aixovar de taula i de servei. La rapidesa en la confecció dels estris és important i pràcticament des de l'època califal fou la tècnica habitual, tot i que determinats atuells es feien mitjançant el torn lent i la majoria dels afegits plàstics que ornamenten diferents peces califals i de taifes es modelaven amb les mans per modelar-les.

La ceràmica feta a motlle, tècnica habitual des l'època imperial romana, és emprada amb mesura, tal volta per imitar peces orientals arribades a al-Andalús per via comercial. La influència xinesa i bizantina és evident als aixovars d'època califal i la forma de la safa o *ataifor* I mimetitza clarament el bol *t'ang* de la presència del qual tenim constància a al-Andalús.[31] De tota manera, la utilització del motlle no és freqüent malgrat que és un sistema molt emprat en l'artesania del vidre.

De manera excepcional i per a les grans peces o contenidors de molta alçada la confecció mitjançant tongades o *rollos* de fang superposats i compactats interiorment mitjançant les mans serà una tècnica normal a totes les èpoques, en especial al moment almohade quan les grans alfàbies presenten a l'interior les ditades del terrisser, fins i tot les empremtes digitals es poden, de vegades, identificar a la perfecció. En aquest cas la superfície exterior és allisada per poder aplicar les diferents tècniques decoratives que complementen la peça.

Cal tenir en compte que tota terrissa modelada necessita, abans de la cuita, un procés de deshidratació més o menys llarg, segons la humitat del fang. Deshidratació que es fa a l'ombra, en un lloc orejat de manera que el procés es mantingui dins unes condicions atemperades i el material no pateixi clivells i rompudes a causa d'una ràpida deshidratació.

Aquesta fase, en algunes terrisseries actuals que encara mantenen els sistemes tradicionals d'elaboració, equival a una primera cuita.

Aconseguir la plena transmutació de la matèria: argila i aigua pastades, fang modelat i mitjançant un sistema de cuita, a foc directe com es feia a la prehistòria o bé utilitzant el forn, suposa convertir aquella massa en quelcom sòlid i perenne: la terrissa o ceràmica.

Els francesos, cartesians per natura, solen distingir entre *poterie* i *céramique*. *Poterie* seria per a ells la ceràmica comuna, cuita al forn o a foc directe, sense complements impermeabilitzants, mentre que el mot *céramique* especifica que es tracta de la mateixa matèria revestida d'un vidriat, decorat o no, que, a més de proporcionar una superfície no porosa, permet l'aplicació d'òxids colorants que generen el que entenem per decoració. Per a nosaltres terrissa i ceràmica són sinònims i dins les variants habituals a la nostra llengua els mots pisa i majòlica són aplicables a la ceràmica vidriada, mentre que *porcellana* i *faiança* són productes de natura diversa el primer, atès que la composició mineralògica per obtenir-la és diferent a la simple argila, i el segon és un cultisme derivat dels productes italians obrats als tallers de Faenza. Pisa deriva de la producció medieval pisana que a partir

31. Juan Zozaya, "El comercio de al-Andalus con Oriente", *Boletín de la Asociación Española de Orientalistas*, (*BAEO*), V, Madrid, 1969, p. 191-200.

del segle XV es convertí en un element imprescindible dels habitatges medievals. Maiòlica, en canvi, és una deformació italiana del mot majòrica aplicat a l'illa de Mallorca que actuà com a cap de pont entre les penínsules ibèrica i itàlica a l'hora de la transmissió comercial dels productes ceràmics de València adquirits per les grans famílies italianes.[32]

Des del punt de vista tecnològic, els sistemes de fabricació serien els següents:

TECNOLOGIA	Ceràmica modelada a mà Ceràmica al torn lent o *torneta* Ceràmica al torn ràpid

Els dos primers poden formar un sol grup. La ceràmica feta a mà (l'exemple més adient seria la terrissa prehistòrica, com ara la de l'edat del bronze), en teoria hauria de ser més grollera que la tornejada emprant el torn lent. La qual cosa no és certa. Les copes argàriques, per citar un exemple d'una zona quasi veïna a la Cora de Tudmir, són d'una qualitat infinitament superior a les peces paleoandalusines. Record un comentari del professor Almagro davant unes peces trobades a Mallorca modelades a mà, que en saber que no eren prehistòriques confessà que la humilitat era ben necessària i que, en realitat, rectificar és de savis.

En el segon grup, la utilització de coberta vítria o no, marcaria unes subdivisions essencials que, a la llarga, afectarien la funció de l'atuell, la seva valoració estètica i la comercialització. Ceràmica sense vidriar, simplement bescuitada o cuita en blanc, segons l'argot terrisser mallorquí, seria sinònim de terrissa comuna, mentre que ceràmica vidriada equivaldria a un producte de luxe.

Apreciació errònia perquè el vidriat per damunt de tot suposa un element protector que en aïllar el suport ceràmic evita la seva impregnació de les flaires proporcionades pel contingut. La decoració polícroma sí que podria ser un índex de luxe i a causa de la seva elaboració més complexa per força hauria d'afectar la comercialització.

En el cas de la ceràmica amb vidriat interior monocrom destinada a la funció culinària o a l'emmagatzematge, aquesta impregnació anterior a la cocció suposaria un avenç tècnic important. Recordem que les àmfores vinàries romanes anaven empeguntades per tal d'evitar que el vi prengués el gust aspre de la terrissa del contenidor. Si restava contaminat pel gust de la pega és una altra història. No

32. Mariafranca SPALLANZANI, "Un invio di maioliche ispano-moresche a Venezia negli anni 1401-1402", *Archeologia Medievale*, V, Firenze, 1979, p. 529-544.

està de més pensar que els grecs encara, avui, se'n fan llepadits amb la seva *retsina* gairebé impotable.

Pel que fa a la decoració dels materials andalusins recollits a la Cora de Tudmir s'estableixen les següents tècniques, clasificació que en línies generals es pot extrapolar a la resta d'al-Andalús, incloses les illes orientals:

Incisa
Impresa
Plàstica o aplicada
Motllada
Engalbada
Pintada
Vidriada[33]

Segell de fusta per a empremtes ceràmiques (dibuix Miquel Trias *apud* Morata i Riera)

Temes decoratius incisos (segons Sonia Gutiérrez)

Les més freqüents que tenim ben documentades són les incises, generalment pentinades abans de coure el vas; les impreses mitjançant puntillat o impressions de ratlles, angles, etc., fetes per aplicació d'un punxó o burjó, bé gràcies a l'aplicació de segells de fang cuit o fusta[34] amb el tema decoratiu gravat en reserva, sempre

33. Sonia Gutiérrez Lloret, *El tránsito de la antigüedad tardía al mundo islámico en la Cora de Tudmir*, tesi doctoral, Universitat d'Alacant, Alacant, 1992.

34. Josep Morata Socias; Mateu Riera Rullan, "Un possible segell per estampar ceràmica trobat a can Serra (Palma de Mallorca)", *BSAL*, 50, Palma, 2003, p. 413-420.

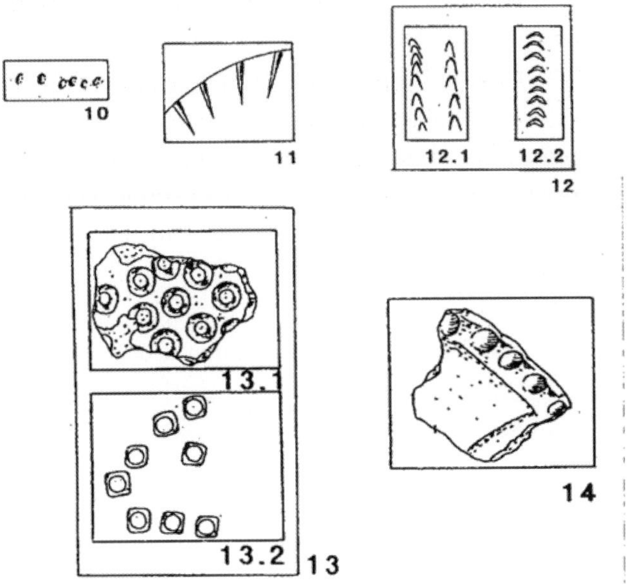

Ceràmiques amb decoració impresa (segons Sonia Gutiérrez)

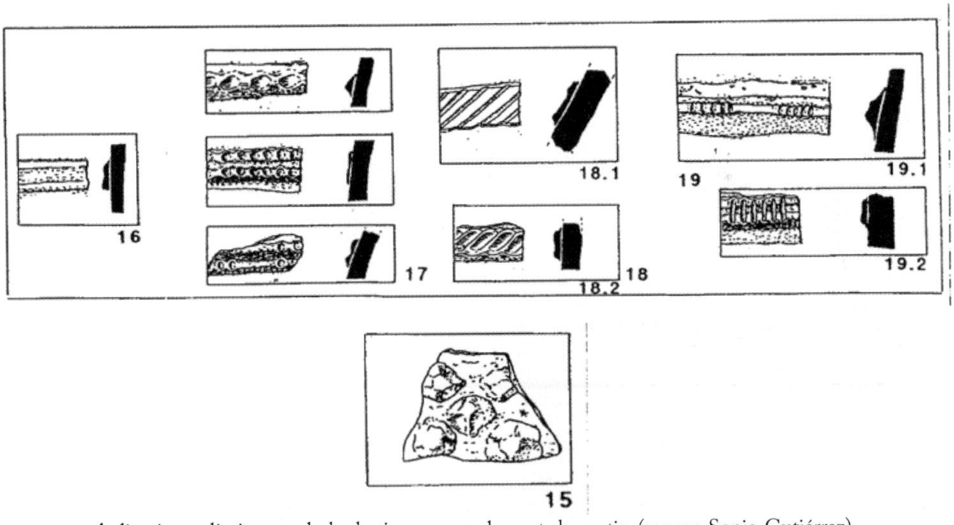

Aplicacions plàstiques a la barbotina com a element decoratiu (segons Sonia Gutiérrez)

Fragment de tapadora feta amb motlle (segons Sonia Gutiérrez)

abans de la cuita. És important el treball que el donà a conèixer perque recull la bibliografia dels segells coneguts fins ara. Aquesta tècnica de la impresió assolirà una especial activitat en època almohade i, per tant, caldrà retornar sobre la qüestió.

Les plàstiques a base d'aplicacions de barbotina es fan abans de la cocció i la pintada generalment decorada després de la cuita, de manera que el pigment, en no haver passat pel foc, no queda integrat dins el suport ceràmic i la seva conservació és poc segura. Tècniques mixtes amb aplicació d'un o més dels sistemes esmentats també estan registrades. La utilització de l'engalba, el motlle i el vidriat, si es documenten, és de manera esporàdica.

Dins el món paleoandalusí el vidriat, acostuma a ésser monocrom amb una funció més impermeabilitzant que decorativa.

Cada època presentarà característiques pròpies, de manera que els exemples presentats a partir dels treballs de Sonia Gutiérrez referits a la Cora de Tudmir i pel període paleoandalusí poden presentar característiques molt diferenciades segons el lloc i l'època de confecció dels atuells, sempre amb una certa semblança pel que fa a la ceràmica comuna. Seran les peces més elaborades aquelles que presentin trets més específics i diferenciadors. Elements amb els quals el ceramòleg pot comptar a l'hora de situar en el temps un atuell ceràmic.

La ceràmica pintada comporta una tècnica molt simple. Des de pinzellades senzilles pròpies de les fases més arcaiques a decoracions més complexes de caràcter geomètric, vegetal, fins i tot zooomòrfic. La pintura aprofita una gamma de colors poc expressiva: vermell d'almangre, negre de manganès o de fum d'estampa i blanc de calç. Generalment la pintura s'aplica després de la cuita. En aquest cas la impregnació del suport ceràmic és molt feble i l'ús desgasta amb rapidesa el cromatisme de les peces. De vegades, la pintura passa per una cuita de baixa

Coll de gerreta d'època almohade trobada a Múrcia
i la transcripció gràfica (segons Julio Navarro)

graduació de manera que els òxids no assoleixen la vitrificació. Seria el cas de les bandes de manganès, que el foc o la calor han consolidat deixant tan sols una superfície mat que, sovint, amb l'ajut d'un burjó, l'artista sotmet a una fina decoració incisa o esgrafiada, d'efectes estètics sorprenents. És un dels clars exemples de la combinació tècnica de la decoració pintada amb intervenció de la incisió que produirà exemplars de gran bellesa en època almohade que manta vegades fan pensar en prototipus metàl·lics.

La producció andalusina vidriada pot donar lloc a unes quants mostres de diversificació tècnica.

Vidriat aplicat, simplement, com a sistema impermeabilitzant, estès tan sols a l'interior d'atuells culinaris, utilitzant òxids de plom o d'estany que donen lloc a unes superfícies llises, brillants, compactes. Sense indicis de porositat. El plom proporciona unes coloracions obscures, marronoses, negres o melades, mentre que l'estany, gairebé sempre emprat en formes obertes, es decanta pel blanc més o menys tèrbol.

Vidriat decoratiu amb coberta impermeabilitzant d'òxid de plom o estany que genera superfícies de color groguenc (melat) o blanquinós. Sobre aquesta preparació se superposa la decoració en verd de coure i morat de manganès, blau de cobalt, llambreig metàl·lic gràcies a una complexa tècnica en què el color depèn de l'oxidació o de la reducció dins el forn, o la combinació indiscriminada de diferents tècniques. Entenem per ceràmica vidriada i decorada aquella en què tota la superfície exterior de la peça és el suport ceràmic com una base on l'artista desenvolupa el seu tema decoratiu. És el sistema més freqüent dins les èpoques califal i de taifes. Tindrà també un ampli desenvolupament en època naserina.

Existeixen altres variants com la corda seca, total o parcial. Tècnica que presenta una superfície solcada de fines divisions produïdes per un pigment que el decorador ha utilitzat per separar els diferents colors. L'exemple més il·lustratiu és el de l'orinal o bací almohade d'al-Zahrâ' o el de la safa decorada amb un ocell trobada a Madrid.

Cuerda seca, corda seca en la nostra llengua, és una tècnica que podríem comparar als esmalts "tabicats" (*cloisonnèes*, dins la terminologia francesa amb què s'encunyà dita expressió), és a dir, les separacions metàl·liques que separen els diferents colors d'un esmalt, en ceràmica són substituïts per pinzellades d'òxid de manganès que actua de separador dels altres colors que així queden aïllats dins una mena de tancat.[35] Aïllament que durant la cuita sol escampar-se i alterar el concepte original que el decorador havia previst. La corda seca parcial combina aquest sistema amb espais

35. Manuel Casamar, *Cerámica medieval española*, Madrid, 1981.

en blanc, és a dir, seguint la terminologia dels terrissers mallorquins, zones sense decorar, sense cobertura vítria que deixen visible el suport ceràmic. La utilització del terme *verdugón* en castellà la consider prou adequada perquè un *verdugón* és el regruix que deixa sobre la pell una llenderada o fuetada. En canvi, en la nostra llengua el mot és poc freqüent, la cosa no vol dir que al llarg de la vida un no rebi moltes llenderades, que sí que deixen regruixos no precisament damunt la pell.

Abans he esmentat l'orinal d'al-Zahrâ' com una peça excepcional. És una bella mostra de corda seca ben enquadrada dins època almohade. La corda seca parcial suposava un estalvi de temps i despeses, per això podia resultar menys onerosa que la normal. De tota manera i seguint el criteri, prou assenyat, de J. Zozaya,[36] en tractar-se d'una tècnica més simple que la corda seca califal, permet establir que aquest sistema, que el trobam des de molt antic, en especial a partir d'una data primerenca del segle XI, prolifera més en època de taifes que en el moment califal. Pràcticament romandrà en ús fins a la desaparició d'al-Andalús, amb una evident recessió en època nasserina.

Com veurem més endavant la combinació del *verdugón* amb altres tècniques: bandes de manganès sense vidriar, esgrafiat damunt aquestes, etc., són manifestacions molt més tardanes que apareixen a finals del segle XII i es mantenen fins avançat el segle XIII.

Dins la tipologia del vas per a beure, forma i decoració solen anar ben conjuntades i la presència de la corda seca parcial i les moltes variants que l'acompanyen és un element determinant a l'hora de situar una ceràmica, així decorada, dins l'espai i dins el temps. La corda seca parcial és la denominació acceptada en substitució del terme encunyat per Gómez Moreno de *verdugón*. Explicar què és un *verdugón* als nostres col·legues francesos fou una història molt llarga i acabàrem per consensuar l'ús de corda seca parcial, malgrat que el terme anterior, ben arrelat dins la terminologia ceramològica, comporti una llarga sèrie d'explicacions no sempre comprensibles pels profans.

Dins la tècnica impresa, de vegades acompanyada de parts decorades a la corda seca parcial, l'època almohade és la que ens ha proporcionat exemplars més interessants. La categoria d'aquestes peces assoleix cotes molt altes i, el que és més important, la troballa de punxons o segells per decorar aquests tipus d'estris comença a tenir certa entitat. Mallorca, Quesada (Jaén) Algeciras (Cadis) són una bona prova que, de manera indirecta, ens documenta la presència d'obradors o tallers dedicats a aquest mester.

---

36. Juan Zozaya, "Essai de chronologie pour certains types de poterie califale andalouse", *La cerámique médievale en Méditerranée Occidentale, Valbonne*, 1978, París 1980, p. 311-316

Coberta de les actes sobre forns i testers medievals

La confecció dels objectes ceràmics comporta una llarga sèrie de problemes que cal tenir en compte a l'hora d'estudiar-ne el procés històric. Tot objecte fet a mà és una peça única. El terrisser, per molt destre que sigui, no pot repetir exactament qualsevol peça sorgida de les seves mans. Ni tan sols les peces motllades podran originar objectes iguals. Sempre una llobada, una manca d'atenció, una pressió indiscriminada pot produir una diferència cabdal o simple que l'allunyi de la peça germana.

El procés de deshidratació produirà també una minva de les dimensions de l'atuell format pel terrisser. A més, pot introduir dins la forma modificacions essencials que desvirtuïn la qualitat de l'objecte, la simetria, el paral·lelisme entre vora i base. En ceràmica prehistòrica aquestes desviacions són notòries i sempre fan patir els restauradors, que no entenen per què tals ceràmiques no s'ajusten a les normes de l'estricte simetria. Són efectes que cal tenir en compte a l'hora de dibuixar els perfils de les peces, quan, per comoditat i mandra, ens estimam més considerar que tot és simètric i correcte. És una simple recordança a l'hora de presentar els materials arqueològics amb la deguda forma i honestedat científica.

Sobre la cuita i l'enfornament de les ceràmiques obrades pel terrisser i deshidratades així com cal fou essencial el seminari organitzat per la Casa de Velázquez l'any 1987 sobre forns i testers de terrisser. En aquella reunió es pogué recollir una bona informació sobre les troballes d'aquest tipus de manufactures, almenys fins aquella data.[37]

Foren estudiats els forns de Bezmiliana (Màlaga) de ceràmica comuna,[38] Múrcia, antic obrador de Sant Nicolau,[39] on es trobaren restes de safes decorades i altres elements de servei juntament amb aixovar culinari; Toledo,[40] amb predomini de la

37. François AMIGUES; André BAZZANA (eds.), *Fours de potiers et 'testares' médiévaux en Méditerranée Occidentale. Méthodes et resultats*, Madrid, 1990.

38. Manuel ACIEN ALMANSA, "Hornos alfareros de época califal en el yacimiento de Bezmiliana", *Fours de potiers et "testares"*, Madrid, 1990, p. 13-43.

39. Julio NAVARRO PALAZÓN, "Los materiales islámicos del alfar antiguo de San Nicolás de Murcia", *Fours de potiers et "testares"*, Madrid, 1990, p. 29-43.

40. Sergio MARTÍNEZ LILLO, "Hornos califales de Toledo", *Fours de potiers et "testares"*, Madrid, 1990, p. 45-61.

terrissa comuna per sobre la vaixella decorada; Saragossa,[41] indret on per primera vegada es pogueren estudiar els forns d'època islàmica, fet que va permetre puntualitzar algunes de les meves propostes sobre les tècniques d'enfornament com comentaré després; Dénia,[42] referits als forns d'avinguda Montgó i carrer Teulada. Anys després altres troballes donaren a conèixer nova informació sobre l'activitat terrissera de la capital de la taifa Dénia-Illes Balears.

Tal aportació assegurava l'existència de tallers perifèrics actius des de finals del segle X i pràcticament tot el segle XI. En aquest sentit, la classificació aportada pels coordinadors del col·loqui quedava establerta de la manera següent:

Époque	Ateliers de
• califale	Saragosse
	Tolède
	Murcie (San Nicolas)
	Bezmiliana
• almohade	Dénia
• méridine	Targha
• chrétienne (XIe - XIVe s.)	Catalogne
• mudéjar	Paterna
	Lisbonne

Cronologia establerta per Amigues i Bazzana arran del col·loqui

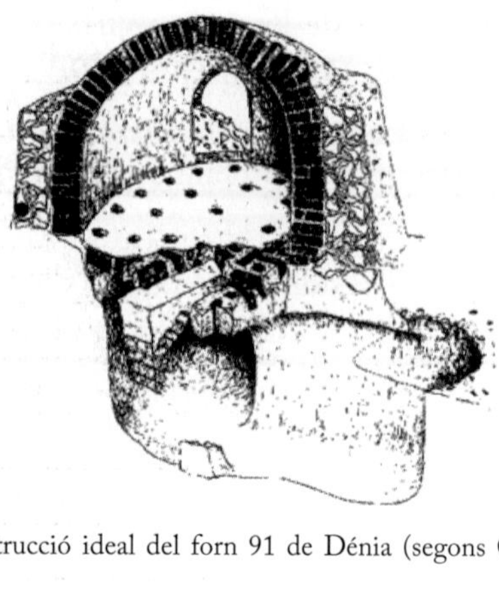

Reconstrucció ideal del forn 91 de Dénia (segons Gisbert)

41. Antonio MOSTALAC CARRILLO, "Los hornos islámicos de Zaragoza", *Fours de potiers et "testares"*, Madrid, 1990, p. 63-74.

42. Josep A. GISBERT SANTONJA, "Los hornos del alfar islámico de la Avda. Montgó/Calle teulada. Casco urbano de Denia (Alicante)", *Fours de potiers et "testares"*, Madrid, 1990, p. 75-91.

Són apreciacions que durant el transcurs dels anys cal analitzar amb més cura i matisar algunes de les propostes presentades. El forn magrebí de Targha completava el quadre amb un jaciment nord-africà que de manera marginal suposava un important complement a la coneixença de les tècniques terrisseres de l'època.[43] Igualment, estudis de Manuel Riu, José Aguado, Claudio Torres, François Amigues i Mercedes Mesquida, Elisabeth Faure-Boucharlat i Jacques Thiriot atenien a la problemàtica de les terrisseries dels àmbits cristians. Tema que ara no ens afecta.

De l'experiència del col·loqui de la Casa de Velàzquez el més important per a mi fou la definició, diria que categòrica, de les barres o *rollos* d'enfornament. Aquestes havien comparegut per primera vegada a les excavacions del subsòl de Can Desbrull, seu del Museu de Mallorca,[44] i d'acord amb els comentaris dels terrissers que alehores treballaven a Marratxí (Mallorca) les barres foren utilitzades per separar i aguantar els caramulls de peces acumulades una damunt l'altra, separades pels ferreguets, peus de terrisser o *atifles* en castellà. Els ferreguets deixen sempre la seva empremta a les peces vidriades. Les barres en vertical afectarien tan sols la vora de les peces de forma oberta.

La troballa *in situ* a Saragossa de les barres o *rollos* incrustades a les parets de la cambra de càrrega, disposades a manera de prestatges laterals, per tal d'augmentar la capacitat de dita cambra, obligava a rectificar aquella primerenca afirmació. Fins i tot he arribat a creure que en la terrisseria tradicional mallorquina les barres en vertical no s'han emprat mai, malgrat la seva presència als testers mallorquins d'època musulmana. Mostalac, molt prudentment, afirmava:

> Sobre la función de estos instrumentos en el horno se han planteado algunas hipótesis. Para G. Rosselló las barras servían: para separar diversas pilas en el momento del ahornado y evitar en el momento de la cochura que entraran en contacto unas con otras (1971, 1978). Esta misma tesis la plantean C. Martín y D. Oliva (1986)
>
> Evidentemente las barras serían para separar unas pilas de otras, pero al menos las de Zaragoza se colocaron en el interior del horno en sentido horizontal y no vertical, unas junto a otras, creando una superficie de sustentación a modo de aparadores corridos o baldas donde se colocarían las piezas cerámicas separadas entre si por atifles.[45]

Posteriorment, les troballes a Dénia han ampliat el panorama i cal suposar que dins les activitats en el subsòl urbà que a tot arreu s'estan realitzant hi ha descobertes en aquest sentit, encara no assequibles als tècnics que estem interessats

43. André BAZZANA, Micheline de CARDENAL-BRETON, Patrice CRESSIER, Abd el-Aziz TOURI, "Un four de potiers dans le Nord du Maroc", *Fours de potiers et "testares"*, Madrid, 1990, p. 93-104.

44. Juan CAMPS COLL; Guillem ROSSELLÓ BORDOY, "Excavaciones arqueológicas en Palma de Malorca: sondeos practicados en la antigua casa Desbrull", *Noticiario Arqueológico Hispánico. Arqueología*, 2, Madrid, 1973, p. 133-168.

45. Antonio MOSTALAC CARRILLO, "Los hornos islámicos de Zaragoza", *Fours de potiers et "testares"*, Madrid, 1990, p. 71.

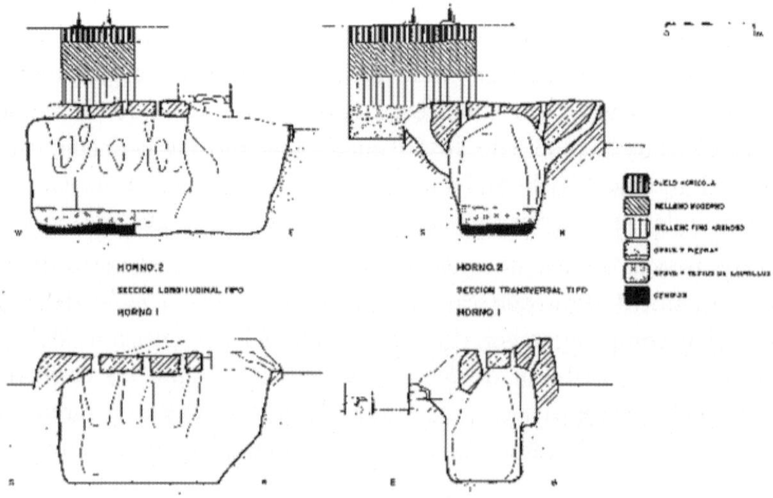

El forn de Bezmiliana (segons Acién Almansa)

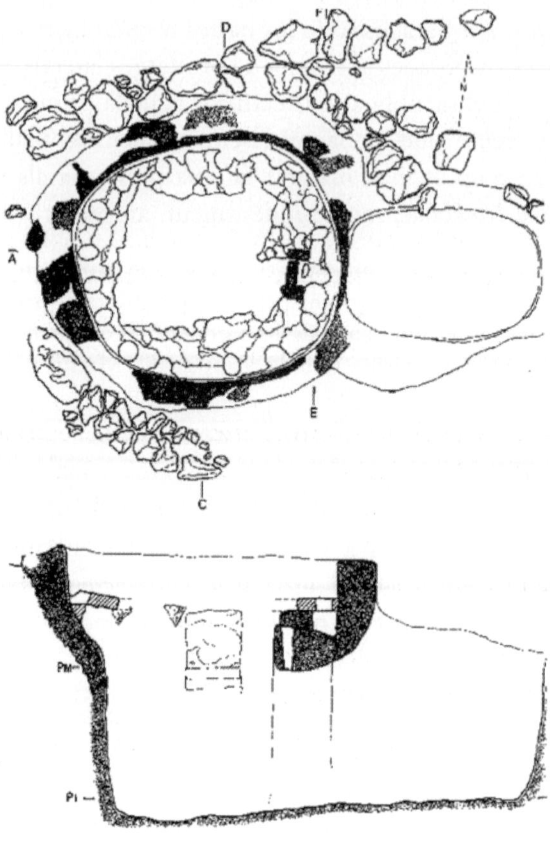

Forn de Dénia (segons Gisbert Santonja)

en aquests temes. Pel que fa a Mallorca, tant la descoberta del carrer de Berard com el forn al subsòl de la sala Capitular del monestir de Santa Clara de Palma no proporcionaren cap tipus d'informació, tan sols que la seva activitat acabà de manera violenta, tal vegada a conseqüència de l'assalt dels croats pisanocatalans que l'any 1115 saquejaren *Madina Mayurqa*.[46] Per tant, la producció mallorquina de vaixelles decorades té una data ferma per a la seva cloenda.

Anys després de la publicació esmentada caldria matisar les cronologies proposades pels editors, a causa de la presència aleshores de forns, tots ells perifèrics, que foren inclosos, al meu entendre, de forma lleugera dins la cronologia califal.

Tal vegada quinze anys abans tal cosa fos adient emperò avui podem puntualitzar amb més precisió aquest aspecte. En conseqüència, serà preferible incloure Bezmiliana, Múrcia i Toledo dins les produccions perifèriques a la manera califal, tal volta primerenques, és veritat, emperò fora de l'organització centralista que l'any 1031 deixà de tenir vigència. Prova endemés que la dispersió artesanal fou molt ràpida, amb tota seguretat anterior a la plena desintegració del poder absolut concentrat a Còrdova, anys abans de la destrucció d'al-Zahrâ' pels revoltats d'ètnia bereber.

Altres troballes posteriors donaren a conèixer nova informació sobre l'activitat terrissera de la capital de la taifa Dénia-Illes Balears que permet aclarir molts aspectes de la presència de terrissa d'època islàmica a Mallorca i les altres illes de la taifa.

Puntualitzacions d'aquest tipus podem considerar-les supèrflues; malgrat tot, sí que és important recordar que els forns de Saragossa, Múrcia i Toledo foren els primers que ens asseguraren l'existència d'obradors perifèrics que manufacturaven ceràmica a la manera d'al-Zahrâ', emperò amb trets específics, característics, que permetran individualitzar les diferents produccions locals. Trets que tant poden afectar la forma com els temes decoratius.

Les variants estructurals dels forns fins ara estudiats corresponen a diferències en el temps perquè la concepció d'aquest element respon a una necessitat clara: coure uns materials a una temperatura adient, generalment superior als 600 graus de manera que l'escalfor actuï sobre les peces de fang deshidratat. Per tant, els espais imprescindibles són una llar de foc de manera que la flama no afecti directament la càrrega ceràmica i un espai on aquesta es pugui estibar. Una coberta, generalment refractària, que reculli l'escalfor produïda i que permeti la dispersió homogènia per tal d'actuar de manera uniforme sobre tal càrrega.

46. Guillem Rosselló Bordoy, "Excavaciones en la sala capitular del monasterio de Santa Clara de Palma de Mallorca y la cerámica arquitectónica producida en Mallorca durante la Edad Media", *La céramique médiévale en Méditerranée. Actes du VIe Congrès de l'AIECM2. Aix-en Provence, 13-18 novembre 1995*, Aix-en-Provence, 1997, p. 697-702.

Els forns de Toledo i Bezmiliana són d'una simplicitat extraordinària, la qual cosa no vol dir que tal situació sigui un índex cronològic. Els primers forns de Dénia suposarien una fase més complexa i els de Saragossa, juntament amb els darrers estudiats a Dénia, presentarien la disposició de barres, a manera de prestages per tal d'ampliar la capacitat de càrrega estibada dins la cambra.

Com sempre, unes imatges permeten definir amb més precisió les diferències entre uns i altres.

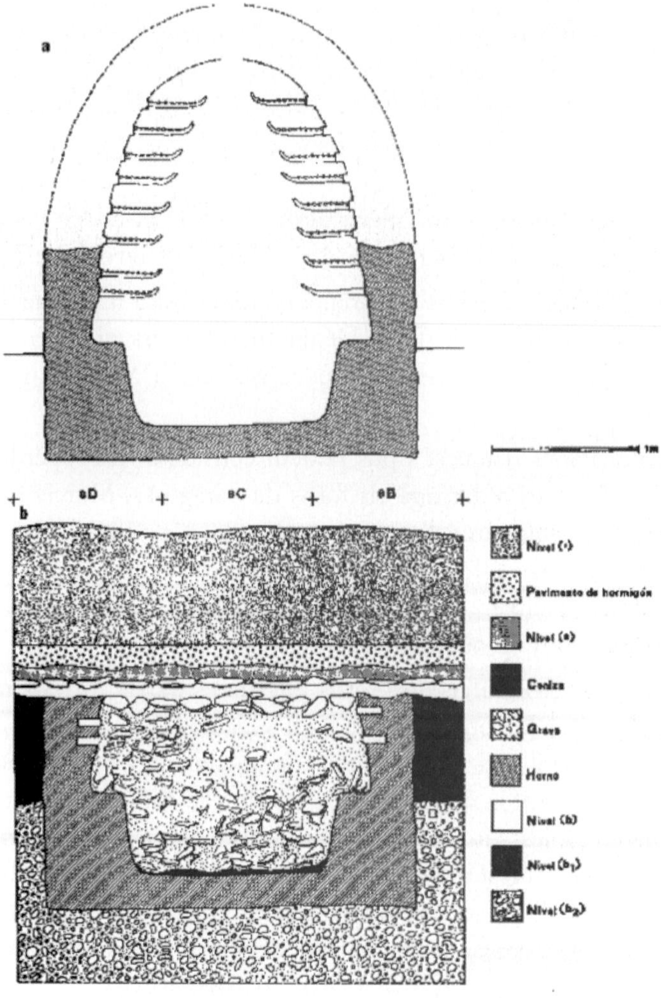

Fig. 3a. Avda. César Augusto-c/ Gómez Ulla. Reconstrucción hipotética del horno.
Fig. 3b. Avda. César Augusto-c/ Gómez Ulla. Estratigrafía [illegible] del mismo

El forn de Saragossa (segons Mostalac)

El forn de barres de Dénia (segons Gisbert Santonja)

Reconstrucció del forn de Dénia

IV. Cronologia i evolució de la terrissa andalusina

Primer volum de l'edició de la tesi de M. Retuerce

Una darrera fase en la coneixença de l'evolució de la ceràmica andalusina seria establir el temps de les coses. Sonia Gutiérrez Lloret a les conclusions de la seva tesi doctoral afirma que:

El requisito primordial de un estudio ceramológico histórico es saber cuando se fabricaron, distribuyeron y consumieron estos objetos.[47]

Amb bon criteri en exposar la proposta de seriació cronotipològica que defensà, es reafirmava que es tractava d'"*una propuesta provisional... sujeta a sufrir modificaciones conforme avance la investigación en este campo*".

Cal recordar que la tesi en qüestió es referia als moments inicials del poblament de grups humans de religió islàmica a la Cora de Tudmir. El títol de la tesi, publicada abreujadament anys després,[48] no admet confusions.

Cal, doncs, establir un esquema cronològic que ens permeti, tant com sigui possible, estructurar unes etapes que permetin emmarcar els espècimens ceràmics que tenim a l'abast dins uns paràmetres temporals.

Manuel Retuerce Velasco, també a la seva tesi doctoral defensada sota el títol *Estudio de cerámica islámica en la Meseta Oriental Andalusí* (Madrid, 1993, 7 vols.), donava a conèixer la seva àmplia activitat arqueològica en un territori que sí que formà part d'al-Andalús, emperò prest a inicis de la segona meitat del segle XI, sortia de l'estricta òrbita musulmana.

La tesi, sortadament publicada amb el títol de *La cerámica andalusí de la Meseta*,[49] també establia uns límits cronològics, puix en teoria la meseta en qüestió tenia una data, l'any 1085 (478 H.), en què s'esdevingué la conquesta de Toledo i l'arribada de la influència cristiano-castellana a la vall del Tajo, que suposava, en principi, un límit a la relació directa amb al-Andalús. Almenys pel que fa als territoris al nord de dita línia, marcada per un accident geogràfic prou important que al llarg de molt de temps fou una vertadera frontera insalvable per a uns i per a altres.

47. Sonia Gutiérrez Lloret, *El tránsito de la antigüedad tardía al mundo islámico en la Cora de Tudmir: cultura material y poblamiento paleoandalusí*, Alacant, 1992, 4 vols. Tesi doctoral inèdita defensada a la Universitat d'Alacant el juny de 1992.

48. Sonia Gutiérrez Lloret, *La Cora de Tudmir*, Alacant, 1996.

49. Manuel Retuerce Velasco, *La cerámica andalusí de la Meseta*, Madrid, 1998, 2 vols.

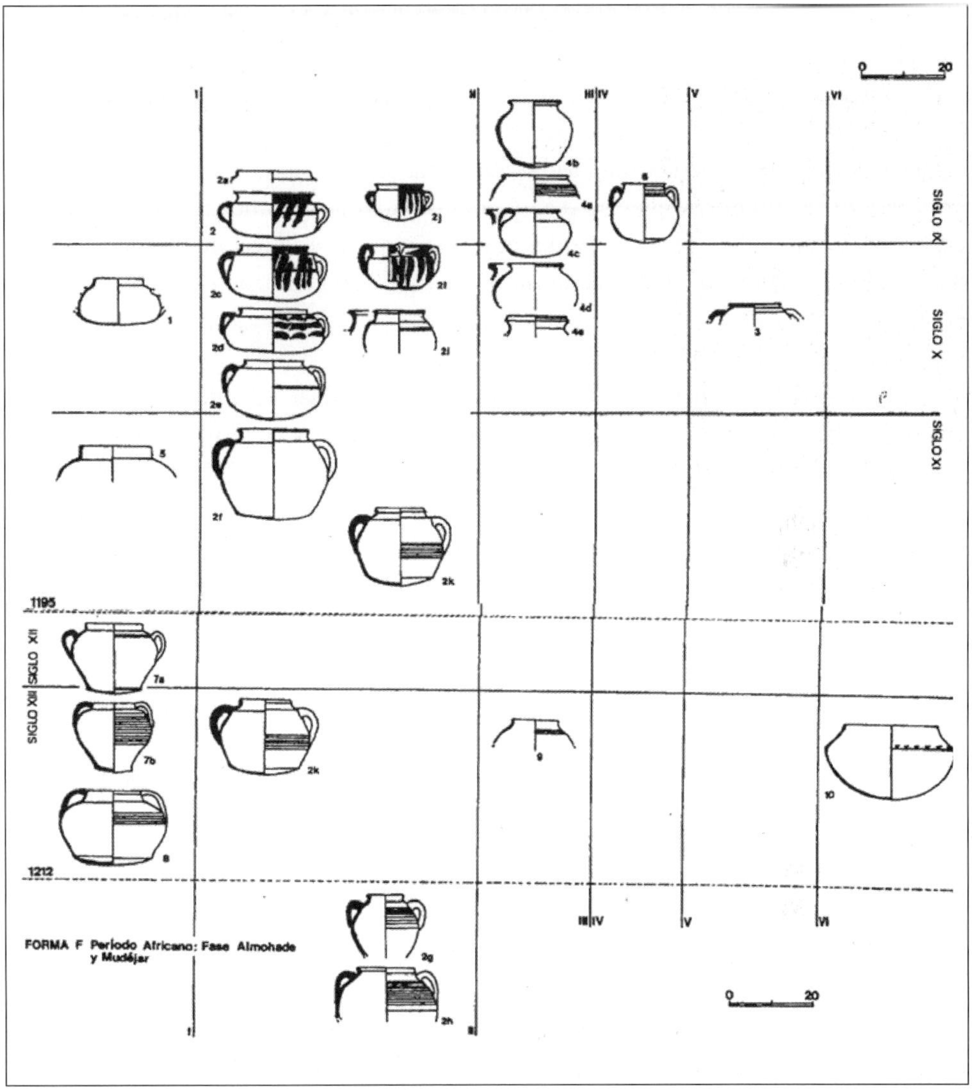

La proposta cronològica de M. Retuerce pels materials de la Meseta

Retuerce, amb estricta justícia, proposà com a fites cronològiques dues grans fases, període omeia i període africà, que sense cap mena de dubte em pareix adient pel que fa a la cronologia de la Meseta oriental, és a dir, un territori que abasta des de Sòria fins a la vall del Guadalquivir, des de Madrid als confins del regne de València. En el temps, els límits eren el segle VIII fins a l'inici del segle XIII.

En tractar del procés evolutiu de la ceràmica a al-Andalús aquesta proposta, perfecta per a l'estudi de Retuerce, tal volta sigui insuficient per extrapolar-la a la resta del territori andalusí, atès que, com és sabut, tal denominació és elàstica, sempre sotmesa als condicionants geogràfics de l'antiga Hispània sotmesa al poder musulmà.

Per tant, per tal d'establir en el temps un marc adient que pugui acceptar-se en línies generals per a tot el territori andalusí consider que no hi ha cap més remei que seguir, per a l'estudi de la ceràmica, les divisions tradicionals que fins ara han marcat el procés històric d'al-Andalús. Adaptació condicionada a uns trets específics imposats per fets trascendentals com ara les produccions califals sorgides de Còrdova i Madinat al-Zahra entre 936 i 1031 o la intrussió de la decoració en blau de cobalt a una etapa encara imprecisa de les produccions ceràmiques nasserines dels segles XIV-XV.

De vegades, s'han utilitzat els termes paleoandalusí en referir-se al període emiral, i tardo-almohade per marcar la transició entre l'esplendor política i econòmica dels almohades andalusins, estroncada per la contesa de las Navas de Tolosa i consolidada la desaparició d'aquest imperi per l'arribada dels catalans a Mallorca i València i els castellans a Jaén, Còrdova i Sevilla.

Com tota classificació aquesta proposta és aleatòria, acceptable o no. Tan sols cal justificar el perquè s'ha adoptat un sistema o se n'ha rebutjat un altre. Si la proposta és prou clara per entendre el que es vol exposar, vagi per dita.

En aquest sentit, voldria plantejar que en un principi el període que denomin Paleoandalusí abastaria, en el temps, des de la conquesta de 711 (93 H.) a l'assumpció del títol eminent d'*amîr al-muminîn*, príncep dels creients, per 'Abd al-Rahman III, al-Nâsir. En termes tradicionals el que coneixem com emirat dependent de Damasc, primer, independent a partir d''Abd al-Rahman I, *al-dâjil*, després. En cronologia estricta, segles VIII a X (anys 711-936 del còmput cristià i del 93-325 H.).

Quina influència pot condicionar les característiques de la ceràmica emprada durant aquest lapse de temps? Cal pensar abans de tot en la continuïtat i, en conseqüència, cercar els antecedents en les tècniques terrisseres visigòtiques, d'arrel hispano-romana, i en determinats indrets de la península les ignotes, emperò possibles, influències de la ceràmica nord-africana, també de tradició romana, i la més desconeguda encara terrisseria bizantina, si es té en compte que part del sud-est de la península i les Illes Balears formaren part d'aquell imperi.

En el cas concret de la meva terra els esquemes tradicionals trontollen i el bizantinisme, que consideràvem esvaït a partir d'un segle VIII boirós, pareix que encara s'hi mantenia. Les troballes numismàtiques de Son Fadrinet a Campos (Mallorca),[50] així ho indiquen i el dia que els materials de l'expoli de Santueri

50. Thilo ULBERT, Margarita ORFILA PONS, "Die frühchristliche Anlage von Son Fadrinet", *Madrider Mitteilungen*, 43, Mainz, 2002.

(Felanitx) estiguin a la disposició dels investigadors aquest supòsit es podrà fonamentar millor.

El període Califal suposa una etapa d'esponera. És el moment de major projecció política d'al-Andalús i els reietons cristians, malgrat l'esforç per recuperar el territori que reivindicaven com a seu, romangueren sotmesos al poder de Còrdova, centre econòmic i cultural que enlluernava tota la perifèria andalusina, tant la musulmana com la cristiana.

La producció àulica sorgida de Còrdova, tal volta de la mateixa al-Zahrâ' encara que no s'hagi detectat la zona on es trobaven les terrisseries, marcarà un estil i una tècnica específica. Sobre la presència de terrisseries dins la ciutat fundada per al-Nâsir voldria plantejar una apreciació, molt personal, sobre la qual ens manca tota confirmació. Era adient la presència en un nucli palatí d'una producció altament contaminant com era i fins fa poc ha sigut la producció terrissera?

Període de molt curta durada encapçalat bàsicament pels dos califes primers, que foren els únics que mantingueren un poder absolut capaç de promocionar una producció de luxe d'unes característiques que ens fan pensar en alts costs a l'hora de la producció. Pareix que els regnats d'al-Nâsir (300-350 H. / 912-961 M.) i el seu fill al-Hakam II (350-366 H. / 961-976), tingueren uns trets especials que permeten identificar gran part de la producció. Els esdeveniments de la resta del califat no permeten fantasies sobre una producció àulica com la que coneixem.

Les ceràmiques en verd i manganès del període califal influiran de manera clara en les produccions immediatament posteriors. És el que altres vegades he denominat l'etapa de les produccions perifèriques que correspon al moment de les taifes del segle XI.

En aquest moment el record del califat, l'encís envers la figura omnipotent del califa, totpoderós i amo i senyor, generarà el que es coneix com ficció califal i tots els reietons de taifes trescaran a la recerca d'un testaferro de la família omeia que pugui legalitzar el seu nou poder, obtingut, generalment, amb tot tipus de males arts.

Aquestes produccions locals començam a conèixer-les prou bé: Saragossa, València, Dénia, Mallorca, Múrcia han proporcionat forns de terrisser o els seus indicis, que documenten la producció del verd i manganès a la manera d'al-Zahrâ'. És possible distingir diferents estils decoratius, sempre utilitzant com element bàsics el verd de coure i el morat de manganès. Queden produccions o, millor dit, conjunts ceràmics: Benetússer, Albarracín, tal vegada Màlaga i Almeria que encara no tenen la confirmació expressa dels forns que testifiquen la producció del segle XI.

La fragmentació taifal acabarà amb una nova reunificació d'al-Andalus sota una dinastia africana, d'ètnia bereber, amb nouvinguts a l'islam i, per tant, com a bons neoconversos, proclius a l'integrisme, reaccionaris i complidors estrictes dels preceptes corànics que a la llarga deixaran la seva petjada en la producció ceràmica. Seria el període africà proposat per Retuerce.

Cronològicament, els almoràvits els podem emmarcar entre l'any 1085 (478 H.), data de la victòria de Zallaqa sobre les tropes d'Alfons VI de Castella, i 1145, quan el predomini a la península es trencarà a causa de la descomposició interna de l'estat almoràvit. Una excepció que mai no sol ésser tinguda en compte és la pervivència del poder almoràvit a les Illes orientals on la família dels Banû Gâniya es mantindrà gairebé més de mig segle com un estat independent.

En línies generals, podem considerar que la primera meitat del segle XII pel que fa als territoris peninsulars és de clar signe almoràvit mentre que la segona meitat del mateix segle tan sols és el reducte d'aquesta ètnia el que es manté independent, actiu i violent a les Illes Balears, tot mantenint una important acció reivindicativa al nord d'Àfrica des de Bugia (Argèlia) fins a Tawzar (Tuníssia).

El poder almoràvit fou suplantat a la península pels almohades, també d'extracció bereber i amb semblants característiques d'integrisme doctrinal. Controlaren la península des de mitjan segle XII fins a la victòria cristiana de les Navas de Tolosa (1212 M. / 609 H.), acció conjunta en què els reis de les Espanyes, Castella, Aragó i Navarra, conformaren la primera entesa política, reeixida amb èxit, en contra del poder musulmà.

Les Illes orientals es mantindran en plena independència política fins a 1203 (600 H.) quan els almohades conquereixen definitivament Mallorca. Menorca i Eivissa havien caigut anys abans: Eivissa el 1188 (584 H.) i Menorca el 1202 (599 H.).

Aquest seria el període africà proposat per Retuerce, el qual, gràcies a les excavacions de Calatrava la Vieja i Alarcos (Ciudad Real), proporciona una seqüència cultural magnífica per a conèixer l'evolució de la ceràmica andalusina almenys durant la segona meitat del segle XII.

Denia i els tallers artesanals situables a la primera meitat del mateix segle donarien llum a l'evolució ceràmica en aquell indret que ja havia deixat de formar una unió política amb les Illes orientals, emperò no havien romput les seves relacions comercials. De manera que aquells moments, fins ara els més desconeguts pel que fa a la producció ceràmica andalusina, comencen a sorgir de la boira que els envoltava.

Poc després de 1212 s'inicià el període nasserí. Màlaga, Granada i en especial Almeria són els centres productors. Màlaga dóna nom a la producció en general: *Malica*, nom que s'estendrà arreu Europa per definir un tipus de vaixella de llambreig metàl·lic i de color blau pàl·lid que s'escampa per tota la cristiandat i els territoris musulmans extrapenisulars. Almeria ens ha proporcionat obradors i forns. Granada, com a centre del poder de la dinastia ha de tenir una importància cabdal. Encara no tenim dades evidents sobre la producció ceràmica. N'hi ha indicis emperò falten les memòries d'excavació que els documentin.

La producció es caracteritza per l'ús de nous colorants, el blau de cobalt i el daurat fruit d'una complicada tècnica de cuita del material que, malgrat el secretismes, que gira entorn d'elles, serà imitada ben prest pels obradors de Manisses, a València.

Perdonau aquesta intromissió dins la història d'al-Andalus, emperò sense entendre la complexa evolució històrica dels territoris que el conformaren difícilment podrem abastar el procés evolutiu de l'utillatge ceràmic.

En síntesi, podríem establir les següents fases cronològiques:

Paleoandalusí	segles VIII-IX
Califal	segle X
Produccions perifèriques	segle XI
Influències africanes	segle XII
Producció d'obra de Malica	segles XIII-XV

Aquesta facticia divisió basada en circumstàncies de caràcter polític no suposa compartiments estancs. Una interdependència entre unes etapes i les altres és prou palesa i dins aquesta relació la presència del verd de coure serà una constant que podrem observar amb una continuïtat sorprenent que patirà eclipsis momentanis i resurreccions impensades en els moments més inesperats.

No serà fàcil resumir l'evolució dels diferens productes ceràmics que identifiquen cada una de les èpoques establertes. Cal atendre aspectes específics pel que fa a la forma, la tècnica d'elaboració, la decoració i la funció dels atuells que marcaran trets definitoris. La distinció entre ceràmica comuna o terrissa i la de luxe o ceràmica pròpiament dita no sempre serà possible. Dins determinats períodes i d'acord amb els llocs que han proporcionat exemplars, notarem a faltar el servei de taula, el més procliu a desenvolupar una temàtica decorativa, o no va existir o no ens ha arribat.

Malgrat els avenços assolits en la coneixença de la terrissa andalusina encara ens falten moltes dades per a poder establir una seqüència cronològica clara. Els materials que tenim a l'abast ens permeten afirmar coses, emperò hem de ser ben conscients que tals afirmacions, en el moment més impensat, podran fer un canvi radical en les nostres apreciacions.

Si no entenem la investigació en aquest sentit podem dedicar-nos a cultivar altres camps. Els dogmatismes no poden formar part de la nostra metodologia.

La connexió entre èpoques la destacà Gisbert Santonja al Congrés de Toledo.[51] La sèrie de bòtils provinents de necròpolis valencianes d'epoca visigòtica (segle VII?) preludiava formes que es mantindrien en el moment immediatament posterior.

51. Josep A. Gisbert Santonja, "Las cerámicas de cronología visigoda en las necrópolis del País Valenciano", *Segundo Coloquio Internacional de Cerámica Medieval en el Mediterráneo Occidental*, Madrid, 1986, p. 207-215.

No és qüestió ara de recular a temps antics tardans per establir el marc formal de la terrissa andalusina, emperò ben segur que l'empremta local tardoromana o visigòtica tindrà dins els aixovars domèstics una importància pregona.

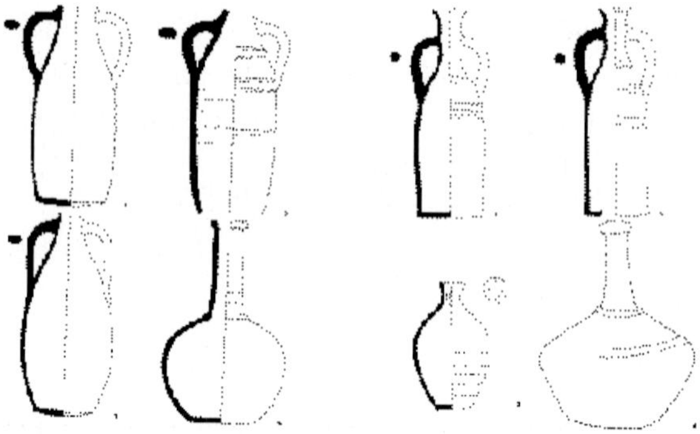

Bòtils de les necròpolis del País Valencià (segons Gisbert Santonja)

El període paleoandalusí (segles VIII-X)

Ara per ara, l'estudi de Sonia Gutiérrez Lloret és el que aporta una més clara idea de l'evolució ceràmica d'una regió concreta (Cora de Tudmir) i una etapa prou definida (final del món tardoantic i ocupació inicial del territori) per les primeres comunitats de credo musulmà.[52]

És un període en què per força conviuran els grups hispanoromans o hispanovisigòtics amb determinats elements dels nous senyors d'al-Andalus. L'*aman* atorgat pels emirs nomenats per Damasc al noble Teodomirus així ho manifesta.[53]

Sonia Gutiérrez centrà el seu estudi en tres aspectes fonamentals:

> El relativo a las formas de producción, donde se tratarán aspectos como la tecnología, la morfología, la funcionalidad o la decoración, el que se refiere a la distribución y comercialización y el que atañe a las formas de consumo.[54]

Pel que fa a la nostra visió inicial sobre la ceràmica andalusina el que importa és el primer apartat: la tecnologia, on es podrà veure que la part més important dels materials al nostre abast foren fets a mà o utilitzant el torn lent (o torneta).

52. Sonia Gutiérrez Lloret, *El tránsito de la antigüedad tardía al mundo islámico en la Cora de Tudmir: cultura material y poblamiento paleoandalusí*, Alacant, 1992.

53. Enrique Llobregat Conesa, *Teodomiro de Oriola*, Alacant, 1973.

54. Sonia Gutiérrez Lloret, *El tránsito de la antigüedad tardía al mundo islámico en la Cora de Tudmir*, p. 336-337.

Cronologia

De l'estudi de Sonia Gutiérrez podem establir una sèrie d'elements que serviran per definir una cronologia en principi aplicable a la zona alacantina, que també podria ser vàlida, amb els retocs pertinents, per a altres territoris andalusins. Ara per ara és la proposta més coherent que s'ha establert pel període paleoandalusí. Es pot objectar que tal extrapolació sigui agosarada amb escreix. Afirmaria que no, en especial pel que fa a les formes ceràmiques fetes a torn i de manera més intensa en referir-se al tipus gerret d'una sola ansa, boca circular, sense broc i coll alt de parets rectes en disposició lleugerament inclinada. Aquest tipus o vas per a beure, mišrab, šurba o šurayba dins la terminologia àrab del moment, és el que pot servir de fòssil director a l'hora de situar en el temps les ceràmiques immediatament anteriors al califat.

No cal afirmar que les imatges són més aclaridores que la paraula.

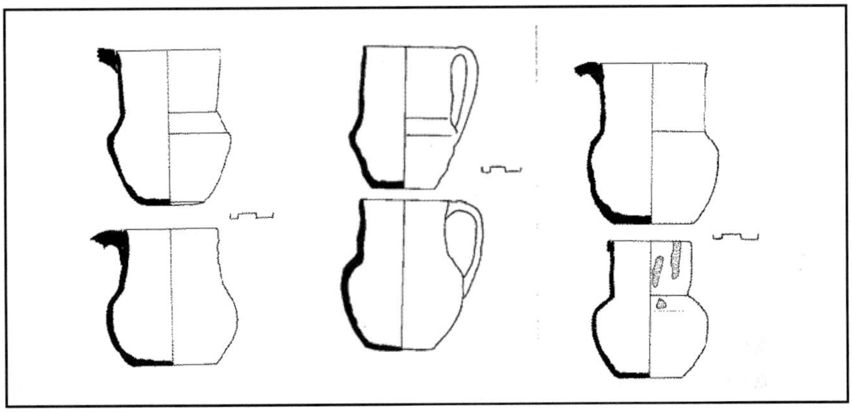

Vasos per a beure d'Hospitalet (Mallorca). Inicis del segle X (segons Riera Frau i Rosselló Bordoy)

Morfologia

A la imatge següent es recullen les principals formes de terrissa tardoromana feta a mà. Les denominacions olla, plat, tapadora i amforeta no tenen res a veure amb els noms utilitzats a l'època d'ús.

Les principals formes de terrissa feta a mà identificada a Alacant són els atuells propis de la cuina: *marmita*, *cazuela*, *tapadera* i *anafe*. La *tinaja* característica per a la conservació de queviures. El servei de taula: *jarro*, *alcadafe* i *ataifor*. L'*alcadafe* o ribell, llibrell o gibrell és una peça ambivalent aplicable a la higiene personal, que pràcticament manté la seva forma troncocònica invertida immutable de manera que el seu valor com a element de datació és pràcticament irrellevant.

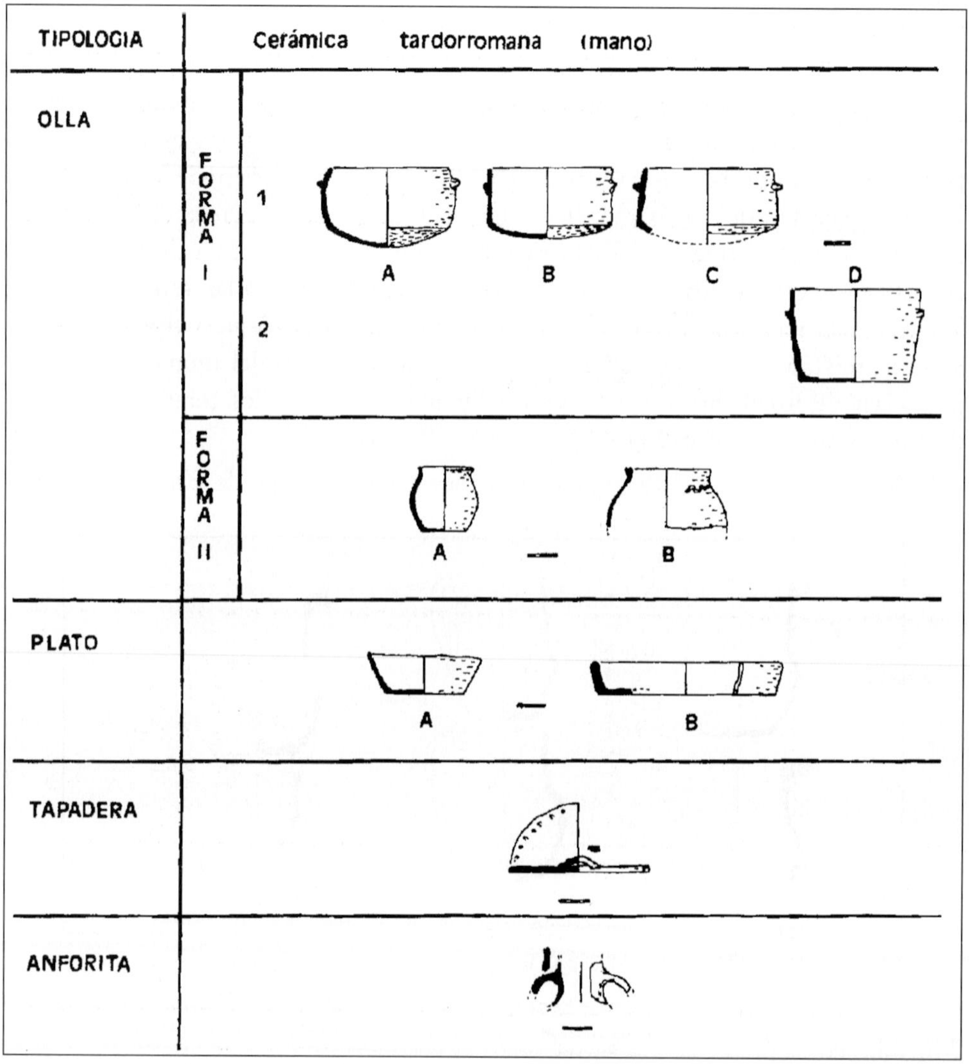

Formes de terrissa feta a mà d'època tardoantiga (segons S. Gutiérrez)

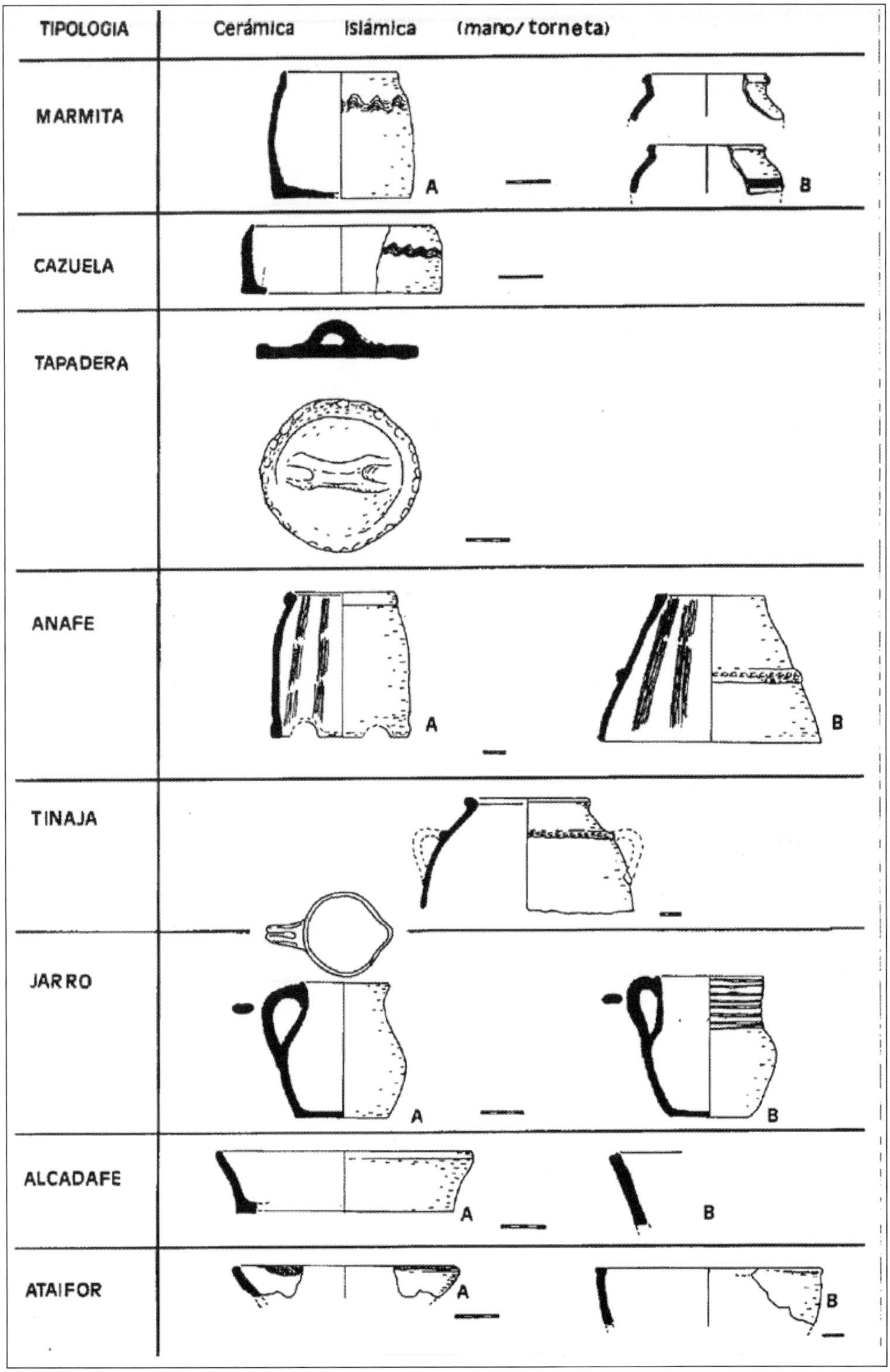

Taula de formes de peces fetes a mà provinents de jaciments alacantins (segons Sonia Gutiérrez)

A continuació es pot observar el procés evolutiu de la forma ancolla, *marmita* en castellà, a partir d'exemplars alacantins i de Mallorca. Procés que consider que es pot extrapolar a altres zones d'al-Andalus.

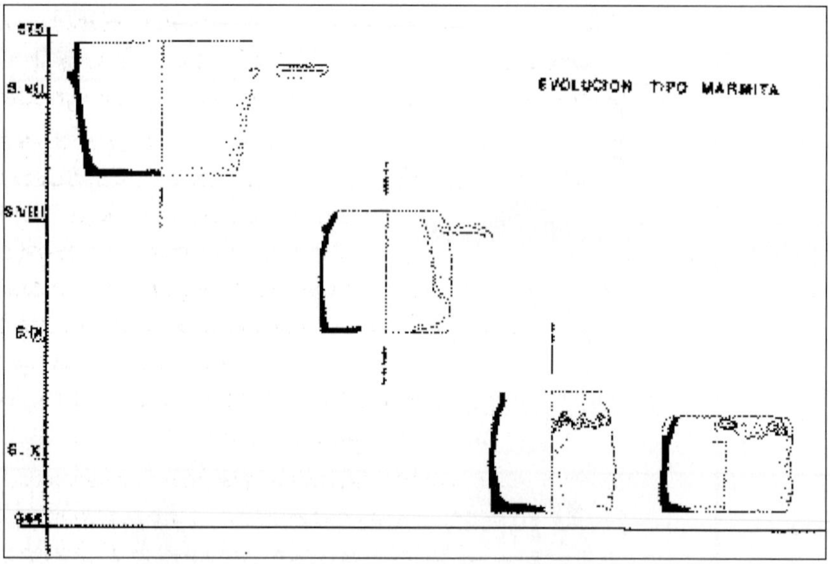

(segons Sonia Gutiérrez)

Els atuells ceràmics fets a mà tant d'època tardoantiga com paleoandalusina mantindrien la seqüència cronològica que segueix. És observable com la reiteració formal és clara fins i tot entre els materials del segle x, anteriors, sens dubte, a les produccions califals.

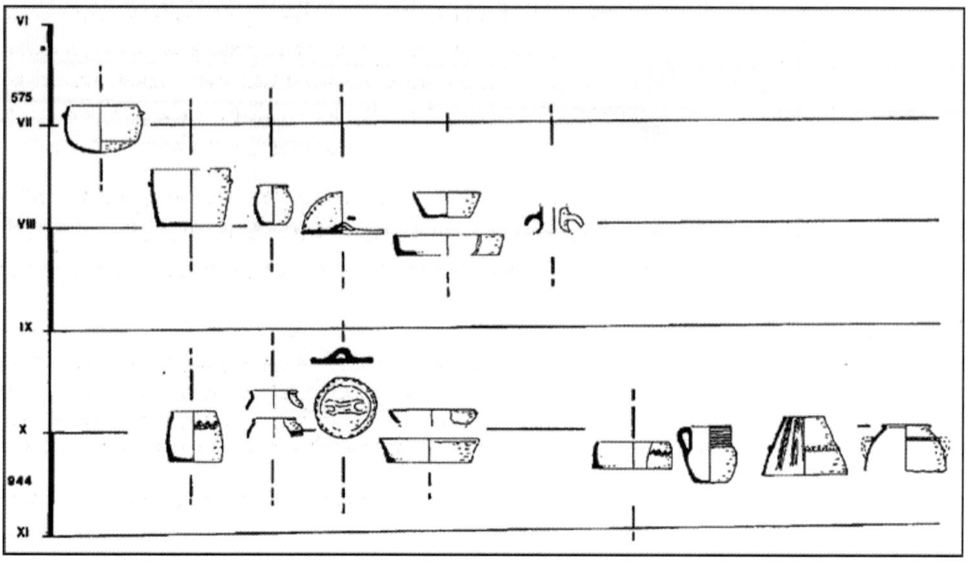

El pas de la terrissa tardoantiga a la terrissa paleoandalusina (segons Sonia Gutiérrez)

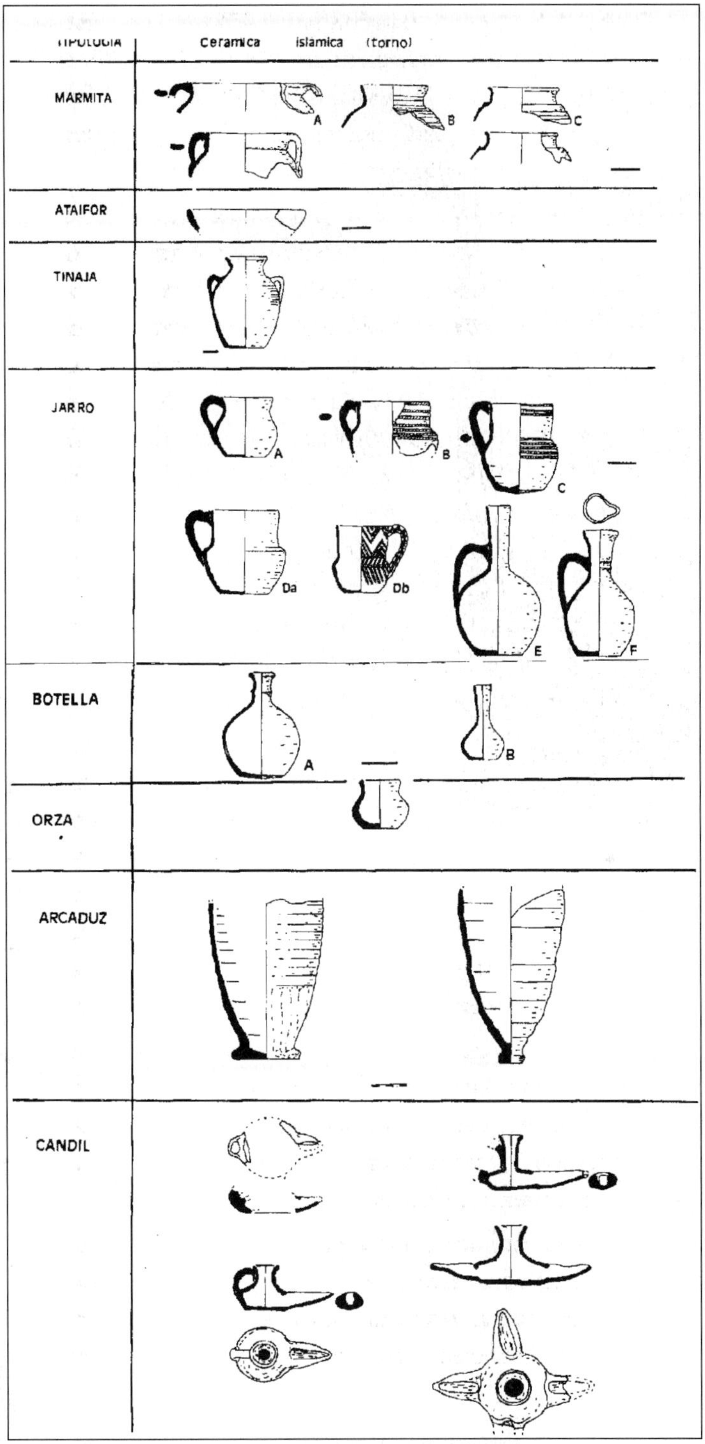

Tipologia de les ceràmiques d'època paleoandalusina fetes a torn

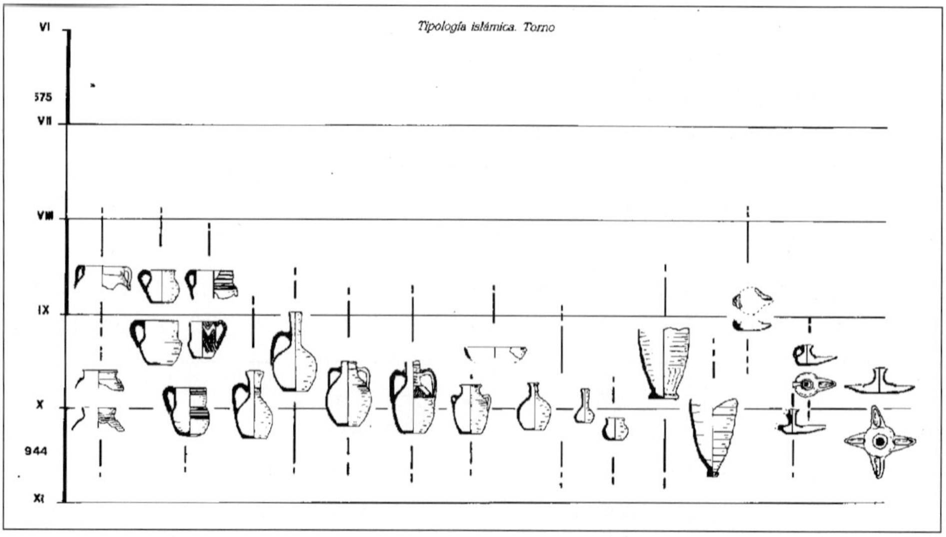

Proposta cronològica per a la ceràmica paleoandalusina (segons Sonia Gutiérrez)

Igual disposició es pot observar en l'evolució de la terrissa feta a torn. Tal vegada la presència de formes obertes sigui un dels trets més definitoris de la tècnica emprada en l'elaboració d'aquestes ceràmiques. Les boques estretes són pràcticament impossibles de fer a mà a causa de la manipulacio dels interiors de la peça, mentre que en tornejar a la roda ràpida aquest problema desapareix.

Dins el quadre que s'acompanya compareixen formes noves como el caduf o catúfol, i les llànties de terrissa de bec llarg que evolucionen de manera singular a partir de les llànties paleoantigues de les terres orientals de la Mediterrània.

La llàntia fou un element essencial dins la vida de les comunitats andalusines i és molt estranya l'absència de tals estris abans del segle IX.

Gerra de Madînat al-Zahrâ'

La proposta cronològica que plantejà al seu dia Sonia Gutiérrez Lloret queda establerta en el quadre adjunt. Ara per ara és la més coherent puix abasta tot el panorama cronològic d'allò que entenem com paleoandalusí. Amb tota seguretat noves troballes obligaran a fer rectificacions, puntualitzacions sobre una forma o una funció determinada, si bé en línies generals podríem, a partir dels estudis comentats, establir un punt de partida, una base cronològica a complementar mitjançant les descobertes posteriors.

Dins la tipologia dels atuells propis per conservar líquids la peça fonamental és la gerra, *cántaro* en castellà, malgrat que la paraula *jarra* en algunes contrades sigui d'ús freqüent. És un tipus de peça de funció polivalent destinat a la conservació i el servei de líquids, essencialment aigua. És una forma que no té res a veure amb prototipus anteriors. En el període paleoandalusí ja compareix i adopta la forma característica en el període califal, forma que es mantindrà inalterable al llarg dels segles, fins i tot puc afirmar que la seva pervivència arribà fins als nostres dies, malgrat que la seva funció hagi quedat reduïda a un simple element decoratiu.

Malgrat tot, detalls específics com el regruix de la boca, la forma de les anses, el perfil del cos, a la llarga fan possible diferenciar-les segons les èpoques de confecció.

Funció

D'acord amb la informació a l'abast, la funció de les coses ve imposada per unes necessitats casolanes evidents. El més important és l'aixovar de cuina; atuells per a cuinar, adequats a les diferents formes de la preparació d'aliments, estris panxarruts de boca estreta per a ebullicions a foc viu, cassoles planes, de boca ampla, per condimentar a foc lent. Aquest tret essencial és una de les bases de la classificació aportada per André Bazzana, que, en distingir els objectes de formes tancades o obertes, introduí un element funcional que va més enllà de la simple materialitat de la peça. Segueixen en importància els contenidors de líquids o àrids, d'aliments susceptibles de conservació perllongada: escabetx, salaons, en especial i grans contenidors destinats a la conservació de cereals o altres aliments que puguin conservar-se sense una preparació prèvia: llegums, per exemple.

El servei de taula en el període paleoandalusí està poc representat. El plat individual no existeix, la safa per presentar aliments és rara, començarà a proliferar en l'etapa posterior. El ribell (*librîl* o *ŷafna* en àrab) és un estri polivalent, com he esmentat abans, que serveix per preparar aliments, pastar el pa, presentar-los a taula o com a element per a la bugada o la higiene personal.

Les excavacions de Guardamar del Segura

Com a complement culinari, els fogons portàtils (*anafes* en castellà, *naffah* en àrab) no sempre són únics dins un aixovar domèstic, circumstància que de vegades s'ha volgut relacionar amb la suposada poligàmia de les famílies islàmiques. Dic suposada, no pel fet d'estar ben institucionalitzada dins el dret musulmà, sinó per la

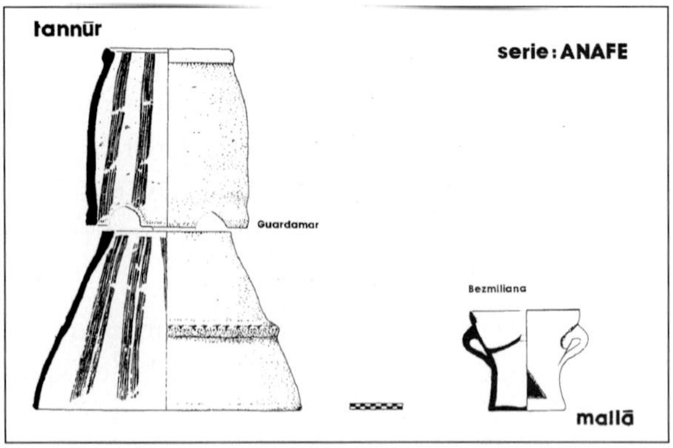

Fogons portàtils: *malla* o *tannur* en àrab

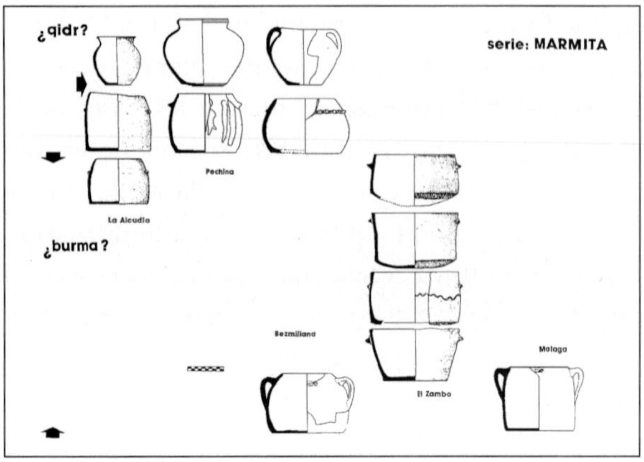

Olles per a cuinar: *qidr* o *burma* en àrab

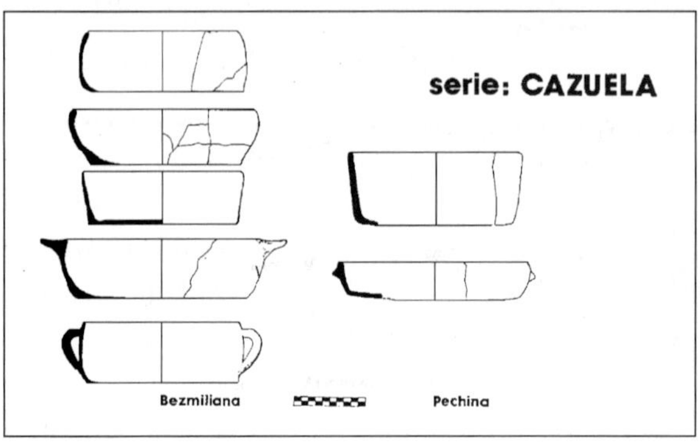

Cassoles per a cuinar: qaṣ'a en àrab

problemàtica econòmica que gira entorn de la promiscuïtat corànica que exigeix unes condicions de manteniment físic que, si no es poden atendre, n'invaliden la pràctica. Sens dubte, als gineceus, ben documentats, dels estaments econòmicament potents no cal que hi hagi una diversitat de fogons portàtils.

Ocupa un paper important el vas per a beure. La seva forma, ja ho he expressat abans, ens proporcionarà útils dades cronològiques. És un element imprescindible i a cada època corresponen formes variades. Un exemple clar de la presència del mišrab, šurba, šurayba, gerret, gerricó, etc., el tenim a les cel·les de la ràpita de Guardamar, on a cada habitacle dels *murabitun* acollits a la seva empara el mišrab era imprescindible juntament amb un qandīl, llum d'oli, llàntia o llumenera que suposa també un dels elements més característics de tot aixovar casolà d'epoca musulmana.[55]

En aquest camp notam a faltar la publicació de la tesi de Juan Zozaya sobre el tema,

55. Rafael Azuar Ruiz *et alii, La rábita califal de las dunas de Guardamar (Alicante)*, Alacant, 1989.

tan sols assequible per als que tinguérem la sort de formar part del tribunal que jutjà el seu magnífic treball.[56]

Pel període que tractam i l'etapa posterior podem comptar amb documentació escrita que ens permet conèixer el nom i la funció de determinats estris. Es tracta de formularis notarials on s'especifica com s'han de preparar els documents de comanda i facturació a l'hora de la venda de terrissa. Ambdós textos són del segle XI, per tant, suposen una data *ante quem* que ens permet conèixer la producció anterior encara que només sia una simple pinzellada. Els autors Ibn Mugit de Toledo i al-Buntí d'Alpont a Ŝharq al-Andalus ens documenten de manera textual la producció terrissera manufacturada a una ampla zona del territori.[57]

A partir de les referències obtingudes vaig definir alguns aspectes formals de la terrissa en ús abans i durant el segle

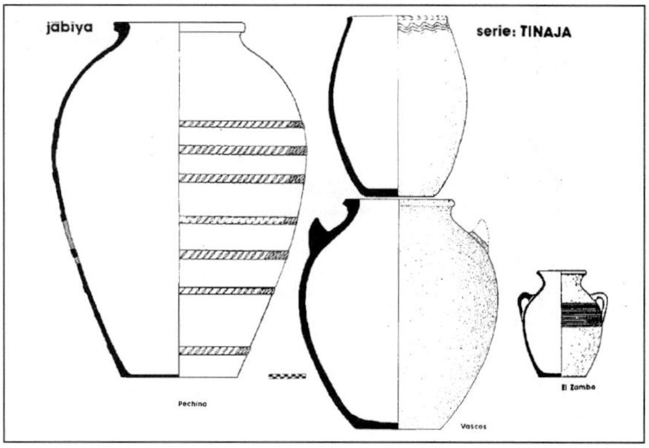

Grans contenidors per emmagatzemar: ḫâbiyya en àrab

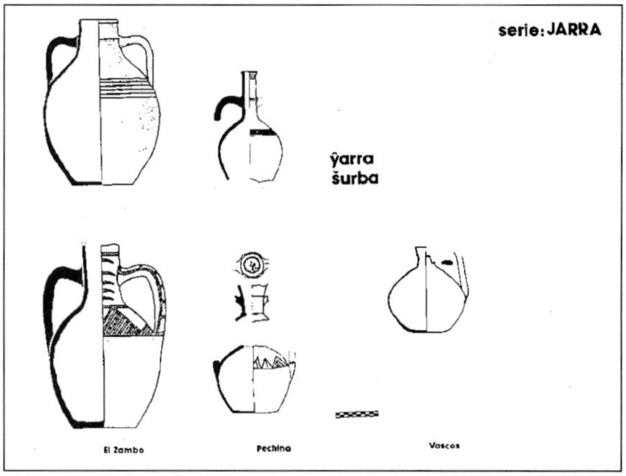

Petits contenidors per a líquids: ŷarra o ŝurba en àrab

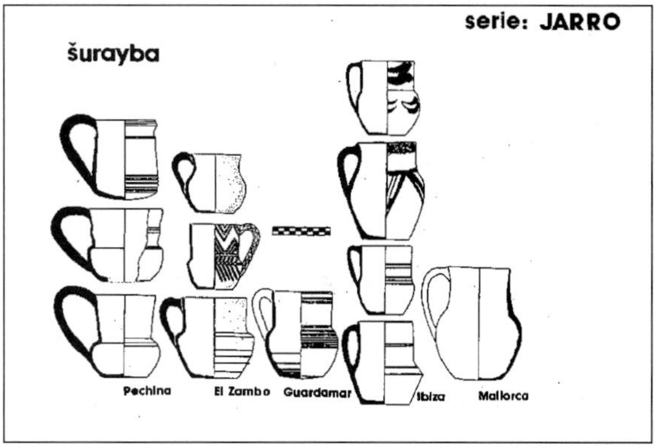

Vasos per a beure: ŝurayba, diminutiu de ŝurba

56. Juan ZOZAYA, *Tipología y cronología de los candiles de piquera en cerámica de al-Andalus*, Madrid, 1990, 4 vols.

57. Pablo YZQUIERDO Y PINO, "Fonts documentals i ceràmica andalusina. Alguns suggeriments", *Segones jornades de Joves Historiadors i Historiadores*, Barcelona, 1988. Guillem ROSSELLÓ BORDOY, *El nombre de las cosas en al-Andalus. Una propuesta de terminología cerámica*, Palma, 1991, p. 13-23.

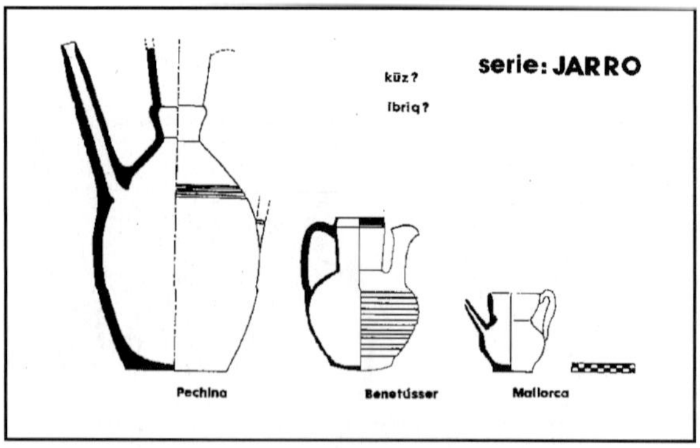

Vasos amb broc, per servir líquids: kūz, ibriq

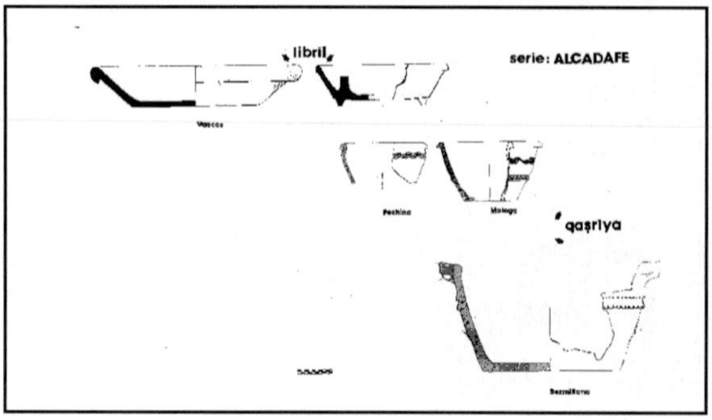

Ribells, llibrells o cadafs, estris polivalents, en àrab qadḥ

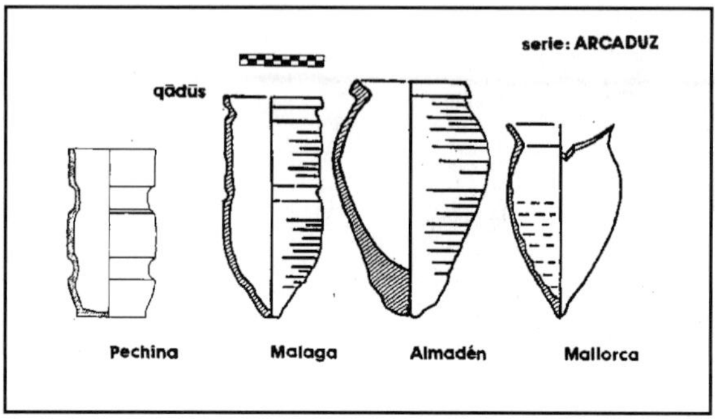

Cadufs o catúfols de sínia, en àrab, qadûs

XI a al-Andalus. D'aquesta manera les terrisses paleoandalusines de les quals no tenim informació textual, així com la producció de la fase més espectacular de la ceràmica d'època islàmica a al-Andalus, la califal, queden perfectament definides.[58]

Les referències textuals afecten en especial el nom dels respectius atuells. Sobre el tema caldrà insistir més endavant. L'exercici proposat fou enllaçar el nom registrat pels notaris amb l'equivalència actual que donam a la peça en qüestió i les imatges de diferents atuells publicats a partir de troballes arreu d'al-Andalus. No està de més recordar que la intenció d'aquell treball era donar a conèixer la tipologia de la terrissa de l'alta edat mitjana o paleoandalusina, com avui denominam aquella època estudiada. La qual cosa no vol dir que algunes peces, fora d'aquest lapse de temps, no s'hagin inclòs per a una millor comprensió de la forma ceràmica.

58. Guillermo Rosselló Bordoy, "Las cerámicas de primera época: algunas observaciones metodológicas", Antonio Malpica Cuello (ed.), *La cerámica altomedieval en el Sur de al-Andalus*, Granada, 1993, 13-35.

Diferents mostres de ceràmica comuna trobada a la ciutat de Còrdova

Cantimplora del jaciment de Camp-long (Musée Arqueologique de Saint-Raphael)

Peces provinents del jaciment de Batéguier (Musée de Cannes): gerro amb broc trebolat, tassa amb filtre i llàntia de llumeneres verticals

Ibriq zoomòrfic provinent del jaciment de Batéguier

Peces del jaciment de Saint-Raphael: ancolla amb filtre, gerra i gerro amb broc trebolat

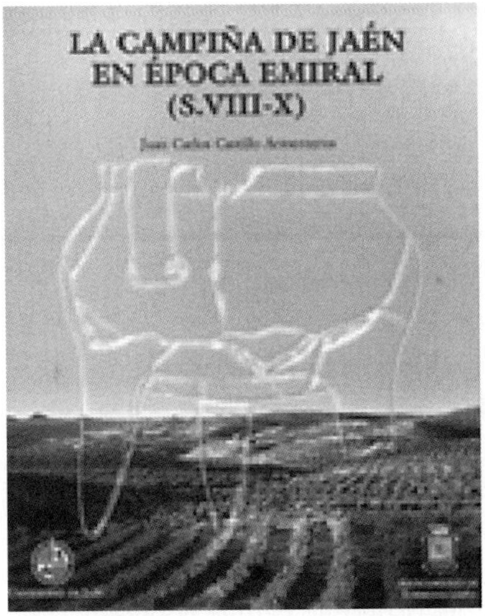

Coberta de la tesi de J. C. Castillo Armenteros

Determinades terrisses comunes trobades a Còrdova ciutat i una curiosa col·lecció provinent de jaciments de la costa Blava francesa: St. Rafael i Camp-long al Museu Arqueològic de Saint Rafael, i de Bateguièr, al Museu de Cannes ens donen a conèixer com eren les vaixelles domèstiques en aquest període. La presència al Llenguadoc de naus andalusines cal relacionar-la amb l'enclau piràtic de Fraxinetum, al golf de Saint Tropez, cap de pont establert per mariners de Pechina, actiu entre 891 i 972, dedicat a la pràctica del que ara, eufemísticament, es coneix com el comerç alternatiu, a més de les incursions per terra contra nuclis importants i centres religiosos.[59]

En referència al que avui entenem com Andalusia, cal tenir en compte la tesi de Juan Carlos Castillo Armenteros, en especial l'apartat dedicat a l'estudi de les ceràmiques emirals trobades a Jaén i la comparació tipològica que fa de les diferents troballes andalusines que tenim a l'abast.[60]

Els eterns problemes a l'hora de la publicació de les nostres investigacions han obligat a una presentació dels quadres en excés reduïda. És un retret que ens feim sempre tots els que hem lluitat en aquest sentit: una publicació ampla, prou clara per diferenciar les característiques formals, defugint sempre els formats petits. De cap de les maneres és un retret perquè cap de nosaltres no pot tirar la primera pedra.

Els dotze quadres tipològics que abasten deu indrets diferents és, tal vegada, l'aportació de conjunt més eficaç que pot arribar a les nostres mans. Els jaciments analitzats dispersos al sud-est d'Andalusia es comparen amb els més propers d'Alacant i Múrcia i els tipus estudiats abasten des del servei de taula (plats de servei, contenidors petits i estris per abocar líquids) fins, a vasos per a beure. A més l'utillatge de cuina (olles i cassoles), enllumenat, fogons, grans contenidors i estris agrícoles com els cadufs o catúfols de sínia.

59. Evaristo Levi-Provençal, "España musulmana hasta la caida del califato de Córdoba (711-1031 de J, C.)", *Historia de España*, Madrid, 1950, vol. IV, p. 352-357.

60. Juan Carlos Castillo Armenteros, *La campiña de Jaén en época emiral (S. VIII. X)*, Granada, 1998, p. 31-124, en especial p. 63-71 on s'inserten els quadres gràfics.

És, de moment, la visió més complexa de l'evolució formal de la terrisseria andalusina obrada durant aquest període que ens ocupa.

Les produccions d'època califal

El període califal el coneixem gràcies a la riquesa ceràmica obtinguda a les excavacions de la ciutat palatina de Madînat al-Zahrâ'. El tret diferenciador més important és la decoració. El predomini del verd i el manganès ofereix la possibilitat d'una variada gamma de temes decoratius d'una extraordinària qualitat artística i tècnica i d'una fantasia que ultrapassa totes les manifestacions anteriors.

Des del punt de vista formal el més important és la vaixella de taula caracteritzada per safes de servei d'aliments, mišrab o vasos per a beure, contenidors de líquids o gerres sempre vidriades i ancolles de capacitat reduïda o mitjana que fan pensar bé en productes farmacèutics o en aliments elaborats: confitures, salaons, escabetx o llepolies dolces per servir a taula. S'ha arribat a especular sobre la possibilitat d'una apotecaria palatina, cosa prou assumible perquè la presència de *kunies* o malnoms com al-Saydalí, l'apotecari, apareixen amb escreix als diccionaris biogràfics.

José Escudero Aranda ens ha resumit de manera magistral tant la tipologia de les safes o ataifores d'al-Zahrâ' com la temàtica decorativa que els acompanya.[61] Serà a partir dels prototipus formals i els trets estètics d'aquest indret dels que es nodrirà tota la producció ulterior que altres vegades he definit com produccions perifèriques del segle XI.

Els temes principals són:
Epigràfics
Geomètrics
Vegetals

A menor escala també trobam representacions humanes i animals, de forma aïllada o combinada amb altres elements decoratius.

Dins la decoració epigràfica podem observar una doble línia decorativa representada pel cúfic florit, abarrocat, amb àpex de les lletres acabats amb elements foliculars i digitats, i el cúfic simple, d'una austeritat foramidada, lluny de la fantasia abarrocada de l'anterior. El lema repetitiu és *al-mulk* = el poder. Es tracta d'una lloança freqüent dins la decoració epigràfica de l'islam en general. El trobam al nord d'Àfrica des de finals del segle IX emperò sempre complementat per les paraules *li-llah*. És a dir, *al-mulk li-llah* = el poder [és] per a Allāh.

---

61. José Escudero Aranda, "La cerámica decorada en verde y manganeso de Madînat al-Zahrà", *Cuadernos de Madînat al-Zahrâ'*, 2, Còrdova 1989-1990, p. 127-161.

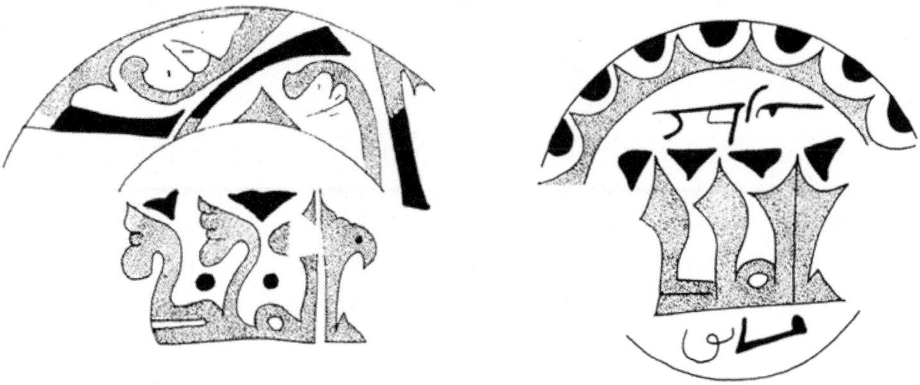

Mostres de grafia cúfica florida i simple en safes d'Al-Zahrâ' (segons C. Cano Piedra)

Miquel Barceló hi va veure un leitmotiv imposat per al-Nāṣir en assolir el poder suprem i declarar-se califa d'al-Andalus.[62] No deixa de ser una hipòtesi altament suggeridora encara que el simbolisme no juga amb el verd i el blanc sinó amb la combinació del verd i el morat reunits amb el blanc de fons. És un tema que vaig tractar també en un altre moment.[63] El traçat de la paraula ens pot servir d'índex cronològic si ens atenim a la informació que aporta l'epigrafia lapidària del moment. La utilització del cúfic florit amb els àpexs de les lletres allargades (alif i lâm, en especial) és un tret definitori dels textos gravats en època de 'Abd al-Rahmân III, mentre que el cúfic simple, més auster, d'una senzillesa rústega, és propi de l'època del seu successor al-Hakam II.[64] Cal pensar que en el camp de la decoració epigràfica sobre pintura passà el mateix, per tant, l'existència d'un o altre sistema d'escriptura proporciona un índex cronològic que habitualment no podem tenir en altres tipus de decoració.

El lema al-mulk sol anar acompanyat, en menor escala, amb la paraula baraka, que resta aïllada o bé en alguns casos acompanyada de l'article al-. Dins la producció d'al-Zahrâ' tenim un bell exemple que per a Manuel Ocaña és el prototipus del cúfic florit.

Es poden apreciar també altres inscripcions de caràcter espontani referides a noms propis. Tals antropònims són mereixedors d'un estudi especial. Per a Ocaña Jiménez es tracta dels noms d'eunucs o esclaves (ŷarîyāt) de l'harem califal que

62. Miquel Barceló, "Al-mulk. El verde y el blanco. La vajilla califal omeya de Madînat al-Zahrâ'", Antonio Malpica Cuello (ed.), *La cerámica altomedieval en el Sur de al-Andalus*, Granada, 1993, p. 291-299.

63. Guillem Rosselló Bordoy, *Escrito en el barro*, Palma de Mallorca, 2000.

64. Manuel Ocaña Jiménez, *El cúfico hispano y su evolución*, Madrid, 1970.

Baraka en escriptura cúfica florida d'una safa d'al-Zahrâ' (segons Ocaña Jiménez)

Disposició del lema epigràfic al centre de la safa i bordura complementària

s'entretenien pintant els temes decoratius a les safes destinades al servei del palau. La nòmina és nombrosa, Wâtiq, Nâsir, Rašīq, Baraka, Ŷāsamîn, Mubārak... No estaria de més estructurar un corpus complet d'aquest noms que aportaria dades interessants sobre l'entorn domèstic que vorejava els califes.

La temàtica decorativa d'al-Zahrâ' fou estudiada per Basilio Pavón Maldonado[65] i, més recentment, Carlos Cano Piedra,[66] a la seva tesi doctoral, publicada parcialment, insistí en la qüestió presentant un magnífic i copiós corpus gràfic mitjançant el qual la trajectòria decorativa queda ben definida.

Els temes complementaris són de caràcter vegetal: florons, medallons, sanefes, o bé geomètrics: sanefes, cintes, taulers, quadrícules que moltes vegades es presenten combinats. No falten representacions zoomòrfiques i antropomòrfiques, malgrat que tan sols en coneixem petits fragments.

65. Basilio Pavón Maldonado, "La loza doméstica de Madînat al-Zahrâ'", *Al-Andalus*, 37, Madrid-Granada, 1972, p. 191-227.

66. Carlos Cano Piedra, *La cerámica verde y manganeso de Madînat al-Zahrâ'*, Granada, 1996.

Bòtil dels músics, trobat a Còrdova (Museo Arqueológico de Córdoba). Fragments amb decoració antropomòrfica d'al-Zahrâ' (segons Cano Piedra)

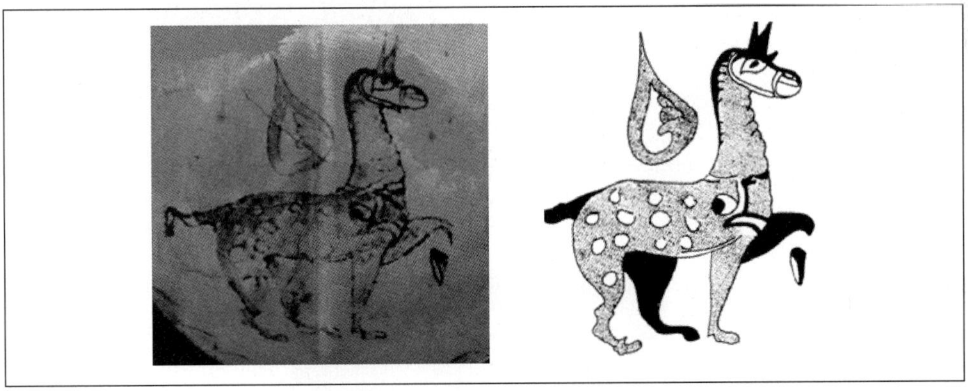

Cavall en actitud de marxa (Museo Arqueológico de Córdoba). Transcripció gràfica de Cano Piedra

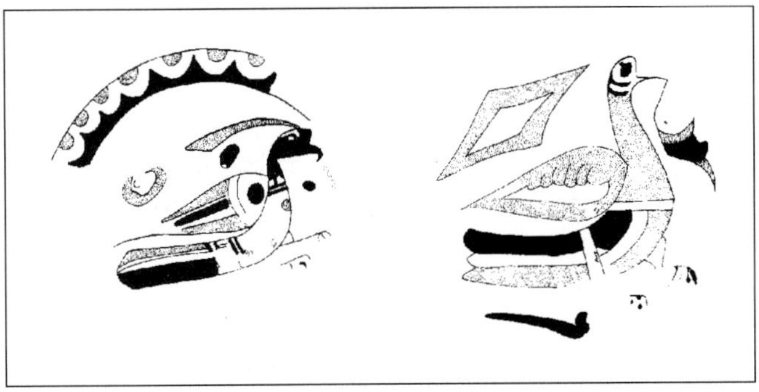

Aus dins la decoració d'al-Zahrâ' (segons Cano Piedra)

Safa i ancolles amb decoració geomètrica d'al-Zahrâ' (Museo Arqueológico de Córdoba)

Gerres amb decoració geomètrica i epigràfica (Museo Arqueológico de Córdoba)

Tassa amb ansa i apèndix superior (Museo Arqueológico de Córdoba)

Vas amb quatre anses amb apèndix superior de botó (Museo Arqueológico de Córdoba).

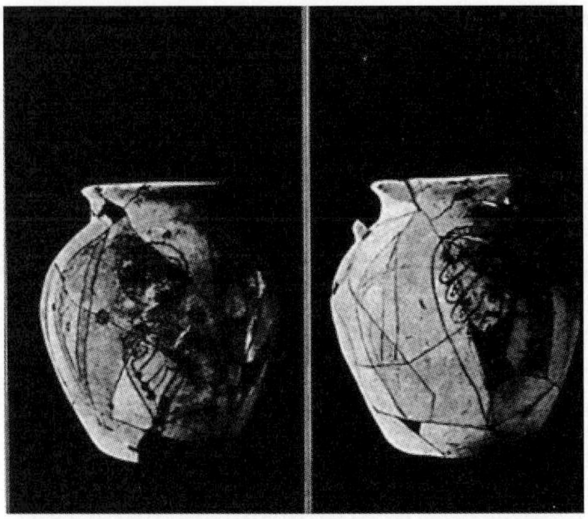

Altres formes d'ancolla procedents d'Al-Zahrâ' (segons Velázquez Bosco)

Encara no és fàcil destriar dins la producció califal quines peces corresponen als tallers àulics i quines pertanyen ja a les produccions perifèriques. Si atenem a les safes d'Al-Zahrâ' podem observar que la immensa majoria presenten la base plana, sense cap tipus de repeu. Si es dóna el cas, es tracta de percentatges ínfims, mentre que en els materials trobats als indrets perifèrics on hi ha símptomes clars de fabricació artesanal la base plana pràcticament és desconeguda i quasi totes les safes, si en tenen, és un repeu de molt poca altària i diàmetre més aviat gros. Al meu entendre aquest és un dels elements que permet destriar si la peça és estrictament d'època califal o si correspon a una de les produccions perifèriques del segle XI, les quals es documenten més enllà de 1031.

No està de més recordar que la decoració pròpia dels tallers palatins és d'una sobrietat exagerada. Els temes decoratius es desenvolupen a la vora i en una franja central. El blanc de fons predomina per damunt del complement en verd i manganès. Com observarem després, les produccions perifèriques tenen tendència a ocupar tot l'espai susceptible de ser decorat. En el cas de les produccions mallorquines la seva ocupació, quasi completa, arriba a extrems elevats, com si l'artista intentàs abastar tot el camp que li proporcionava el receptacle que tenia entre les mans. Fenomen no exclusiu de les ceràmiques manufacturades a l'illa de Mallorca, sinó freqüent a molts d'altres indrets que mantenen la tradició d'al-Zahrâ' fins avançat el segle XII.

Les ceràmiques perifèriques (segle XI)

La desfeta del califat de Còrdova l'any 1031 suposà la fragmentació política d'al-Andalus posada de manifest gràcies als estats de taifes que mantenen allò que s'ha denominat ficció califal, o sigui, la relació directa del nou poder amb alguns dels membres supervivents de la dinastia omeia que legalitzi d'alguna manera patent la seva independència, encara que la seva presència no deixi de ser un decorat que enalteix la dinastia que s'ha establert a cadascuna de les zones perifèriques del que fou l'antic territori unificat políticament.

Per tant, el segle XI serà un període contradictori amb grupúsculs en guerra entre ells, sotmesos a l'expansió, en especial castellana, i en constant perill de desaparèixer. Alfons VI i el seu paisà Rodrigo Díaz de Vivar, el Cid Campeador, conegut pels autors musulmans com el tirà de València, seran el paradigma d'aquest moment.

La publicació dels materials de Benetússer (València)

Estudi de les ceràmiques de Setefilla

Els nous reietons de taifes que des d'ara ostenten el poder es refugiaren en la cultura i d'aquesta manera les corts literàries: Sevilla, Mallorca, Dénia, Màlaga, València, abans de la contesa cidiana, suposaren una fase d'esplendor mai vista.

En el camp de la producció ceràmica els obradors o tallers perifèrics que he esmentat altres vagades, assoleixen una alta categoria estètica. Les vaixelles de luxe proliferen, sempre a la manera d'al-Zahrâ', emperò amb característiques pròpies de manera que cada estat, cada sobirà de taifes podrà gaudir d'uns serveis de taula que mantinguin en l'àmbit quotidià la desitjada ficció califal que suposa l'anhel més preuat dins la seva insegura estabilitat política. Els principals nuclis coneguts presenten unes característiques especials, pròpies de cada indret dedicat a la producció de la nova terrisseria. La qual cosa no vol dir que els aspectes formals, els perfils de les peces elaborades en indrets diferents mantinguin un aire de família en la qual els aspectes decoratius aportaran els principals trets diferenciadors.

La qual cosa no vol dir que la ceràmica de luxe califal no segueixi la seva vida itinerant. Malgrat la fragilitat de la terracuita, llur movilitat és prou coneguda i aquest fenomen pot produir falses interpretacions. El retret que es podia fer al meu llibre quan definia la ceràmica àrab *a Mallorca* i no *de Mallorca* encara no s'ha esvaït del tot. Sabem quasi trenta anys després moltes més coses de les que sabíem l'any 1978 emperò les coneixences encara no ens han portat a la meta final.

Determinar els llocs perifèrics de producció ceràmica a la manera d'al-Zahrâ' ve marcat per la troballa arqueològica de forns terrissers. En aquest sentit el seminari organitzat per la Casa de Velázquez l'any 1987 sobre forns i testers de terrisser proporcionà una bona informació sobre les troballes d'aquests tipus de manufactures, almenys fins aquella data.[67]

Puntualitzacions d'aquest tipus podem considerar-les supèrflues; malgrat tot, sí que és important recordar que els forns de Saragossa, Múrcia i Toledo foren els primers que ens asseguraren l'existència d'obradors perifèrics que manufacturaven ceràmica a la manera d'al-Zahrâ', emperò amb trets específics, característics que

67. François AMIGUES; André BAZZANA (eds.), *Fours de potiers et "testares" médiévaux en Méditerranée occidentale. Méthodes et resultats*, Madrid, 1990.

permetran individualitzar les diferents produccions locals. Trets que tant poden afectar la forma com els temes decoratius. Uns i altres es poden analitzar seguint l'evolució de les safes o plats de servei d'aliments i una de les característiques més pregones és la presència dels repeus abans descrits, repeus que en les ceràmiques del període califal no es donaven.

Troballes posteriors incorporaren al grup de centres productors del segle XI indrets com Benetússer (València), definit per trets estilístics sense presència de forns.[68] Quina relació pugui tenir la troballa de la vaixella de Benetússer amb les troballes d'Albarracín, encara inèdites, és cosa que ara per ara no podem destriar. Dins aquest cas caldria incloure els materials de Setefilla (Lora del Río, Sevilla), un dels pocs jaciments d'al-Andalus occidental que tenim a l'abast.[69] Ambdós jaciments són clarament del segle XI malgrat l'atribució al moment califal que Felisa Escribà defensa pel materials valencians.

En el cas de Mallorca, on els forns no comparegueren fins molts anys després, el testar de Can Desbrull era l'únic símptoma de producció taifal, apreciació basada en paral·lelismes formals. Poc temps després, gràcies a la analítica de pastes, aquesta producció es confirmà.[70]

Com he esmentat abans, un dels trets característics es dóna en els temes decoratius, entre els quals prevalen els motius profusos amb tendència a defugir de l'*horror vacui* que condiciona l'adequació de tot el camp a decorar amb motius centralitzats siguin vegetals, siguin geomètrics. En el cas de la decoració zoomòrfica o humana la pervivència de la sobrietat califal és més palesa i en aquest aspecte les representacions trobades a València i Benetússer serien les més característiques.

La incorporació l'any 1997 dels obradors del carrer Ramon Ortega de Dénia, classificats com a califals, emperò actius dins el segle XI, proporciona un tema peculiar: la llebre de grans orelles que proliferarà durant tot el període. Llebre que havia aparegut a Mallorca a les primeres troballes de Santa Catalina de Sena i que vaig considerar com obra d'Ilbira. Apreciació que l'any 1967 era la més adient. No podem deixar de banda que *errare humanum est*. Pels que ja no saben llatí ho podríem traduir com: si t'equivoques, el millor que pots fer és rectificar.

Com a resum, els elements que permeten diferenciar les produccions perifèriques de les califals poden partir de les variants formals: perfil de la peça, característiques de la vora, presència i disposició dels repeus. D'altra banda, seria el

68. Felisa Escribà, *La ceràmica califal de Benetússer*, València, 1990.

69. Helena Kirchner, *Étude des céramiques islamiques de Shadhfilah (Setefilla, Lora del Río, Séville)*, Lyon, 1990.

70. Graziella Berti; Guillem Rosselló Bordoy; Enzo Tongiorgi, "Alcuni bacini ceramici di Pisa e la corrispondente produziones di Maiorca nel secolo XI", *Archeologia medievale*, XIII, Firenze, 1986, p. 97-115.

tema decoratiu per a les peces obertes allò que permetria identificar els diferents tallers dedicats a tal mester. És obvi advertir que entre les formes obertes seran les safes vidriades i decorades les que proporcionin elements més definitoris. Pel que fa a les formes tancades, no sempre decorades, les diferències queden reduïdes als aspectes formals.

Des del punt de vista formal els quadres de formes que s'acompanyen permeten destriar amb certa fiabilitat la successió en el temps d'aquests estris. De moment, les evidències més clares les podem obtenir de l'anàlisi formal de la safa (*zafa* o *ataifor* en castellà derivat de l'àrab saḥfa i ṭayfûr) i de la gerreta, gerricó o vas per a beure (de l'àrab šurba, šurayba o mišrab). La primera pel que fa a forma i la decoració, el segon, en principi, per la forma i posteriorment per la forma i la tècnica decorativa.

En el camp de la decoració el barroquisme geomètric i floral dels temes estilístics mallorquins contrasta amb la simplicitat de les peces murcianes i a les trobades a València i Benetússer més apropades a l'austera sensibilitat d'al-Zahrâ'. Com he comentat abans, els materials d'Albarracín romanen inèdits i mentre no es publiquin *in extenso* tota especulació és supèrflua.

Aquestes circumstàncies poden suposar una activitat terrissera més primerenca al Llevant d'al-Andalus que a les Illes orientals? No ho sé.

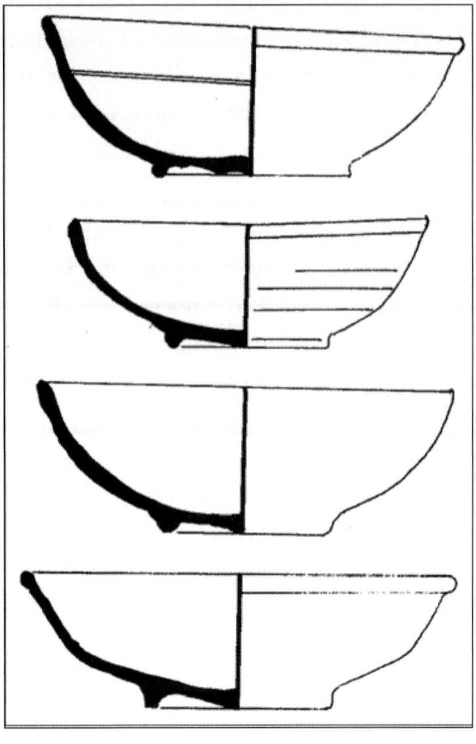

De moment, l'estat de les nostres coneixences no permet una afirmació taxativa. El que sí queda prou clar és que els materials de Dénia considerats com a califals no tenen res a veure amb la complexitat de les decoracions mallorquines, malgrat la íntima relació politicoeconòmica de les Illes amb la metròpoli al llarg del segon i tercer terç del segle XI.

Des del punt de vista tipològic l'evolució pot expressar-se d'acord amb el següent quadre:

Les safes tipus I i III són producte de Dénia, localitzades gràcies als forns de terrisser del carrer Ramon Ortega (UE. 125.577).

Època	Forma	Lloc de producció	Lloc de troballa
Segle X	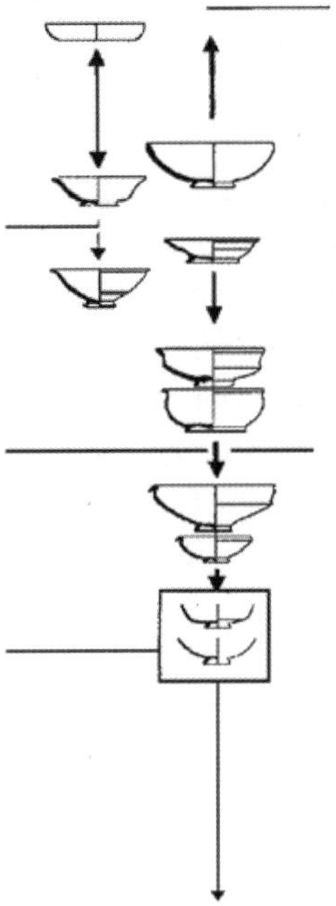	**Al-Zahrâ':**	***Córdoba, Murcia***
		Dénia:	***Mallorca***
		Qal'a dels Banû Hammad:	***Mallorca, Mértola***
		Al-Andalus (?):	***Qayrawân, Mallorca, Dénia, Mértola***
Segle XI		**Mallorca:**	***Mallorca, Valéncia, Pisa, Dénia***
		Dénia	***Mallorca***
Segle XII		**Murcia (?)**	***Cova dels amagatalls (Mallorca)***
Període almohade			

Aquesta seria la cadència cronològica de la safa decorada. La safa tipus 0, la característica d'al-Zahrâ', la trobarem a Múrcia, tal qual, possiblement una importació dels obradors àulics. Poc després també a Benetússer emperò amb repeu de gran diàmetre i altària mínima, més dins la línia de la safa tipus III que la característica d'al-Zahrâ'.

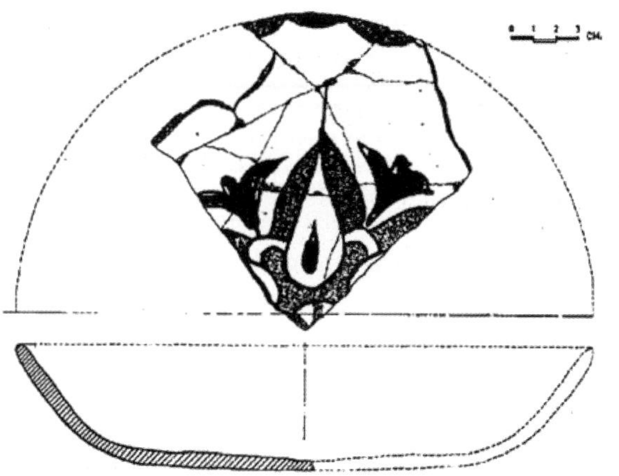

Safa tipus 0 trobada a Múrcia

Les safes de transició entre els segles X i XI, la primera procedeix de la Qal'a dels Banû Hammad (Algèria), amb una molt llarga dispersió mediterrània, mentre que la segona és original d'un punt ignot d'al-Andalus. La safa tipus II, caracteritzada pel perfil trencat, és pròpia de la producció mallorquina, a partir de prototipus nord-africans. Així el prototipus II és característic de la producció mallorquina del segle XI. La variant IIa la trobam als obradors de Dénia durant el segle XII, mentre que la IIb podria ser una intrusió provinent del nord d'Àfrica, possiblement present al segle XI.

V. La ceràmica andalusina en època africana

La primera meitat del segle XII és, ara per ara, una incògnita en l'àmbit ceramològic. Coincideix amb la caiguda dels sobirans de taifes davant la reunificació dels territoris d'al-Andalus, dispersats a causa de la desfeta del califat de Còrdova, sota el poder de l'imperi nord-africà imposat pels berebers almoràvids. Al-Andalus deixa de ser un territori independent per integrar-se dins un estat de gran envergadura, la qual cosa, a la llarga, tindrà unes conseqüències cabdals a l'hora del desenvolupament de la producció ceràmica. És un moment, cal insistir, en què la producció ceràmica és gairebé desconeguda, si és que hi va existir tal producció, puix ens manca un jaciment important atribuïble, sense dubtes, al moment esmentat que permeti una coneixença clara dels productes emprats en aquell període.

La nova organització administrativa d'al-Andalus no facilita la comprensió de les circumstàncies que donaren lloc a una recessió artesana després de l'esponerosa activitat terrissera pròpia de les taifes al llarg del segle XI. Cal pensar que dita reunificació no fos la més adient per a una activitat diversificada als diferents indrets que, abans, havien tingut una activitat important. A més el desplaçament del centre decisori del poder al continent africà, malgrat la presència a la península de governadors omnipotents, no facilità la reactivació de les produccions locals. No està de més pensar que la intrusió d'elements provinents de les terrisseries nord-africanes ajudàs a la inactivitat dels centres locals. Dita possibilitat encara no és ben coneguda, si bé s'han fet estudis comparatius que auguren nova llum sobre la qüestió.

L'estat almoràvit, potent en un principi, emperò de curta durada, acaba, no de manera sobtada, si bé relativament ràpida, sota la nova dinastia almohade, també d'ètnia bereber. En aquest procés les illes orientals d'al-Andalus assoleixen una molt especial situació que defuig, de manera clara, d'allò que passà a la resta de territoris peninsulars. D'una banda, serà la darrera de les taifes ocupades pels almoràvits que ocupen les illes (1116) després de l'abandonament causat per la violenta irrupció pisano-catalana que anorreà la taifa (1114-1115) i acabà amb l'activitat terrissera dels obradors mallorquins, esponerosa activitat durant el segle anterior.[71] En canvi, la pervivència de l'estat almoràvit a les Balears es perllongarà fins a finals del segle XII (Menorca i Eivissa) i es mantindrà fins a 1203 a l'illa de Mallorca.

71. Guillem Rosselló Bordoy, *L'Islam a les Illes Balears*, Palma, 1968,

La presència africana al llarg del segle XII i almenys durant el primer terç del següent havia d'imposar uns trets especials a la producció terrissera i als costums que regien l'etiqueta de la taula. Ambdues dinasties foren d'ètnia bereber i per circumstàncies especials afectes a l'islam amb un peculiar fervor de neòfits que els convertí, per alguns investigadors, en preludi del més exacerbat integrisme del que avui en dia s'acusa, per extensió, tot l'islam contemporani.

Com a neòfits que abraçaren una religió aliena als seus costums ancestrals, uns i altres, acceptaren l'Alcorà dins de les més estrictes interpretacions dels alfaquins que predicaren la bona nova. Tal cosa podria donar suport a un excés de purisme en la temàtica decorativa de la ceràmica de luxe. Hipòtesi plantejada des dels primers estudis que vaig realitzar sobre la ceràmica d'al-Andalus i que no he pogut confirmar ni he pogut rebutjar.[72]

Des del punt de vista historiogràfic la trajectòria política dels almoràvits és prou coneguda. Codera en fou el capdavanter,[73] Bosch Vilà ens deixà una molt bona revisió del procés politicomilitar d'aquest grup[74] i Huici de Miranda[75] a partir dels seus estudis sobre l'imperi almohade, ens descriu un panorama prou eficaç d'aquest important període que en els darrers anys ha cristal·litzat en una posada al dia feta per María Jesús Viguera.[76] Ara bé, la vida quotidiana dels almoràvids segueix dins la més plena de les foscúries i la coneixença de l'activitat terrissera encara espera la troballa clau que ens permeti definir la ceràmica al llarg del segle XII i de manera molt especial pel que fa a la seva primera meitat.

Aquella hipotètica afirmació que el verd i el morat califal i taifa s'esvaí durant el segle XII i que la vaixella de taula es convertí en un material monocrom, verd a la faç, sense vidriar a l'envés, com he dit, es manté, però no es consolida del tot. En canvi, l'afirmació, tal vegada prou agosarada, que l'esplendor de la bicromia verda i morada desapareixia del món andalusí queda invalidada, puix començam a tenir proves d'una recuperació evident en plena època almohade i la hipòtesi es consolida, dia a dia, gràcies a noves i importants troballes.

És en aquest sentit que l'estat actual de la qüestió envers la ceràmica pròpia del segle XII segueix dins un *impasse* on la primera meitat resta submergida entre hipòtesis i suposicions i la segona meitat comença a tenir determinats elements per a una sistematització preliminar com una mena de xarxa on es poden incrustar fets

72. Guillem ROSSELLÓ BORDOY, *Ensayo de sistematizacióm de la cerámica árabe de Mallorca*, Palma, 1978.

73. Francisco CODERA Y ZAIDÍN, *Decadencia y desaparición de los almorávides en España*, Saragossa, 1899. (2a edició, Saragossa, 2004).

74. Jacinto BOSCH VILÀ, *Los almorávides*, Granada, 1990.

75. Ambrosio HUICI DE MIRANDA, *Historia política del imperio almohade*, Tetuan, 1954.

76. María Jesús VIGUERA MOLINS, *Al-Andalus prioritario. El positivismo de Francisco Codera*; Francisco CODERA, *Decadencia y desaparición de los almohades en España* (2a ed.), Saragossa, 2004, p. IX-CXXXVII.

concrets, tot mantenint-se buits insalvables i materials fora control que difícilment es poden atribuir a un moment o a l'altre.

És evident que els esdeveniments polítics tenen una importància cabdal a l'hora de destriar quins centres terrissers deixen de produir a la manera andalusina, decorativament parlant, i des del punt de vista formal deixen d'inspirar-se en la dieta i la parafernàlia domèstica islàmica per acceptar costums i etiquetes cristianes, en principi més simples i austeres que les que regiren els estats de taifes.

Una simple revisió de les fites cronològiques essencials que suposen el pas dels principals centres productors a mans almoràvits i cent anys després s'integren als estats cristians és, al meu entendre, aclaridora, sense oblidar la interferència del pas dels territoris almoràvits als nous sobirans almohades, pas que en l'aspecte ceràmic consider que va tenir una especial importància.

Centres productors	Ocupació almoràvit	Integració almohade	Conquesta cristiana
Toledo			1085
Algecires	1059		1346
Granada	1090	1154	1492
Màlaga	1090	1153	1487
Dénia	1091		
Sevilla	1091	1133	1248
Còrdova	1091	1121	1225
Almeria	1091		1489
Mértola	1091	1157	1279
Múrcia	1099	1192	1266
València	1102	1172	1238
Albarracín	1104		
Saragossa	1110		1118
Mallorca	1116	1202	1229
Lleida			1149
Tortosa			1148

No cal insistir que en aquest llarg procés marcat per una singular minva territorial d'al-Andalus l'influx de les produccions almohades, farcides d'africanisme, imposat per les arrels berbers dels seus protagonistes, tindrà un efecte molt peculiar a les ulteriors produccions terrisseres nasserines.

De moment, la prova més important de la producció del verd monocrom la tenim gràcies a determinades troballes de Dénia que possiblement nodriren de vaixelles casolanes els territoris perifèrics, incloses les illes orientals, que en el segle XI formaren part de la taifa de Dénia, i que deslligades de la metròpoli mantingueren la seva independència fins a principis del segle XII.[77] La presència de les manufactures dianenques és constant durant tot el segle XII, fins i tot les trobam als aixovars posteriors de la darrera fase almohade de Mallorca.

La tràgica desaparició de la taifa insular independent a causa de la destrucció de la ciutat suposà la pèrdua dels obradors que coneixem a partir del testar de Ca la Gran Cristiana i de les restes de forns del carrer de Berard i subsòl de la sala Capitular del monestir de Santa Clara, tots ells de Ciutat de Mallorca, malgrat que els darrers s'haguessin saquejat i, per tant, fossin estèrils per complet.[78]

La producció ceràmica del segle XII continua encara entre les boires més absolutes. La desintegració dels petits estats taifals suposà una reunificació dels territoris andalusins en mans dels almoràvits, neoconversos a l'islam i, en conseqüència, proclius a una acceptació integral de les normes coràniques. Això fa pensar que la proliferació d'aixovars de taula, sense decoració, tan sols amb coberta vitrificada en verd, sigui el producte més generalitzat d'aquest període que, en realitat, fou de curta durada, més o menys mig segle, excepte, com ja he esmentat en el cas de les illes orientals, que a partir de 1150 els valís almoràvits es mantindran independents fins a finals del segle o inicis del següent.

Pel que fa a Mallorca, allò que es presenta de manera més clara és l'evolució dels perfils de les safes que perden altària, guanyen en diàmetre i la línia externa de tals peces adopta unes formes més evolucionades de les que havien proliferat a l'etapa anterior.

A Dénia la presència de tals característiques amb transformacions prou semblants pareix que fou un tret comú a la producció ceràmica de la primera meitat del segle XII.

Les safes del segle XII, sense decoració i vidriades en verd de coure, foren fabricades a Dénia amb una expansió prou àmplia. Si al centre del plat porten una espiral en relleu és la marca de fàbrica dienera. Espiral que trobam amb escreix dins els materials mallorquins, la qual cosa fa pensar en un intercanvi comercial entre l'antiga metròpoli i les illes orientals. Pareix prou segur que la destrucció dels obradors terrissers a conseqüència de la conquesta pisanocatalana de l'any 1115, posà un trist final a la producció ceramística mallorquina almenys durant un cert temps que no ens és possible mesurar.

---

77. Josep Antoni Gisbert Santonja, "Los hornos del alfar islámico de la Avenida Montgó / calle Teulada. Casco ur-bano de Denia (Alicante)", *Fours de potiers et "testares" médiévaux en Méditerranée Occidentale*, Madrid, 1990, p. 75-92,

78. Guillem Rosselló Bordoy, "Excavaciones en la Sala Capitular del monasterio de Santa Clara de Palma de Mallorca y la cerámica arquitectónica producida en Mallorca durante la Edad Media", *La céramique médiévale en Méditerranée. Actes du VIe Congrès de l'AIECM2. Aix-en-Provence, 13-18 novembre, 1995*, Aix-en-Provence, 1997, p. 697-702.

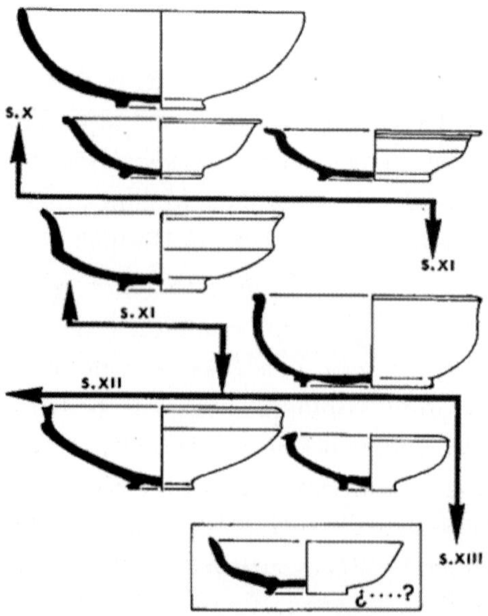

Evolució del perfil de la safa

Safa tipus I o *ataifor* I, còpia del bol *t'ang* xinès

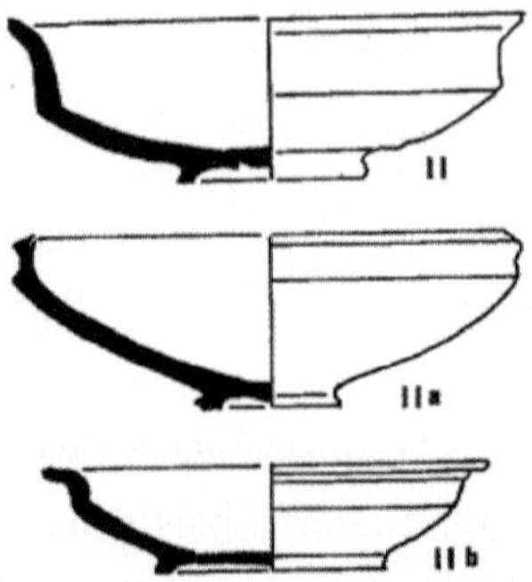

La safa II i les seves variants, la IIa és característica del segle XII, mentre que la IIb, possiblement nord-africana, la podem incloure dins les produccions del segle XI

Ubicar la fabricació dels productes vidriats en verd al segle XII no deixa de ser una hipòtesi que encara no ha assolit els elements necessaris per a una confirmació adient.

La proposta cronològica formulada l'any 1978 pels materials trobats a Mallorca, ara es pot matisar amb certa fiabilitat i així es pot veure a la il·lustració, on es planteja aquella hipòtesi:

Els tipus de safa o ataifor III i la variant IIb situats a cavall entre els segles X i XI consider que ara són propis del segle XI, gosaria afirmar-ho amb rotunditat. Tan sols el tipus I està representat entre els materials d'al-Zahra i és una còpia del bol *t'ang* xinès. La variant IIb, aquí representada, correspon a una peça similar, quant a decoració, a les trobades a la Qal'a dels Banu Hammad (Algèria).

El tipus II, *ataifor* de perfil quebrat, típicament mallorquí. És la forma dels famosos *bacini* de Pisa amb representacions de naus. És un espècimen d'inicis del segle XI, amb possibilitat de ser fabricat en un moment anterior al canvi de segle, mentre que la variant IIa és l'evolució de la peça pròpia del segle XII que trobam

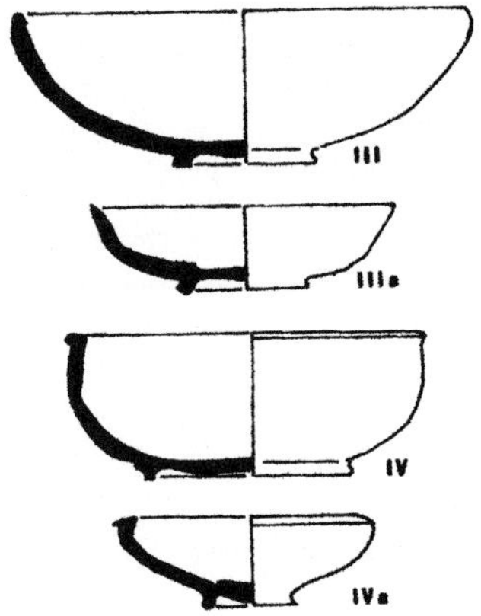

Les safes tipus III i IV amb les seves variants

a Dénia. Com es pot observar, el perfil adopta una modulació, partida també, emperò amb una corba més sofisticada.

El tipus III seria una evolució postcalifal de la safa 0, la peça més característica de la producció califal, i la seva variant IIIa correspon a un producte almohade. El tipus IV, poc freqüent ja en el segle XI, deriva a la centúria seguent envers la forma arrodonida que dóna lloc directament a la safa IVa.

Les variants IIa i IVa estan vidriades en verd. Dins el requadre una variant del tipus III que en aquells moments no podia situar en el temps, ara, sense cap tipus de dubte es pot considerar d'època almohade, finals del XII o inicis del segle XIII. Si és de producció mallorquina encara no es pot afirmar, emperò sí cal dir que la terrisseria a Mallorca es reactivà, atès que la presència de segells (*ḥâtim*) per marcar alfàbies documenten aquest tipus de confecció,[79] molt característic de l'epoca almohade, que a Mallorca, ja ho he esmentat abans, té una molt curta durada entre 1203 i 1229.

Pel que fa al moment almohade (segona meitat del segle XII i primer terç del segle XIII) el panorama ha canviat de sobte gràcies a noves descobertes, per fortuna publicades amb una rapidesa poc habitual. La terrisa almohade fou coneguda des de temps llunyans gràcies a la presència de fragments d'alfàbies decorades amb motius diversos segellats mitjançant punxons de terra cuita i molt possiblement també de fusta.[80]

La recollida de tals impressions té un magnífic precedent gràcies a l'entusiasme de Samuel de los Santos Gener, que, des del Museo Arqueológico de Córdoba, ens proporcionà una sèrie nodrida de les empremtes recollides en aquell territori entre les quals destacaven les formes epigràfiques, geomètriques o vegetals.[81] En alguns casos elements arquitectònics permetien establir una més ampla temàtica decorativa que es desenvolupava en bandes paral·leles de manera que la superfície externa quedàs reblida d'una espessa capa d'elements decoratius on, de vegades, no faltaven representacions zoomòrfiques.

79. Antonio Torremocha Silva; Yolanda Oliva Cózar, *La cerámica musulmana de Algeciras. Producciones estampilladas. Estudios y catálogos*, Cadis, 2002.

80. Josep Morata Socias; Mateu Riera Rullan, "Un possible segell d'estampar ceràmica trobat a Can Serra (Palma de Mallorca)", *BSAL*, 59, Palma, 2003, p. 413-420.

81. Samuel de los Santos Gener,"Estampilas de alfarerías moriscas cordobesas", *M. M. Arq. Prov.*, 9-10, Madrid, 1948-1949, p. 220-232.

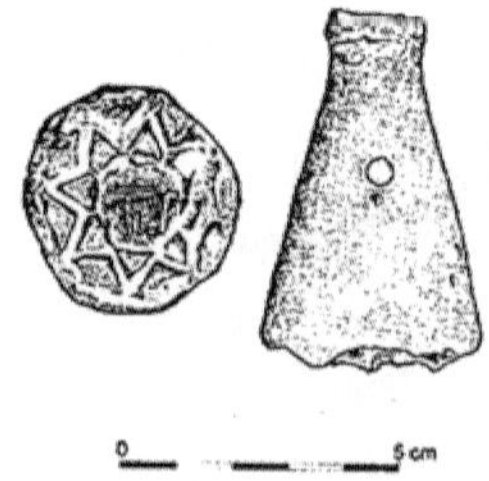

hâtim d'una terrisseria mallorquina
(Museu de Mallorca)
(Dibuix D. Cerdà *apud* GRB)

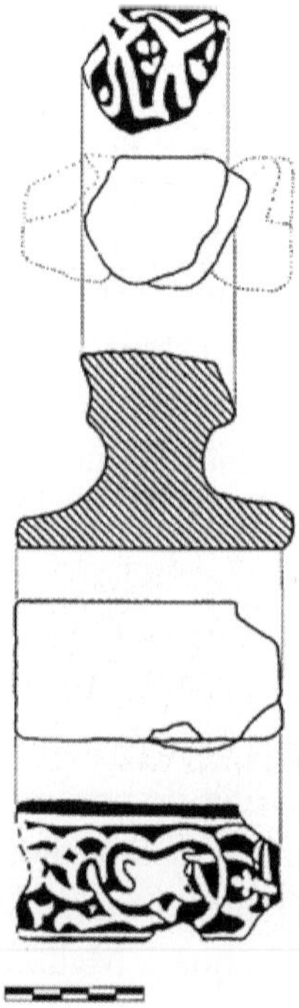

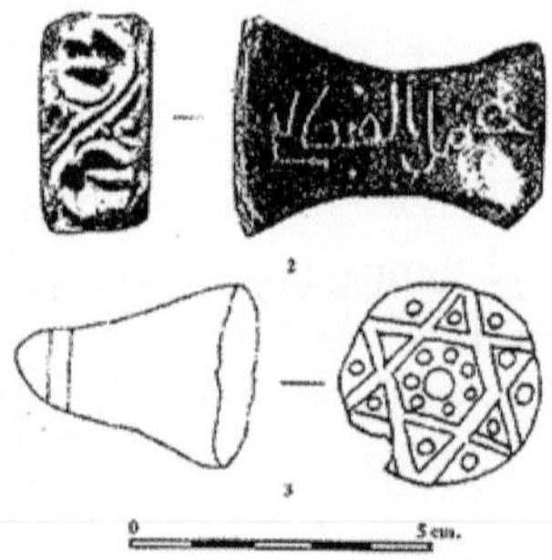

a b c

Encunys de diferents procedències: Quesada (Jaén) (dibuix Soberats Sagreras *apud* GRB); b2 Salé, b3 Algecires (Segons Torremocha); c Algecires (segons Torremocha).

La producció ceràmica més important del període almohade és l'alfàbia estampillada que trobam arreu del món andalusí. Les manifestacions són realment sorprenents i malgrat la mida foramidada d'algunes d'elles les peces completes són, encara nombroses. Entre els treballs més recents que han prestat atenció al tema es troba l'abans esmentat d'Antonio Torremocha i Yolanda Oliva, que recull els materials conservats a Algecires que il·lustren la producció local en el moment que els benimarins ocuparen la ciutat i la convertiren en capital dels territoris andalusins sota el seu empriu al llarg de la intrusió del seu exèrcit entre 1279 i 1344. Són importants també els materials de Múrcia donats a conèixer per Julio Navarro[82] i els nombrosos fragments de Quesada que feren possible la publicació d'un interesant *corpus* d'empremtes.[83]

82. Julio Navarro Palazón, *La cerámica islámica en Murcia*, Múrcia, 1986.

83. Maria Magdalena Riera Frau; Guillem Rosselló Bordoy; Natalia Soberats Sagreras, "Las tinajas estampilladas de época almohade y la producción de Quesada", *Hispania, Al-Andalus, Castilla. Jornadas históricas del Alto Guaslaquivir*, Granada, 1998.

Inscripcions en escriptura cúfica de Quesada: *al-mulk* i *baraka*

Inscripcions en escriptura cursiva de Quesada = *al-yumn*

Inscripció cursiva de l'alfàbia 2.434 del Museu de Mallorca. Es repeteix *al-mulk* dins del complement vegetal

Motiu zoomòrfic de l'alfàbia 2.434 del Museu de Mallorca

D'igual manera, a les excavacions del Castillejo, a Los Guajares (Granada), la presència de h̲ābiyāt era normal i, a més, féu possible definir un tipus nou dedicat al transport apte per estibar-la sobre unes beaces a lloms de bístia, de base cònica, tot mantenint-se la forma inamobible, de base plana, conservada al pati de la casa més important del poble.[84]

La presència de l'alfàbia (h̲ābiyya en àrab, *tinaja* en castellà, tenalla al Principat) suposa un fenomen especial de supervivència que originarà en gran part els exemplars més preuats de la ceràmica nasserina i mantindrà una molt llarga tradició a la vora dels obradors mudèjars de molts indrets de la península.

84. Patrice Créssier, Maria Magdalena Riera Frau; Guillem Rosselló Bordoy, "La cerámica tardoalmohade y los orígenes de la cerámica nazarí"; Alberto García Porras, *La cerámica del poblado fortificado medieval de El Castillejo (Los Guájares, Granada)*, Granada, 2001.

La tipologia de les alfàbies d'Algecires (segons Torremocha i Oliva)

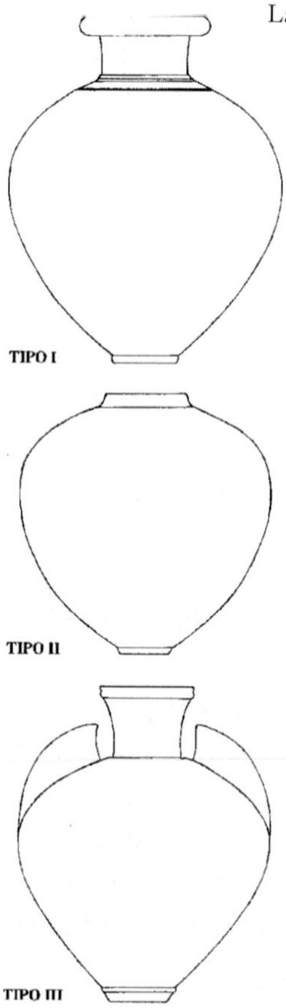

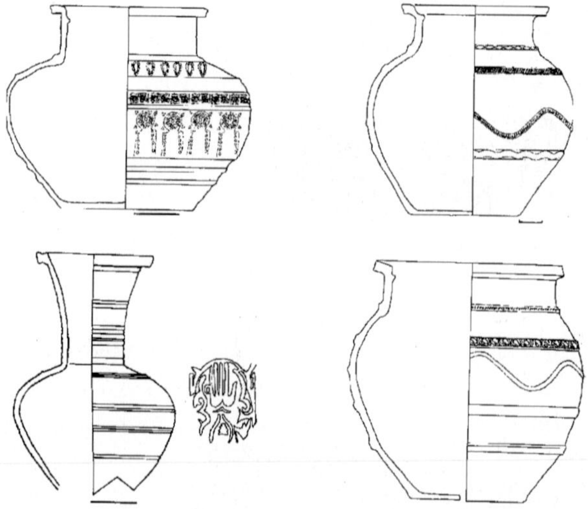

Les alfàbies de El Castillejo de los Guájares (segons García Porras)

Cal destacar la selecció d'alfàbies almohades recollida amb motiu de l'exposició *Los jarrones de la Alhambra. Simbología y poder* celebrada a l'Alhambra de Granada entre l'octubre de 2006 i el març de 2007, peces que il·lustren els antecedents més clars de la ulterior producció nasserina caracteritzada per la bellesa i la fastuositat dels coneguts *jarrones*.[85]

L'epigrafia, especialitzada en paraules o frases curtes, relacionades amb aspectes religiosos, alternava l'escriptura cúfica amb la cursiva o nasjí. En principi, pareix que l'escriptura cursiva fou exclusiva de la producció almohade, malgrat tot, la frontera cronològica que marca el pas del cúfic al cursiu no roman ben determinada. Fins i tot gosaria afirmar que determinades impressions amb textos cursius podrien provenir d'obradors almoràvits.[86]

---

85. Guillem Rosselló Bordoy (comp.), *Los jarrones de la Alhambra. Simbología y poder. Granada, capilla y cripta del palacio de Carlos V. Conjunto monumental de la Alhambra y Generalife*, Madrid, 2006.

86. Guillem Rosselló Bordoy; Natalia Soberats Sagreras, *¿Un alfar almohade en Quesada?*, Quesada, 1989.

Cova del amagatalls (Manacor, Mallorca). Safa almohade de finals del segle XII, obra de Múrcia (Museu de Mallorca)

El gerricó de la cova del tresor (finals del segle XII)

Seria molt posteriorment quan el descobriment a Mallorca de la cova dels Amagatalls féu possible donar una cronologia, gairebé exacta, en poder conèixer els aixovars domèstics almohades conservats en una de les més importants coves de refugi localitzades a Mallorca.[87]

Les coves de refugi mallorquines ofereixen unes dates prou segures. Entre el setembre de 1229 i la conquesta de Madîna Mayûrqa a finals del mateix any, tenim prova fefaent de l'inici de la diàspora urbana envers les muntanyes a la recerca de llocs segurs, sempre amb l'esperança de tornar aviat, una vegada passat el temporal ocasionat per l'expedició catalana.[88] L'exemple de l'anterior intervenció pisano-catalana, més o manco un segle anterior, encara es mantenia en el record dels mallorquins musulmans. No fou igual. En aquesta ocasió no patiren una simple *ratzia*, fou una veritable conquesta, i les coves de refugi, segons el testimoni dels guanyadors, es mantingueren almenys fins l'any 1232. La *Crònica* de Jaume I[89] ho descriu, fil per randa, i els *tabaqât* andalusins documenten la resistència islàmica al hisn de Pollensa fins aquesta data.[90]

Els materials de la cova dels Amagatalls pertanyen al període almohade, emperò no cal afirmar que algunes peces, per força, han de ser anteriors, en especial les vidriades en verd monocrom. La safa de llambreig metàl·lic

87. Miquel Trias, "Noticia preliminar del jaciment islàmic de la Cova dels amagatalls)", *Endins*, 8, Palma, 1981, p. 63-75.

88. Guillem Rosselló Bordoy, "L'esperança en el retorn: algunes reflexions sobre les coves de refugi mallorquines", *L'Islam i Catalunya*, Barcelona, 1998, p. 243-250.

89. Jaume I, *Libre dels fets. Conquestes de Mallorca i Eivissa i submissió de Menorca*. Introducció i edició a cura de Gabriel Ensenyat Pujol, Palma, 2005, p. 115-120.

90. Maria Magdalena Riera Frau, *Prosopografia dels 'ulamâ' i els fuqahâ' de les Illes Orientals d'Al-Andalus*, Palma, 1985 [Quaderns de Ca la Gran Cristiana, 6].

d'aquesta troballa és murciana,[91] la resta és una mostra extrapeninsular de la resurrecció del verd i del manganès d'època almohade que tenim ben localitzat en el temps gràcies a les troballes de Calatrava la Vieja i Alarcos.[92] Afirmaria que es tracta de productes locals perquè la decoració geomètrica segueix dintre de la línia del geometrisme floral que caracteritzà la producció mallorquina del segle XI.

Igualment, a la cova del Tresor (Costitx, Mallorca), l'aixovar estava dintre d'un gerricó decorat amb pinzellades d'almangre i manganès que també es va poder recuperar. La seva data seria semblant a la de la peça anterior. El tema de les coves de refugi on les famílies musulmanes de Mallorca cercaren aixopluc en arribar l'estol de Jaume I el vaig tractar fa anys destacant la vana esperança de retornar a casa seva simbolitzada en les claus part integrant dels aixovars domèstics que acompanyaren la gent en el seu refugi.[93]

Així tenim un punt de cloenda per a la ceràmica aconseguida en aquests jaciments, materials que ens proporcionen una tipologia característica de la terrissa no tan sols culinària sinó la del servei de taula, a més d'una clara diferenciació dels elements decoratius en què el llambreig daurat conviu amb una clara recuperació del verd i el morat, pràcticament desaparegut al llarg del segle XII. No cal puntualitzar que es tracta d'una decoració grollera, i no sempre realitzada per mans hàbils, expertes en el maneig dels pinzells.

Cal destacar que la geometrització emprada en la decoració de les safes de dita cova contrasta amb la delicadesa utilitzada en dibuixar temes geomètrics a les peces sorgides dels obradors mallorquins del segle XI, mentre que en el camp epigràfic l'espectacular Baraka en text cursiu supera amb escreix els temes epigràfics de l'època de taifes.

Confirmar la recuperació del verd i el morat de tan llarga tradició andalusina serà possible gràcies a les troballes d'Alarcos i Calatrava la Vieja.[94] A partir de les primeres publicacions i a la insistència de l'equip investigador (Retuerce, de Juan y Hervás) quedà ben documentada la reaparició, caldria pensar en una mena de resurrecció, de semblant tècnica.

---

91. Julio Navarro Palazón, "Nuevas aportaciones al estudio de la loza dorada andalusí: el ataifor de Zavellà", *V Jornades d'Estudis Històrics locals. Les Illes Orientals d'al-Andalus*, Palma, 1987, p. 225-238.

92. Manuel Retuerce Velasco; Antonio de Juan García, "La cerámica en verde y manganeso de época almohade en la Meseta", *Actas del coloquio La cerámica andalusí, 20 años de investigación, Jaén, 15 al 17 de Octubre 1997, Arqueología y territorio medieval*, 6, Jaén, 1999, p. 241-260.

93. Guillem Rosselló Bordoy: "L'esperança en el retorn: algunes reflexions sobre les coves de refugi mallorquines", *L'Islam i Catalunya*, Barcelona, 1998, p. 243-249.

94. Manuel Retuerce Velasco; Antonio de Juan García, "La cerámica verde y manganeso de época almohade en la Meseta", *Arqueología y Territorio Medieval*, 6, Jaén, 1999, p. 241-260.

Estudis posteriors permeten establir una base ferma per a l'estudi de la producció almohade. Indrets com Yecla,[95] Cadis,[96] Algecires,[97] Quesada[98] o Mértola,[99] de manera especial, i el Castillejo de los Guájares (Granada)[100] foren els exemples més aclaridors. En els primers casos destaca la varietat formal, decorativa i tècnica pròpia de les terrisseries actives en aquell moment. Los Guájares, en canvi, ens proporciona una molt clara organització de l'aixovar culinari, juntament amb la descoberta de Yecla, que mostra un complet aixovar domèstic en perfecte estat de conservació, amagat, sense haver-se usat mai, dins una sitja casolana del castell d'aquella ciutat. En el primer cas consideram que la connexió amb l'ulterior món nasserí és indiscutible, servint aquells materials d'enllaç clar entre una etapa on la influència nord-africana tindrà un paper fonamental i la plena activitat de les terrisseries nasserines que significaran el final de la producció d'època islàmica a al-Andalus.

Les darreres publicacions sobre la ceràmica almohade

95. Liborio Ruiz Molina, "Hisn Yakka. Un castillo rural de Sarq l-Andalus. Excavaciones Arqueológicas en el Cerro del Castillo de Yecla (1990-1999)", *Yakka. Revista de Estudios Yeclanos*, 10, Yecla, 2000.

96. Francisco Cavilla Sánchez-Molero, *La cerámica almohade de la isla de Cádiz (Yazîrat Qâdis)*, Cadis, 2005.

97. Antonio Torremocha Silva; Yolanda Oliva Cózar, *La cerámica musulmana de Algeciras. Producciones estampilladas. Estudios y catálogos*, Cadis, 2005.

98. Maria Magdalena Riera Frau; Guillem Rosselló Bordoy, Natàlia Soberats Sagreras, "Tinajas con decoracion estampada de época almohade de Quesada (Jaén), *Arqueología y territorio medieval*, 4, Jaén, 1997, 163-177. [N'hi ha una edició a Vicente Salvatierra Cuenca (ed.), *Hispania, Al-Andalus, Castilla. Jornadas Históricas del Alto Guadalquivir*, Granada, 1998, p. 239-264.]

99. Santiago Macías, *Mértola Islâmica. Estudo Histórico-Arqueológico do Bairro da Alcáçova (Séculos XII-XIII)*, Mértola, 1996. Claudio Torres, Santiago Macías: *Museu de Mértola. Arte islâmica*, Mértola, 2001.

100. Patrice Créssier; Maria Magdalena Riera Frau; Guillem Rosselló Bordoy *et alii*, "La cerámica tardoalmohade y los orígenes de la ceramica nazarí", *A cerâmica medieval no Mediterrâneo Ocidental. Lisboa, 16-22 de novembro 1987*, Mértola, 1991, p. 215-246. [Publicat a part a *Quaderns de Ca la Gran Cristiana*, 11, Palma, 1991.]

Alberto García Porras, *La cerámica del poblado fortificado medieval de El Castillejo (Los Guájares, Granada)*, Granada, 2001.

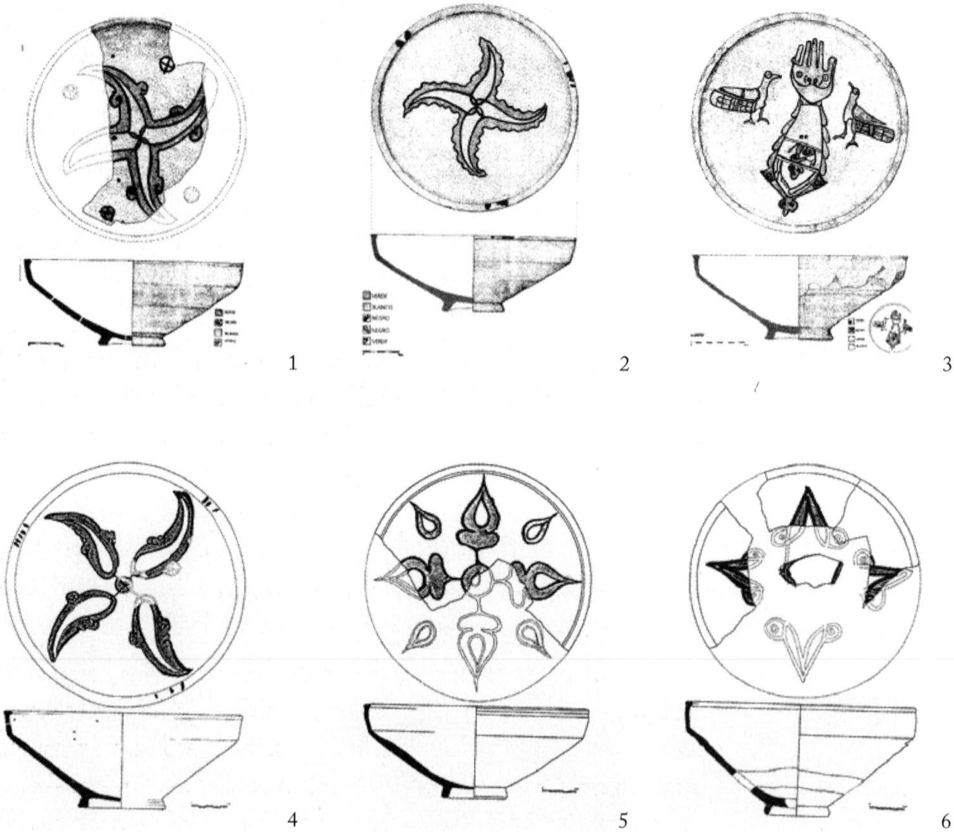

La sèrie en verd i manganès d'època almohade: 1-3 Alarcos: 4-6 Calatrava la Vieja (Ciudad Real) (segons de Juan, Hervás i Retuerce)

La sèrie de peces provinents de la Meseta suposa una de les descobertes més sorprenents dels darrers anys i corresponen a una producció local en què el verd sobre blanc torna a ser utilitzat per decorar les vaixelles de luxe, s'abandona així l'austeritat decorativa que va regnar durant el període almoràvit. Es tracta dels materials ceràmics apareguts a Alarcos i Calatrava la Vieja. Gràcies a la descoberta es confirma plenament la reaparició de la utilització del verd i del morat, aquest de manera purament testimonial, que permet enllaçar l'antiga tradició andalusina amb els verds i els morats cristians que tant a Catalunya com a València cristianes tindran un protagonisme evident a partir del segle XIII. No cal insistir que la confirmació d'anteriors descobertes com les de la mallorquina cova dels Amagatalls ens ompliren de goig.

El període de transició que va transcórrer entre la desfeta de les Navas de Tolosa (1212) i la consolidació del regne de Granada suposa un moment molt especial pel que fa a la producció ceràmica a les terres d'al-Andalus que dia a dia anaven minvant en extensió. Malauradament el període final de la cultura islàmica a terres de l'antiga Hispània és una de les fases menys conegudes en el camp de la investigació arqueològica. La importància d'alguns productes ceràmics que sorgiren dels obradors de Granada, Málaga o Almería suposaren un procés expansiu que afectà no tan sols la Mediterrània sinó tot Europa. En conseqüència l'interès pels productes més luxosos ha marginat els estudis entorn als aixovars domèstics dels quals encara poques coses en sabem. Pràcticament són els tres darrers segles de la convivència de les dues religions en el solar ibèric i manquen estudis complets sobre l'evolució ceràmica.

Bòtil o *limma* almohade, trobada a Alarcos

Llànties almohades de bec i dipòsit obert, trobades a Alarcos

Gerreta almohade, esgrafiada, de Cehegin (Múrcia)

Dins els materials ceràmics al nostre abast des de temps enrere, és precís destacar la importància de la ceràmica esgrafiada que a partir de la descoberta casual, l'any 1938, fou tema de discussions encontrades. Avui podem afirmar que es tracta d'un producte en ús en el moment de transició entre el segles XII i XIII, per tant i pel que fa a al-Andalús peninsular, és un objecte clarament d'època almohade que, aprofitant les tècniques més antigues de la corda seca parcial, incorpora espais coberts per una capa de manganès, no vidriat, que després de la cuita, es decora, manualment, amb l'ajut de fins burjons, i amb una complexa gamma de motius de tota mena: vegetals, florals, geomètrics, fins i tot epigràfics on, pel que es refereix a aquest aspecte, es combina la grafia pròpia de l'escriptura cúfica amb la nasjí o cursiva. Tècniques d'escriptura que comencen a conviure precisament en el període de transició d'ambdós segles esmentats.

Si cronològicament, ara, queda prou establerta l'etapa temporal en què fou utilitzat aquest tipus ceràmic, no queda tan clar quin fou el seu principal centre productor.

Si ens referim a les troballes de Zavellà, la primera notícia, tot basant-se en la presència d'una escudella o petita ancolla amb restes de pigment obscur, fou el motiu, pel qual el comentarista, Antoni Mulet Gomila, considerés el conjunt ceràmic com un dipòsit estotjat al magatzem d'una terrisseria mallorquina.[101]

Les circumstàncies estranyes de tal col·lecció ocultada pel seu descobridor i venuda després de la guerra civil a Josep Colomines, que les traspassà al col·leccionista Tocamora per acabar finalment sota la propietat del Museu de Ceràmica de Barcelona, propiciaren que el conjunt no fos estudiat fins anys més tard.[102]

Tant Miquel Barceló, autor del pròleg d'aquest llibre, com l'autora seguiren mantenint la possibilitat de tractar-se d'un producte local. Fins i tot Barceló amb la seva peculiar manera de dir les coses es referia a *la fantasmal gerreria de l'avui carrer de Zavellà ja ha quedat ban marcada a la topografia incompleta i fugissera de l'altra ciutat que alguns veiem quan mirem Ciutat de Mallorca.*[103]

No cal insistir que la qüestió encara ara és motiu de controvèrsia, de manera que la vertadera procedència del lot localitzat a Mallorca roman en oberta discusió.

El paral·lelisme amb materials trobats a Lixus ja fou tingut en compte en presentar l'estudi de 1983[104] així com la presència de ceràmiques esgrafiades apare-

101. Antonio MULET GOMILA, "Los recientes hallazgos de cerámica en Palma", *BSAL*, XVII, Palma, 1938, p. 169-180.

102. Margarida ROSSELLÓ PONS, *Les ceràmiqeus almohades del carrer Zavellà. Ciutat de Mallorca,* Palma, 1983.

103. Miquel BARCELÓ, "Nota sobre una gerreria perduda d'al'Andalus i finalment retrobada". a Margalida ROSSELLÓ PONS: *Les ceràmiques almohades del carrer Zavellà.*

104. MOHAMMED ATAALLAH, "La céramique musulmane à paroi fine incisée ou peinte de Lixus", *Bulletin d'Archéologie Marocaine,* VII, Rabat, 1967, p. 626-639.

gudes en excavacions a València, Múrcia i Nord d'Àfrica. [105] Posteriorment noves troballes a Múrcia i Almeria mantenen en suspens aquest aspecte.[106] No seria gens estrany pensar en una elaboració realitzada per diferents obradors no tan sols andalusins sinó també africans.

Les característiques tècniques dels esgrafiats així ho confirmen, puix la minuciosa obra realitzada a determinats tallers murcians caracteritzada per una meticulosa i fina elaboració tan espectacular que fa pensar en un intent d'imitar obres en metall, coure en especial i de manera excepcional en argent, on l'esgrafiat assoleix una molt alta qualitat tècnica, és una característica que consideraria com a pròpia de les troballes murcianes i que, generalment, no es troba en altres productes localitzats a diferents indrets. No és present dins el lot de Zavellà, la qual cosa no impedeix la troballa de fragments de dita tècnica a altres punts de *Madina Mayurqa*, arribats, sens dubte, per via comercial. Dins les moltes foscúries que encara enterboleixen la comprensió de l'evolució de les ceràmiques andalusines, un estudi comparatiu dels materials trobats a diferents indrets encara ens manca. Estudi en el qual tant forma com decoració necessiten d'una comprovació física de les pastes emprades per a la seva confecció. Pensar que l'esgrafiat perdurarà dins les tècniques morisques dels obradors valencians sota control cristià és bona prova de l'arrelament de dits sistemes decoratius dins el tarannà artesanal dels terrissers supervivents, malgrat que els resultats siguin d'una escasa qualitat artística.

105. M. Jorge Aragoneses, *Museo de la muralla árabe de Múrcia*, Madrid, 1966.

106. J. Navarro Palazón, "Cerámica musulmana de Múrcia (España) con representaciones humanas", *La céramique mediévale en Mediterranée Occidentale, Valbonne, 1978,* Paris, 1980, p. 317-320.

VI LA CERÀMICA DEL REGNE DE GRANADA

Al-Andalus i la seva història ha deixat de ser la típica i tòpica assignatura pendent de la historiografía actual. La història del regne de Granada, a la vegada, s'ha vist afavorida per aquest corrent investigador que a les darreres dècades del passat segle ha desvetllat moltes de les incògnites que enrevoltaven el seu passat. Treballs com els de Miguel Ángel Ladero Quesada (1969),[107] Rachel Ariè (1973, 1992)[108] o la més recent sistematització dirigida per María Jesús Viguera Molins (2000)[109] permeten, amb àmplia informació, enquadrar el paper important del darrer reducte islàmic establert a la Península Ibèrica entre 1232 i 1492. Síntesi que ha recollit investigacions antigues, n'ha analitzat els pros i els contres oferint a l'investigador nous punts de vista, agudes interpretacions sobre l'activitat social i econòmica d'aquell reducte amenaçat pel món cristià, dins d'un marc interpretatiu més apropat al concepte actual de la història i la metodologia investigadora.

Lluny d'aquells treballs pioners de Pedro de Medina (1549),[110] Francisco Bermúdez de Pedraza (1638)[111] i de Juan Velázquez de Echevarría (1768),[112] les aportacions del segle XIX de José Antonio Conde (1820-1821),[113] José Joaquín de Mora (1826),[114] Pascual de Gayangos (1840-1843),[115] Manuel Lafuente Alcántara (1843-1846),[116] Joaquín Guichot (1869-1871),[117] Adolphe Nouville (1851),[118] Richard

107. Miguel Ángel Ladero Quesada, *Granada, historia de un país islámico (1250-1571)*, Madrid, 1969.

108. Rachel Arié, *España musulmana (segles VIII-XV)*, Manuel Tuñon de Lara (dir.), *Historia de España* Barcelona, 1982. Rachel Arié, *El reino nazarí de Granada*, Madrid, 1992.

109. María Jesús Viguera Molins (coord.), *El Reino Nazarí de Granada (1232-1493) Política, Instituciones, Espacio y economía*, *Historia de España Menéndez Pidal*, VIII, 3, Madrid, 2000. María Jesús Viguera Molins (coord.): *El Reino Nazarí de Granada (1232-1493) Sociedad, vida i cultura*, en *Historia de España Menéndez Pidal*, VIII, 4, Madrid, 2000.

110. Pedro de Medina, *Libro de grandezas y cosas memorables de España. Agora de nuevo fecho y copilado por el Maestro ... vezino de Sevilla*, Sevilla: Dominico de Robertis, 1549.

111. Francisco Bermúdez de Pedraza, *Historia Eclesiástica de Granada*, Granada, Universidad de Granada-Don Quijote, 1989. Edició facsímil de l'original de 1638.

112. Juan Velázquez de Echevarría, *Epicopologio Granatense, desde el principio de la Iglesia hasta el año de 1768, en que se anotan varias noticias pertenecientes a esta ciudad de Granada*, Granada, Nicolás Moreno,1768.

113. José Antonio Conde, *Historia de la dominación de los árabes en España, sacada de varios manuscritos y memorias arábigas*, Madrid, Imprenta que fue de García, 1820-1821.

114. José Joaquín de Mora, *Cuadros de la historia de los árabes desde Mahoma hasta la conquista de Granada*, Londres, R. Ackermann, 1826.

115. Pascual de Gayangos, *The history of the mohammedan dynasties in Spain...*, Londres, 1840-1843.

116. Manuel Lafuente Alcántara, *Historia de Granada, comprendiendo las de sus cuatro provincias: Almería, Jaén, Granada i Málaga*, Granada, Imp. Sanz, 1843-1846.

117. Joaquín Guichot, *Historia general de Andalucía desde los tiempos más remotos hasta 1870*, Sevilla, Imprenta i Librería de Hijos de Fe, 1869-1871.

118. Adolphe Nouville, *Histoire de l'Espagne arabe*, París, 1851-1851.

Gosche (1854),[119] Marc J. Müller (1863),[120]. Rafael Contreras (1882),[121] Mas Latrie (1886)[122] o Honorato de Saleta i Cruxent (1898)[123] suposaren un punt de sortida, una sòlida base per a l'eclosió durant el segle XIX d'una metòdica i meticulosa investigació que, sota molts d'aspectes, ofereix un panorama ampli des del punt de vista polític, social i econòmic d'aquest regne de Granada.

En l'àmbit arqueològic la llista seria innombrable. Tan sols vodria recordar aquells mestres que ens precediren i que dedicaren els seus esforços a la coneixença de Granada i el seu regne. L'anàlisi de la producció dels obradors existents en el regne de Granada començà, com en tantes altres coses, dels estudis de Manuel Gómez Moreno Martínez, fill d'aquell altre Manuel Gómez Moreno que inaugurà la literatura científica sobre la ceràmica andalusina en un ja allunyadíssim any 1888. [124] En efecte, la memòria sobre les troballes de Madina Elvira significà la fita fundacional de tot el procés d'estudi de la producció terrissera d'un període llarg i gloriós.

Manuel Gómez Moreno, el fill, a una de les conferències impartides a la Universidad de Barcelona l'any 1922, en descriure el lema que s'observa al dors de l'escudella de la col·lecció Sarre, al Museu d'Art Islàmic de Berlín, afirmava que: "Tiene una inscripción en la que se ha querido leer Málaga (lo dice si está mal escrito)."[125] Opinió que no puc compartir perquè segons les imatges d'aquesta conflictiva inscripció, a l'abast dels investigadors, la paraula Mālaqa no pareix estar tan mal escrita com afirmava don Manuel.

No es poden obviar els treballs granadins de companys de professió com Jesús Bermúdez Pareja i Joaquina Eguaras, que des dels seus llocs de treball a l'Alhambra i al Museo Arqueológico Provincial de Granada iniciaren estudis sobre ceràmica nasserina en les oblidades planes de les *Memorias de los Museos Arqueológicos Provinciales*[126] que, a les dècades dels quaranta i cinquanta del segle passat,

119. Richard GOSCHE, *Die Alhambra und der Untergang der araber in Span*ien, Berlín, Hertz, 1854.

120. Marc Jos. MÜLLER, *Die letzten zeiten von Granada*, München, Christian Kaiser, 1863.

121. Rafael CONTRERAS, *Recuerdos de la dominación de los árabes en España. Sus tradiciones, literatura, artes. historia de los nazaritas, etc.* Granada, Imp. del Defensor de Granada,1882.

122. Le comte de MAS LATRIE, *Rélations et commerce de l'Afrique septentrionale ou Magreb avec les nations chrétiens du moyen-âge*, París, Librairie de Firnin Didot, 1886.

123. Honorato DE SALETA I CRUXENT, *Las dos Granadas*, Burgos, Imp. y Lib. de Hijos de Santiago Rodríguez, 1898.

124. Manuel GÓMEZ MORENO GONZÁLEZ, *Medina Elvira*, Granada, 1888. Reimpresión al cuidado de Manuel BARRIOS AGUILERA, *Medina Elvira por D. Manuel Gómez Moreno. Facsímil de la edición de 1888*, Granada, 1986.

125. Manuel GÓMEZ MORENO MARTÍNEZ, *Ceràmica medieval española. Cursillo de ocho conferencias*, Barcelona, 1924.

126. Jesús BERMUDEZ PAREJA, "Quemadores de perfumes en la Alhambra", *Memorias de los Museos Arqueológicos Provinciales* (*MMAP*), 13-14, Madrid, 1953, p. 42-50; Joaquina EGUARAS IBÁÑEZ, "La cerámica de Elvira", *MMAP*, 6, Madrid, 1945, p. 73-77.

foren portaveus pioners de l'arqueologia medieval. Igualment, a Almeria, Fernando Ochotorena, primer,[127] i anys després Dorotea Duda[128] iniciaren l'estudi de les ceràmiques d'aquella zona que posteriorment assoliren un alt grau de coneixença gràcies a investigacions posteriors.

A Lluís Maria Llubià devem el primer intent de sistematització de la ceràmica nasserina.[129] Una sintètica visió caracteritzada per la precisió de llurs afirmacions, les intuïtives atribucions i el rigor expositiu d'una claredat cartesiana que no era freqüent a l'època que el recordat investigador donava a conèixer els seus estudis. La importància de Llubià en el camp de la ceramologia medieval no s'ha documentat com cal i les seves investigacions són mereixedores d'una reconeixença que mai ha tingut i que seria hora de recordar-la puix la seva obra és un element cabdal, imprescindible, dins aquest llarg procés de l'arqueologia medieval al nostre país, generalment gràcies a actuacions individuals, gairebé sempre allunyades del suport institucional.

Pel que fa al coneixement de la vida material del regne de Granada no es pot afirmar que tingués una trajectòria semblant puix la investigació duta a terme no permet endinsar-se en gaires aspectes del viure de cada dia dels nasserins anònims que, a la llarga, foren els vertaders protagonistes de la seva pròpia història. Dins d'aquest viure quotidià l'element més vinculat a la vida, no debades, fou el descobriment de la ceràmica en el Neolític, troballa que féu possible la sedentarització de la humanitat.

En revisar el recull bibliogràfic sobre l'arqueologia de la ciutat de Granada[130] s'observa com la nòmina de treballs de temàtica arqueològica és singularment escassa. Circumstància preocupant, encara que no sigui exclusiva ni de Granada, ni del món nasserí. És un retret aplicable a molts altres territoris que conformaren al-Andalus.

Si ens atenim a la informació científica sobre la qüestió es pot observar com els estudis sobre la ceràmica nasserina es troben en un estadi embrionari en el qual s'ha valorat més els aspectes estètics de les seves produccions i la seva riquesa cromàtica i decorativa que la funcionalitat i les dificultats tècniques a l'hora de la seva manipulació per sobre l'origen i la distribució geogràfica dels centres productors. Origen gairebé mancat d'estudis que, a més, s'ha vist emboirat pel propi èxit dels materials ceràmics sorgits del seus obradors que, pràcticament des dels seus

127. Fernando Ochotorena, "Cerámica árabe de Pechina", *MMAP*, 13-14, Madrid, 1952-1953, p. 126-134.

128. Dorotea Duda, *Spanisch-Islamische Keramik aus Almería von 12 bis 15 Jarhundert*, Heidelberg, 1970.

129. Lluís Maria Llubià, *Ceràmica medieval española*, Barcelona (2a ed.), 1973, p. 82-110.

130. Juan José Quesada Gómez, *Bibliografía sobre arqueología de la Ciudad de Granada (siglos XIII-XVI)*, Granada, 1994.

inicis, han sigut imitats, plagiats, desvirtuats o minimitzats sota una denominació d'origen, la Màlica dels mercaders italians, que han enfosquit la identificació de l'obra genuïna.

No és possible analitzar quins foren els motius de tal desamor científic respecte de les més nímies necessitats diàries. Fou tal volta l'exuberant grandària de les produccions ceràmiques entre les quals la màxima representació s'identifica amb els *jarrones* de l'Alhambra? O bé ¿foren les vaixelles en les que el blau de cobalt a to amb el llambreig del daurat enfosquiren la importància d'obres de menor valor estètic?

El tema, de moment, no s'ha tractat de manera global puix la falta de coordinació en el camp de la investigació ceramològica relativa a al-Andalus no ha merescut atenció atès que ha tingut, per damunt del tractament científic, una més pregona incidència l'excavació d'emergència. No està de més recordar les paraules d'A. Malpica en aquest sentit:

> De esta manera aparece en primerísimo plano la voluntariedad o no de las excavaciones en particular y de la arqueología en general. Como cualquier arqueólogo sabe lo más usual hoy en día es atender a un número grande de intervenciones porque es preciso documentar los depósitos arqueológicos antes de su definitiva destrucción. Ya es sabido que la alteración del subsuelo es corriente en las modernas construcciones, tanto de viviendas como de las obras públicas. Por eso, ante el peligro de destrucción por parte de personas ajenas al conocimiento científico que suministra la arqueología, se ha de acudir a la excavación de urgencia o de emergencia diariamente. Mientras tanto la investigación para resolver problemas que interesen a los arqueólogos en tanto que historiadores, es cada vez más rara y difícil.[131]

Excavació d'emergència, no és sinó la subtil denominació coneguda amb l'eufemisme d'arqueologia de gestió, que va néixer subjecta a les necesitats i pressions de la desmesurada expansió urbanística de les ciutats nostrades. Per això sempre han prevalgut, per damunt dels valors que tal investigació pugui aportar al coneixement del passat, els interessos especulatius que, sobretot, en sufragar llurs despeses, permeten mediatitzar l'interès científic.

Si en el cas de Granada ciutat, on existeix un repertori bibliogràfic exemplar, l'escassa representativitat d'estudis ceramològics és evident, no pot afirmar-se el mateix d'altres centres productors de l'àmbit nasserí: Almeria, Màlaga, Jaén, llocs on no existeixen semblants registres, en els quals, malgrat intents individuals valuosos, aquests no han tingut la deguda publicitat davant l'ínfima activitat editorial que permeti conèixer els resultats de les exploracions realitzades.

131. Antonio Malpica Cuello, "Algunas reflexiones sobre el estudio de la cerámica nazarí y mariní", *Cerámica Nazarí y Mariní* en *Transfretana. Revista del Instituto de Estudios Ceutíes*, 4, Ceuta, 2000, p. 13-40.

No estaria de més extrapolar la qüestió a zones andalusines alienes al món nasserí com Còrdova, Sevilla, Cadis o Huelva, on seguim sense notícies de moltes de les actuacions en el subsòl, tan importants com Cercadilla a Còrdova o Cartuja a Sevilla.

Malgrat tot, la incògnita que plantejava la imprecisa denominació de ceràmica de Màlica es troba en vies de solució puix la intervenció arqueològica, deixant de banda el que abans he mencionat, ofereix unes alternatives suggerents gràcies a l'entusiasme d'alguns arqueòlegs que, defugint les traves burocràtiques i el minso interès institucional envers la nostra tasca, procuren, abans de tot, donar a conèixer les seves investigacions, els descobriments recents en congressos, simposis o publicacions locals. El que és difícil és poder controlar tot aquest cabal d'informació que no sempre disposa d'una adequada i fluïda difusió.

En aquest sentit ara podem afirmar que Màlica és, sense cap tipus de dubte, sinònim de Nasserina i que els centres productors de dit aixovar domèstic, de terrissa comuna o vidriada, comptà amb tres nuclis essencials: Màlaga, Granada i Almeria. Circumstància que no impedeix pensar en terrisseries subsidiàries entorn a les tres grans ciutats nasserines. A totes aquestes cal incloure Jaén i Algecires, tal volta Guadix, malgrat que la seva cronologia no està, per ara, ben definida, puix els termes almohade, mariní i nasserí encara es troben en un estadi d'interpretació que cal matisar amb una més acurada precisió.

No deixa de ser complex el procés de la coneixença de la ceràmica elaborada durant el període nasserí. Un moment no excessivament llarg, tres segles mal comptats, que coneixem de manera fragmentària malgrat el que s'ha treballat en la matèria. En primer lloc, la incertesa entorn a la denominació: ceràmica nasserina, ceràmica d'època nasserina, obra de Màlica i tantes altres variants semàntiques.

Realment la veu Màlica és la més estesa i la més emprada en el món científic. Ara bé, què significa aquesta Màlica tan freqüent en els textos medievals? A la llarga, aquesta paraula ha emmascarat el vertader origen d'una molt característica ceràmica andalusina que marca l'epígon d'una fastuosa producció que des del segle X suposà una aportació cabdal al desenvolupament de la vida quotidiana.

Significa Màlica un centre productor? Fou tan sols un nucli exportador? És l'obra de Màlica exclusiva del regne de Granada? És obra de Màlica el producte generat pels obrador llevantins sota la fèrula dels nous amos cristians?

L'aspecte cronològic és decisiu puix en suplantar el poder cristià el poder andalusí a partir del segon terç del segle XIII coincideixen actuacions que afecten de manera directa la producció que ara es pretèn estudiar:

Ocupació del Llevant peninsular per la Corona d'Aragó (1229-1248).

Ocupació de la vall del Guadalquivir pel regne de Castella.

Establiment de la dinastia nasserina a al-Andalus residual al sud-est de la península.

No tan sols s'encadenen en aquesta història importants esdeveniments polítics sinó altres d'àmbit artesanal que suposen una molt especial incidència en el viure de cada dia.

L'activitat inicial dels obradors moriscs de Paterna i Manises apareix íntimament lligada a dit moment. Les terrisseries funcionen amb mà d'obra andalusina que, de vegades, canvia de nom i possiblement de religió, si bé manté les tècniques ancestrals, la manera d'obrar i les peculiaritats decoratives. Sincrònicament, a al-Andalús residual aquestes es mantenen amb plena força i en alguns punts de manera especial en el sector de Ponent, l'influx nord-africà imposat pels gustos dels Banû Marîn introdueix un nou element a tenir en compte, sense oblidar que la influència tardoalmohade, per força, ha de seguir vigent en tot l'àmbit que ocupa el reduït territori del regne que segueix essent al-Andalús, encara que a partir d'aquell moment la denominació més freqüent sia la de regne de Granada.

Són interrogants oberts que no sempre l'investigador pot tancar amb l'exactitud que hom desitjaria. No cal dir que en el nostre camp obrir interrogants pot ésser tan gratificant com tancar-los.

Màlaga o Mālaqa, en àrab literal, és, sens dubte, l'origen de la Màlica medieval, denominació tal volta imposada pels mercaders italians que comerciaven no tan sols amb el regne nasserí sinó també amb els obradors valencians que produïen una molt pròpia *Màlica*, a la moda nasserina, emperò amb característiques peculiars per no dir exclusives de les terrisseries de la zona. No debades aquest intercanvi comercial, en gran part, es féu a través de Mallorca,[132] de manera que la *majorica* llatina es convertí en la *maiòlica* italiana que tants malsdecaps ha originat entre els estudiosos.[133]

Sia com sigui el nom donat al producte no aclara si Màlaga fou centre productor o simple exportador i, per què no, ambdues coses a la vegada. En conseqüència, tampoc no podríem afirmar si al regne de Granada la producció ceràmica era exclusiva d'una zona o si hi havia diferents centres terrissers que generaven la molt complexa i variada vaixella que caracteritza l'etapa nasserina. L'àmplia dispersió geogràfica de tals exemplars obliga a pensar que dintre de l'organització comercial del regne nasserí les variants ceràmiques que defineixen el parament de la taula assoliren una importància molt especial que ultrapassà l'àmbit de l'intern desenvolupament social de la comunitat musulmana entre els segles

132. Mariafranca Spallanzani, "Un invio di maioliche ispano-moresche a Venezia negli anni 1401-1402", *Archeologia medievale*, V, Firenze, 1978, p. 529-541.

133. Jean Charles de Davillier; Álvaro Campaner i Fuertes, *Estudios sobre la cerámica de reflejos metálicos* /ed. Facsímil), Palma, 1989, *Treballs del Museo de Mallorca*, 47, Palma, 1989.

Actes del Col·loqui de Ceuta

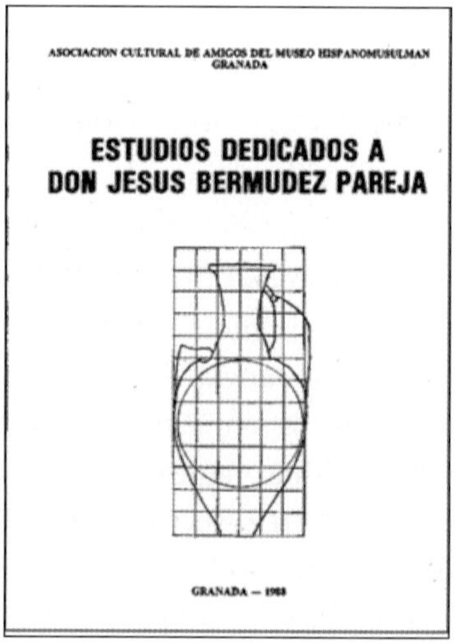

Una primerenca iniciativa investigadora

XIII i XV. Pel que fa a la coneixença dels productes ceràmics nasserins, malgrat els anys transcorreguts des de l'estudi de Gómez Moreno, encara manca una visió de conjunt que abasti l'àmplia gamma de materials generats al llarg dels tres segles de vigència del regne granadí.

Cal, doncs, intentar realitzar una investigació que amalgami, d'una vegada per totes, la copiosa sèrie de treballs i monografies que giren entorn de les diferents produccions plenament identificades al llarg dels anys transcorreguts des de la publicació abans esmentada.

No es pot obviar l'intent de sistematització que gràcies al col·loqui *Cerámica nazarí y Mariní*[134] es va celebrar al Museo de Ceuta entre el 31 de maig i el 2 de juny de 1999. Suposà una posada al dia de la problemàtica entorn a dues produccions desenvolupades a ambdues ribes de la Mediterrània transfretana, íntimament lligades entre si, no tan sols pels precedents comuns generats a partir de la producció almohade sinó per la interdependència en alguns moments i en determinats llocs d'allò que era meriní sobre o annex a allò que era pròpiament nasserí.

A les indicades *Actas,* en el capítol inicial s'insistia sobre la problemàtica de la manera següent:

> El coloquio organizado por el Museo de Ceuta y el Grupo de Investigación "Toponimia, historia y arqueología del Reino de Granada" de la Universidad de Granada, tenía como objetivos dar a conocer los estudios en curso sobre las cerámicas nazaríes

134. DD. AA., "Cerámica Nazarí y Mariní", *Transfretana. Revista del Instituto de Estudios Ceutíes*, 4, Ceuta, 2000.

y mariníes en ambas riberas del Estrecho y ofrecer a los participantes un foro de debate donde plantear la problemática actual sobre dichas producciones.[135]

Realment el col·loqui fou un exercici de reflexió sobre el procés evolutiu de la ceràmica nasserina. Exercici necessari per definir l'estudi de conjunt sobre aquesta producció i les relacions amb els antecedents almohades i contactes amb les produccions coetànies sorgides al nord d'Àfrica i desenvolupades en aquelles zones peninsulars on la influència política mariní fou evident. Seria el cas de les terrisseries d'Algecires donades a conèixer poc després.[136]

Anys abans de l'entranyable publicació en homenatge a Jesús Bermudez Pareja l'article de Carmen Serrano ja plantejava els problemes d'arqueometria entorn dels *jarrones* de l'Alhambra, juntament amb altres treballs que col·laboradors del Museu de l'Alhambra, en aquelles saons encara denominat Museo Hispano Musulmán de Granada, dedicaven atenció a col·leccions ceràmiques enllà conservades encara que dits estudis no incidissin en l'anàlisi dels productes estrictament nasserins.[137]

A més, féu possible obrir un suggeridor camí envers la coneixença de la producció nasserina que a partir de l'exposició *Los Jarrones de la Alhambra. Simbología y poder*, entorn al més emblemàtic producte d'aquella època intentà aportar noves idees, nous enfocaments sobre el tema, puix aspectes com la terrissa comuna, la cronologia, la projecció dels obradors fora del seu àmbit geogràfic necessiten, encara ara, matisacions clares que de moment no ha sigut possible esbrinar.

A escala personal, l'experiència de Los Guájares en excavar el recinte d'El Castillejo, als anys vuitanta del segle passat, féu possible que pogués completar els meus contactes directes amb la ceràmica nasserina. És de tots sabut que l'interès de l'arqueòleg, en referir-nos als aixovars domèstics, no es detura, de manera fonamental, en el continent de les coses, sinó més aviat en el seu contingut. L'aixovar domèstic és, per tant, un dels elements essencials per a conèixer com fou la vida dels nostres avantpassats. El material de Los Guájares permeté intuir un moment de transició entre el món almohade i els inicis de la fundació del regne nasserí que, en consolidar-se, seria el darrer nucli islàmic de la península.[138]

135. DD: AA., "Cerámica Nazarí y Mariní", *Transfretana. Revista del Instituto de Estudios Ceutíes*, 4, 9.

136. Antonio TORREMOCHA SILVA; Yolanda OLIVA CÓZAR (eds.), *La cerámica musulmana de Algeciras*, Algecires, 2002.

137. DD. AA., *Estudios dedicados a don Jesús Bermúdez Pareja*, Granada, 1988. Cal destacar, a més de l'esmentat de Carmen SERRANO, "Los jarrones de la Alhambra", p. 127-162 aquells d'Isabel FLORES ESCOBOSA, "La colección de loza dorada de Manises", 9-36; María GARRIDO GARRIDO, "Escenas cortesanas en la loza dorada fatimí del Museo Nacional de Arte Hispano musulmán de Granada", p. 37-54, primeres incursions bibliogràfiques de les autores que, sortadament, han seguit treballant en aquest camp.

138. Patrice CRÉSSIER; Maria Magdalena RIERA; Guillem ROSSELLÓ BORDOY *et alii*, "La ceràmica tardo almohade i els orígens de la ceràmica nasrí", *A cerâmica medieval no Mediterrâneo ocidental*. Lisboa 1987, Mértola, 2001, p. 215-246.

Els estudis sobre la terrissa de los Guájares

El Castillejo de los Guájares és un poblat fortificat erigit en una de les elevacions de la vall del riu de la Toba, abandonat, de manera sobtada, pels seus habitants.[139] Les causes de l'abandonament no s'han pogut establir de manera ajustada, encara que a algunes zones del conjunt hi ha evidències arqueològiques que foren afectades por un tremolor de terra que potser va condicionar l'abandonament. En quedar *in situ* els aixovars ceràmics que els moradors no pogueren salvar, una molt particular informació quedà a l'abast de l'investigador. Material que ha servit de punt de partida per a l'anàlisi de la ceràmica comuna que caracterizarà el món nasserí.

Anys després la tesi doctoral d'Alberto García Porras presentà un complet catàleg del material que evidenciava el període transicional abans esmentat encara que no fou possible definir amb certitud si la informació aportada es referia o no a un moment concret de la producció nasserina.[140]

139. Antonio Malpica Cuello *et alii*, "Excavaciones en El Castillejo (Los Guájares-Granada) 1985", *Anuario Arqueológico de Andalucía (AAA)*, Sevilla, 1987, II, p. 436-446. Antonio Malpica Cuello *et alii*, "Informe de la campaña de excavación sistemática del yacimiento medieval de El Castillejo (Los Guájares-Granada) 1986", *AAA*, Sevilla, 1987, II. p. 487-492. Miquel Barceló; Patrice Créssier; Antonio Malpica Cuello; Guillem Rosselló Bordoy, "La vivienda rural musulmana en Andalucía oriental: el habitat fortificado de 'El Castillejo' (Los Guájares, provincia de Granada)", *Actas del II Congreso Nacional de Arqueología Espacial, Teruel, 1986*, Terol, 1987, IV, p. 285-309. Miquel Barceló; Patrice Créssier; Antonio Malpica Cuello; Guillem Rosselló Bordoy, "Investigaciones en el Castillejo (Los Guájares-Granada)", *Les Illes Orientals d'Al-Andalus*, Palma de Mallorca, 1987, p. 359-374. Patrice Créssier; Antonio Malpica Cuello; Guillem Rosselló Bordoy, "Análisis del poblamiento medieval de la costa de Granada: el yacimiento de 'El Castillejo' y el valle del río de la Toba (Los Guájares)", *II Congreso arqueologia medieval Española* (*II CAME*), Madrid, 1987, II, p. 149-160. Patrice Créssier; Antonio Malpica Cuello; Guillem Rosselló Bordoy "La vivienda rural medieval de 'El Castillejo' (Los Guájares-Granada)", *La casa hispanomusulmana: aportaciones de la arqueologia*, Granada, 1990, p. 207-227.

140. Alberto García Porras, *La cerámica del Poblado Fortificado Medieval de 'El Castillejo (Los Guájares, Granada)*, Granada, 2001.

El regne de Granada suposa la fase més llarga, pel que fa a duració, d'un estat islàmic establert en el territori de l'antiga Hispània. Hereu de la denominació d'al-Andalús, els gairebé tres segles de vigència del poder nasserí en el seu territori, malgrat la pressió castellana d'un costat i el menyspreu dels catalanoaragonesos de l'altre, aquests més engrescats en l'expansió mediterrània que en la recuperació del territori nacional, signifiquen des del punt de vista cultural un moment d'esplendor en què se superen els problemes interns, les lluites familiars i les intrusions dels Banū Marīn, el principal objectiu dels quals era recuperar el territori perdut pels antecessors almohades més que no pas ajudar les dinastes granadines enfront de les apetències castellanes.

Malgrat tot, cal destacar que ni la guerra ni les tensions polítiques internes afectaren el món peculiar de la producció ceràmica, encara que tal producció desenvolupada en el transcurs d'un dilatat període i sotmesa a una complexa tecnologia que afectà tant la forma externa de llurs productes com els seus temes decoratius és, per ara, una de les menys conegudes activitats artesanes realitzades a al-Andalús.

En contrapartida, un període d'esplendor cultural en l'àmbit arqueològic i en especial pel que fa a la producció terrissera és deficitari en matèria científica, puix determinats temes han prevalgut sobre altres de manera que la importància donada als famosos *jarrones* de l'Alhambra o bé a la producció decorada en blau de cobalt i llambreig daurat, l'estimada obra de Màlica dels encàrrecs italians, ha perjudicat de manera molt especial altres manifestacions cabdals com ara les més antigues produccions en verd i morat, tan abundants a les reserves del Museu de l'Alhambra, o la copiosa sèrie de ceràmica comuna. És la més important per poder intuir la manera de viure de cada dia; si la coneixem; és gràcies al catàleg de joguines de terra cuita, simples miniatures dedicades a l'ús dels infants que tant abunden en els nivells arqueològics nasserins i que reprodueixen fidelment les formes originals dels aixovars domèstics.[141]

Una simple relació dels estudis publicats entre 1988 i 1995 justifica les meves paraules i, deixant a part el llibre d'Isabel Flores,[142] mereixedor d'una propera reedició, a la majoria de treballs publicats preval més el punt de vista dels historiadors de l'art que el dels arqueòlegs i els historiadors. Per fortuna, el panorama es troba en vies de canvi puix el *Coloquio de Ceuta,* com he destacat abans, ofereix unes molt bones perspectives.

De la producció ceràmica del regne de Granada destaca, en primer lloc, la varietat formal que per a Isabel Flores abasta vint-i-una formes diferents: Ataifor o

141. Purificación MARINETTO SÁNCHEZ, "Juegos y esparcimiento", ISABEL FLORES ESCOBOSA; María del Mar MUÑOZ MARTÍN, *Vivir en al-Andalus. Exposición de cerámica siglos IX-XV)*, Almeria, 1993, p. 213-276.

142. Isabel FLORES ESCOBOSA, *Estudio preliminar sobre Loza Azul y Dorada Nazarí de la Alhambra*, Madrid, 1988, p. 17.

La primera monografia sobre la ceràmica en blau i daurat

safa, escudella, fruitera, trespeus, cadaf, bacineta, tapadora, copa, tassa, cremador de perfum, llàntia, pot, cassola, ancolla, embut, olla, gerra, gerro, redoma, bec de pitxer, peu d'alfàbia, suport o estalvi de terrissa.[143] Formes que es caracteritzen per la seva decoració i fantasia formal.

En el primer apartat s'observa la presència, per primera vegada, d'un pigment mai emprat a la ceràmica andalusina: el blau de cobalt, mentre que les tècniques tradicionals com el verd i morat, el llambreig daurat, la decoració feta a motlle i tants d'altres que caracteritzaren les produccions anteriors es mantenen sota unes especials característiques que diferencien aquesta producció de totes les anteriors.

Isabel Flores es fa seva l'opinió d'Alice Frottingham i considera que l'adopció del blau de cobalt presenta una íntima relació amb circumstàncies històriques molt allunyades d'al-Andalus:

> Otra hipótesis referida al origen de los alfareros la aporta A. Frottingham para quien se trata de un asentamiento persa debido a la dispersión que se produjo de los centros de Kashan y Ray, arrasados por la invasión mongola en 1260, lo que no sólo es coetáneo sino que además emplea un repertorio decorativo al que se suma el usual del azul de cobalto de tanta tradición en Oriente que será el distintivo de la loza nazarí.[144]

Ara bé, no podem obviar la presència de materials ceràmics vidriats en verd monocrom a més d'una singular sèrie de peces en què un peculiar verd de fons es complementa amb temes decoratius molt esquemàtics dibuixats al manganès, de tons molt intensos, sota la forma de figures reblides siluetejades a manera dels protagonistes xinesos del teatre d'ombres.

Es tracta de reminiscències del tradicional verd i morat d'èpoques anteriors? No ho sabem. En aquesta sèrie el manganès deixa de ser una línia que delimita la decoració en verd. Es converteix en un element amb vida pròpia, malgrat que les

143. Alfonso Ruiz García, *La cerámica domestica nazarí en vidriado verde del Museo Nacional de Arte Hispanomusulmán* (tesina inèdita), Universidad de Granada, 1980; Alfonso Ruiz García, "Algunos modelos cerámicos de loza vidriada verde procedente de la Alhambra", II. Came, Madrid, 1987, III, p. 131-140; Alfonso Ruiz García "Algunos temas decorativos de la cerámica doméstica nazarí", *Anales del Colegio Universitario de Almería*, 1980, II, p. 179-194.

144. Isabel Flores Escobosa, *Estudio preliminar sobre Loza Azul y Dorada Nazarí de la Alhambra*, Madrid, 1988.

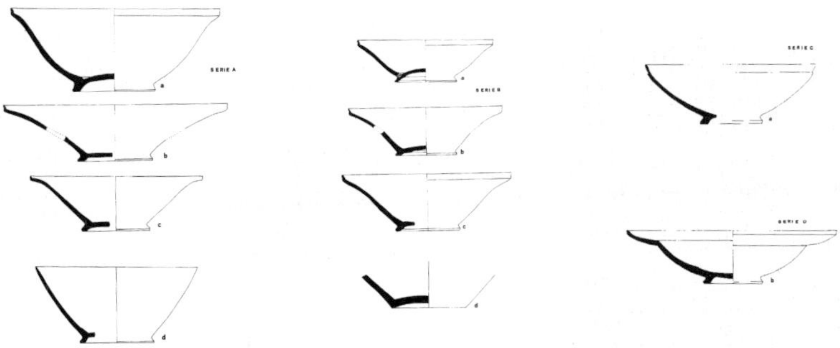

Tipologia de les safes nasserines en blau i llambreig metàl·lic (segons Flores Escobosa)

Safes nasserines en blau i blau i daurat (Museu de l'Alhambra)

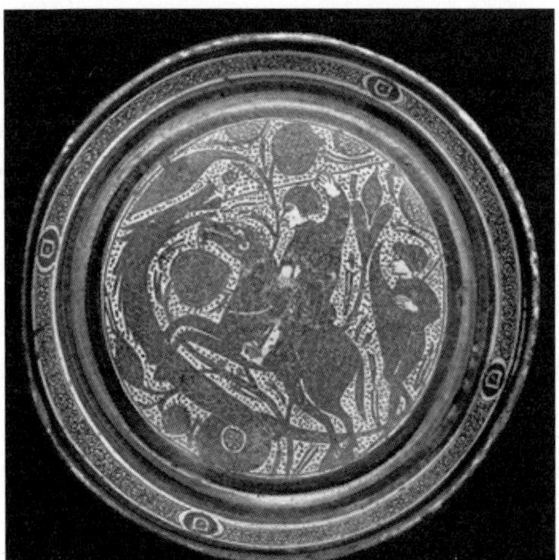

Una safa nasserina excepcional en què la moda cristiana dels primers Trastàmara castellans preval per sobre la indumentària morisca pròpia del regne de Granada (Metropolitan Museum of New York)

Unes mostres de peces nasserines vidriades en verd

figures, dotades d'una força extraordinària i d'un moviment com poques vegades s'havia vist a les produccions anteriors, suposin la més plena de les estilitzacions.

Quina cronologia es pot donar a dita producció? Tampoc no queda ben definida la qüestió. No hi ha constància de la situació estratigràfica de les peces conservades i els estudis existents, generalment, obvien tals manifestacions, de les quals sols és un exemple habitual la de la safa, coneguda com la dels peixos, encara que l'estilitzada representació tingui molt poc de peix. Circumstàncies adverses han endarrerit la publicació de l'interesant memòria de llicenciatura que Alfonso Ruiz García defensà en un ja llunyà 1978,[145] de la que tan sols es coneix un breu resum que ha passat desapercebut.[146]

De moment, el verd i morat analitzat someramente per Alfonso Ruiz García pareix ser, si no exclusiu, molt característic de l'Alhambra, almenys la quantitat extraordinària d'exemplars conservats en les reserves del Museu de l'Alhambra així ho indiquen, mentre que la seva presència fora del recinte es més aviat escasa, per no dir desconeguda.

Pel que fa a la tipologia el predomini de safes és evident i les formes presenten perfils molt evolucionats. Un aspecte peculiar dintre de la composició de la vaixella nasserina és l'aparició del plat individual i de l'escudella, elements que mai

145. Alfonso Ruiz García, *La cerámica domestica nazarí en vidriado verde del Museo Nacional de Arte Hispanomusulmán* (tesina inèdita), Universidad de Granada, 1980.

146. Alfonso Ruiz Garcia, "Algunos temas decorativos de la cerámica doméstica nazarí", *Anales del Colegio Universitario de Almería*, II, Almeria, 1980, p. 179-194.

no s'havien identificat a les produccions anteriors. Circumstància que no sols afecta aspectes purament formals sinó que permet intuir canvis importants en la dieta alimentària i de manera especial en l'etiqueta domèstica, en què el plat de servei mantè es continua emprant per dur el menjar a la taula emperò el protagonisme es desplaça envers el plat individual, amb el qual cada comensal pot gaudir de la seva pròpia ració.

La importància assolida pels aixovars nasserins propicià una ampla dispersió comercial al llarg de les rutes comercials que salparen a través de tots els mars coneguts en aquella època. Els treballs i catàlegs de Kuhnel,[147] Casamar,[148] Hurst,[149] Blake[150] i altres investigadors, amb l'ajut de l'arqueologia o bé de la informació documental, permeten seguir aquesta dispersió comercial que tingué una difusió realment extraordinària, puix la presència del blau de cobalt nasserí es pot rastrejar fins un il·lustratiu fragment del Museu de Bergen a l'extrem septentrional de Noruega.

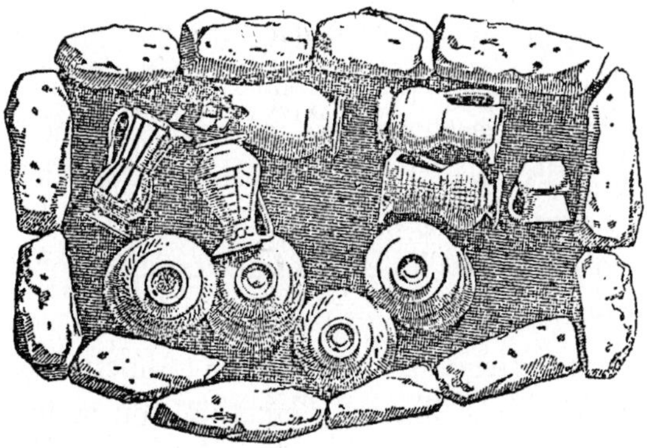

La troballa de Pula (Sardenya) segons Nisardi (reproduïda per H. Blake)

147. Ernst KUHNEL, "Loza hispanoárabe excavada en Oriente", *Al-Andalus*, VII, Madrid-Granada, 1942, p. 253-268.

148. Manuel CASAMAR, "Notas sobre cerámica de ajuar nazarí", *Al-Andalus*, XXIV, Madrid-Granada, 1959, p. 189-196.

Manuel CASAMAR, "Fragmentos de jarrones malagueños en los Museos del Cairo", *Al-Andalus*, XXVI, Madrid-Granada, 1961, p. 185-190.

149. John G. HURST, "Near Eastern and Mediterranean Medieval Pottery found in North West Europe"; *Archeologia Lundensia*, Lund, 1968, p. 195-204. John G. HURST, "Spanish Pottery inported into Medieval Britain", *Medieval Archeology*, 1977, XXI, p. 68-105. John G. HURST, "Late medieval Iberian pottery imported into the Low Countries", *Segundo Coloquio Internacional de Ceràmica Medieval del Mediterráneo Occidental*, Madrid, 1986, p. 347.

150. Hugo BLAKE, "The ceramic hoard from Pula (prov- Cagliari) and the Pula type of Spanish lustreware"; *Segundo Coloquio Internacional de Ceràmica Medieval del Mediterráneo Occidental*, Madrid, 1986, p. 365-407.

La dispersió de l'obra de Màlica incentivà les còpies que donaren lloc, molt ràpidament, a les imitacions sorgides dels obradors valencians de Paterna i en especial de Manises que pogueren obtenir una pigmentació daurada, de gran qualitat, que suposà una competència respecte als productes nasserins que molt prest veieren suplantats llurs productes per les imitacions maniseres.

Les troballes més antigues de les queals tenim constància científica procedeixen de l'amagatall de Pula, a l'illa de Sardenya, donat a conèixer l'any 1897 per Nisardi.[151] Troballa que generà posteriorment una copiosa bibliografia iniciada per González Martí (1944),[152] Van de Put (1938)[153] i Olivar Daydí (1953),[154] no sempre afortunats en les seves apreciacions. A partir de l'estudi d'Hugo Blake presentat al II Coloquio de Cerámica Medieval de Toledo (1981),[155] amb un complet catàleg dels materials de Pula, la dualitat d'origen València o Málaga quedà plantejada. Es refermà la cronologia del conjunt (inicis del segle XV) mentre que l'origen, per a Blake, es decantà envers una provinença valenciana.

La presència a Mallorca de ceràmiques datades en el primer terç del segle XIV amb mostres de blau i daurat d'una qualitat poc comuna introduïa a la questió nous elements de judici.[156] L'adscripció a terrisseries nasserines pareixia clara puix a la qualitat de l'acabat de la decoració s'unia la varietat formal de les peces, la compactabilitat de les pastes i la delicada factura de la vaixella de taula que s'allunyava clarament de les produccions valencianes i catalanes que durant el segle XIV encara es mantenien adscrites a les tècniques decoratives en verd i morat que permetien una clara diferenciació dels respectius estils decoratius. La presència d'escudelles trobades en un derelicte enfonsat en aigües d'Eivissa aportava noves mostres a la discussió, si bé en procedir del comerç d'antiguitats les circumstàncies de la troballa no podien ser fiadores, de cap de les maneres.[157]

La presència d'un derelicte semblant aparegut al Cap de Gata (Almeria) amb materials, encara inèdits, conservats al Museo d'Almería ofereix un nou material imprescindible a l'hora de contrastar el problema.

151. NISARDI, "Scavi in Sardegna. Scoperte di ceramiche medievali", *Le Gallerie Nazionali Italiane*, III, 1897, p. 280-284.

152. Albert VAN DE PUT, *The valencian styles of Hispano-Moresque pottery*, Nova York, 1938.

153. Manuel GONZÁLEZ MARTÍ, *Cerámica del Levante Español. Loza*, Barcelona, 1944.

154. Marçal OLIVAR DAYDÍ, *La cerámica trecentista en los paises de la Corona de Aragón*, Barcelona, 1953.

155. Hugo BLAKE, "The ceramic hoard from Pula (prov. Cagliari) and the Pula type of Spanish lustreware"; *Segundo Coloquio Internacional de Ceràmica Medieval del Mediterráneo Occidental*, Madrid, 1986, p. 365-407.

156. Guillem ROSSELLÓ BORDOY, "La relación comercial Málaga-Mallorca en los siglos XIII-XIV", *Boletín de la Sociedad Arqueológica Luliana* (*BSAL*), XXXVI, Palma de Mallorca, 1978, p. 209-217.

157. Maria Magdalena RIERA FRAU; Guillem ROSSELLÓ BORDOY; Natàlia SOBERATS SAGRERAS, "Un derelicte medieval en aigües d'Eivissa i les ceràmiques del tipus Pula", *Scripta in honorem Enrique A. Llobregat Conesa*, Alacant, 2000, vol I, p. 527-536.

La presència del blau de cobalt i el daurat tenia, per tant, un punt de sortida prou clar i entre els materials trobats a Mallorca la presència de peces decorades en verd de fons amb indicis d'una molt fina decoració de la que tan sols quedava una molt lleugera marca a causa de la pèrdua del pigment daurat, féu possible pensar en una combinació del verd de coure més una molt delicada aplicació al pinzell d'un daurat similar als motius aplicats que s'observen en el *jarrón* d'Antequera del Museo Arqueológico Provincial de Granada. El pas dels anys des de tal apreciació inicial, mai publicada, ens fa pensar, avui, que el decorat no fóra daurat sinó més aviat el negre o el morat negrós obtingut a través del manganès característic de les ceràmiques del servei de taula de l'Alhambra de característiques semblants que no han merescut, de moment, els estudis imprescindibles sobre aquesta producció tan interessant.

La dispersió terrissera dins del territori nasserí pareix confirmar-se amb certesa i en aquest camp consider que l'aportació almerienca és fonamental, de manera que els estudis inicials de Maria del Mar Muñoz i Isabel Flores[158] puntualitzant amb detall l'anterior visió de Dorotea Duda, estableixen amb seguretat aquesta producció en aquella zona. D'igual manera, les informacions que amb cadència periòdica podem obtenir de l'*Anuario Arqueológico de Andalucía* van completant el mapa de distribució de terrisseries pertot arreu del territori nasserí. Actuacions d'urgència que amplien el panorama exposat anys enrere a les actes del *Simposium de Hornos y Testares* publicades per la Casa de Velázquez l'any 1990.[159]

També queda documentada la producció terrissera a la mateixa Màlaga sempre a partir de les indicacions puntuals recollides a l'*Anuario Arqueológico de Andalucía* que, amb una periodicitat acceptable, dóna compte de les intervencions d'urgència en el nucli urbà. Informació no sempre a l'abast dels investigadors a causa de la pràcticament nul·la distribució de l'*Anuario* fora dels límits d'Andalusia.

A tot aquest cabal informatiu, sempre subjecte a l'atzar i prou allunyat d'una política coherent, cal afegir la sèrie de tesis doctorals que en els darrers anys des

158. Isabel Flores; Maria del Mar Muñoz; Manuel Domínguez, *Cerámica hispanomusulmana en Almería: loza dorada y azul*, Almeria, 1989. Isabel Flores; M. Mar Muñoz; M. Domínguez, "La cerámica nazarí (Almería, Granada y Málaga) siglos xiii-xv", *Spanish Medieval Ceramics in Spain and the British Isles*, Oxford, 1995, p. 243-277.

Isabel Flores; M. del Mar Muñoz; P. Marinetto; "Aproximación al estudio de la cerámica tardo-nazarí (Almería y Granada)", *XV Jornades d'Estudis Històrics Locals*, Palma de Mallorca, 1997, p. 15-51. Isabel Flores; M. del Mar Muñoz; J. Lirola, "Las producciones de un alfar islámico en Almería", *Arqueologia y territorio medieval*, 6, Jaén, 1999, 207-240. Isabel Flores, M. del Mar Muñoz, "La cerámica islámica de Almería", *La Alcazaba. Fragmentos para una historia de Almeria*, Almeria, 2005, p. 201-218.

159. DD. AA, *Fours de potiers et "testares" médiévaux en Méditerranée Occidentale. Methodes et resultats*, Madrid, 2001.

de Jaén,[160] Cadis,[161] i Granada[162] han aportat nova llum no tan sols a la ceràmica nasserina sinó també a les produccions més o menys anteriors o coetànies d'època tardoalmohade o mariní que complementen degudament el coneixement de la producció i la difusió dels aixovars ceràmics nasserins.

Malgrat tot, no es pot obviar que en el procés entorn a la coneixença de la producció ceràmica del regne de Granada la presència de les grans i espectaculars realitzacions terrisseres, com ara *jarrones*, plaques decorades o la profusa utilització dels alicatats o trencadís a la decoració parietal han sigut temes fonamentals. Temes que quasi sempre han prevalgut, molt per sobre d'altres aspectes de menor entitat estètica en perjudici de la seva vàlua com a document històric. Dit estudi ultrapassa els límits d'aquesta succinta introducció al problema, malgrat tot, cal destacar que per la seva monumentalitat i valor estètic *jarrones*, plaques decorades i alicatats foren els primers que van despertar l'atenció d'estudiosos i curiosos. S'inicià així la preocupació pel seu estudi, al segle XVI. No debades obres d'aquests tipus foren venerades com relíquies sacres en un perdut monestir de Famagusta, a l'illa de Xipre, i l'admiració que els *jarrones* conservats a l'Alhambra generaren entre viatgers del segle XVIII i els seus seguidors romàntics del vuit-cents una passió que donà origen a una copiosa bibliografia on la imatge assolí un valor peculiar a l'hora de valorar-ne la importància. Passió que derivà en l'esponerosa maurofília pròpia dels *revivals* romàntics del segle XIX.

Les *ḫābiyāt* de l'Alhambra, *leitmotiv* de l'exposició recentment celebrada al palau de Carles V d'aquell conjunt monumental, a més de la importància visual aportada per la mostra, ha suposat un punt de reflexió sobre el problema entorn a la problemàtica que enrevolta la ceràmica nasserina. Sens dubte, tal reflexió ha de ser un punt de sortida envers un definitiu plantejament científic sobre la qüestió.

160. Juan Carlos Castillo Armenteros, *Introducción arqueológica a un proceso histórico. El poblamiento emiral de la campiña de Jaén*, tesi doctoral, Universidad de Jaén, 1996.

161. Francisco Cavilla Sánchez Molero, *La cerámica almohade de la isla de Cádiz (Yazîrât Qâdis)*, Cadis, 2005.

162. Alberto García Porras, *La cerámica del poblado fortificado medieval de 'El Castillejo' (Los Guájares, Granada)*, Granada, 2001.

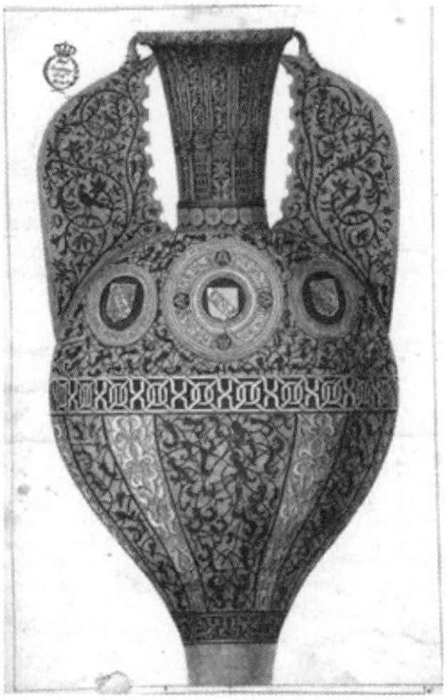

Imatge del segle XVIII del *jarrón* destruit l'any 1792.

Les quatre jâbiyât nasserines que no s'exposaren a Granada: Cartuja de Jerez (Museo Arqueológico Nacional de Madrid), Chipre (Museu Nacional d'Estocolm), Mazzara del Vallo (Sicília) (Instituto Valencia de don Juan, Madrid), Mazzara del Vallo (Sicília) (Galeria Nazionale di Palermo)

Jarrón de la Freer Collection (National Gallery of Washington)

Al-mulk en escriptura cúfica granadina

El signe profilàctic per excel·lència del món islàmic: la mà de Fàtima a una de les anses de la jâbiya de la Cartuja de Jerez (Museo Arqueológico Nacional)

VII La ceràmica andalusina a Catalunya

No cal destacar la importància del món andalusí a Catalunya. Indrets com Tortosa, Lleida i Balaguer foren centres importants on la presència de la ceràmica tingué una especial incidència que no sempre ha rebut la deguda atenció. És per això, si atenem els estudis sobre l'evolució ceràmica durant el període de contacte sociopolític de l'islam amb Catalunya, que hem de reconèixer que aquests són més aviat deficitaris.

La presentació als congressos nacionals d'arqueologia de la comunicació de Lluís Díez-Coronel i Montull de les descobertes de Balaguer, fou una notícia sorprenent que molt prest cristal·litzà en l'estudi, més complet, d'aquella descoberta excepcional.[163] Díez-Coronel havia donat a conèixer la troballa a publicacions locals que passaren desapercebudes,[164] mentre que la presentació a Jaén, on per primera vegada els congressos nacionals s'obrien a l'arqueologia medieval, fou l'origen d'ulteriors intervencions.

EXCAVACIONES ARQUEOLOGICAS EN ESPAÑA

97

HALLAZGOS ISLAMICOS EN BALAGUER Y LA ALJAFERIA DE ZARAGOZA

por

CHRISTIAN EWERT

CON CONTRIBUCIONES de DOROTHEA DUDA y GISELA KIRCHER

MINISTERIO DE EDUCACION Y CIENCIA. DIRECCION GENERAL DEL PATRIMONIO ARTISTICO Y CULTURAL. COMISARIA NACIONAL DEL PATRIMONIO ARTISTICO Y CULTURAL

La publicació de Christian Ewert

Posteriorment, Dorothea Duda, com a complement de l'estudi de Christian Ewert sobre les guixeries del Palau Formós de Balaguer, analitzà les ceràmiques que s'hi van trobar, mentre que Gisela Kircher prestava atenció a les restes epigràfiques, d'una singular importància, per la seva acurada confecció, una escriptura cúfica de gran bellesa, complementada amb una decoració vegetal de molta categoria.[165]

Poques coses es podien extraure dels fragments estudiats per Duda. Les semblances amb peces d'al-Zahrâ' amb la característica decoració en verd i manganès tan sols permetien apuntar a una cronologia aproximada (segles x–xi). Recordà Dorothea Duda sobre la presència d'aquests fragments a Balaguer que es el lugar de hallazgo más septentrional que hasta ahora se conoce de

163. Luis Díez-Coronel y Montull, "Fortificaciones árabes en Balaguer (Lérida), con un palacio del siglo xi", a xii Congreso Nacional de Arqueología. Jaén, 1971, Saragossa, 1973, p. 829-832.

164. Luis Díez-Coronel y Montull, "La alcazaba de Balaguer y su palacio árabe del siglo xi", *Ilerda*, XXIX, 1969.

165. Christian Ewert; Dorothea Duda; Gisela Kircher, *Hallazgos islámicos en Balaguer i la Aljafería de Zaragoza*, Madrid, 1979.

Les ceràmiques de Balaguer (segons Duda)

esta cerámica, lo que no quiere decir que no haya podido fabricarse también allí."[166] És, tal vegada, una de les primeres sospites sobre la possibilitat de les produccions perifèriques.

Fou Josep Giralt qui donà forma a les troballes del Palau Formós durant el primer Congrés Nacional d'Arqueologia Medieval celebrat a Osca l'any 1985, presentant un assaig de tipologia en què establia clarament un marc formal compost per catorze tipus diferents a més de dues peces que deixà sense classificar en no comptar amb paral·lels suficients per definir-ne la forma i funció.[167] No intentà determinar si es tractava de peces de fabricació local o si el conjunt procedia d'intrusions externes. No s'ha d'oblidar que en aquell moment la hipòtesi de Manuel Ocaña Jiménez[168] prevalia per damunt totes les coses i la idea d'una activitat centrada en els obradors de Còrdova o d'al-Zahrâ' es mantenia amb força. L'experiència d'Ocaña en la matèria no admetia discussió després del seu molt llarg contacte amb els materials d'al-Zahrâ' de la mà de l'arquitecte Félix Hernández Jiménez, conservador d'aquell siti monumental. En efecte, els fragments en verd i manganès estudiats per Duda no permetien puntualitzar gaire cosa més que corresponien a terrisses datables entre els segles x i xi.

En aquell mateix congrés Giralt oferia noves perpectives d'investigació referides a Lleida que ja havien proporcionat els jaciments de Sant Joan i Sant Martí, a la mateixa Lleida,[169] i el de Solibernat a Torres de Segre.[170]

A la breu nota sobre les excavacions a la vora de l'església de Sant Martí, acompanyada de perfils de les peces més importants, el panorama tipològic assolia més

166. Dorothea Duda, "Cerámica", Christian Ewert; Dorothea Duda; Gisela Kircher, *Hallazgos islámicos en Balaguer i la Aljafería de Zaragoza*, Madrid, 1979, p. 290.

167. Josep Giralt Balagueró, "Ensayo para una tipología de la cerámica andalusí del distrito de Lérida", *Actas del I Congreso de Arqueología Medieval Española. Huesca 1985 (I CAME)*, Saragossa, 1986, IV, p. 301-305.

168. Manuel Ocaña Jiménez, *El cúfico hispano y su evolución*, Madrid, 1970, p. 35.

169. Josep Gallart; Josep Giralt; Josep M. Miró, "Excavaciones en el lado Norte de la iglesia de Sant Martí (Lleida). Época andalusí y medieval", *I CAME*, IV, p. 313-330.

170. Jordi Rovira i Port; Joan R. Gonzàlez; José I. Rodríguez, "Els materials musulmans de l'establiment islàmic del Tossal de Solibernat (Torres de Segre, Segrià)", *Empúries*, 45-46, Barcelona, 1983-1984, p. 234-245.

Ceràmiques comunes de Solibernat (segons Rovira *et alii*)

Els materials del Portal de Magdalena (Lleida)

interès que la simple descripció literària dels tipus identificats al treball anterior. La data d'integració de la ciutat al món cristià (1149) marcava un límit precís al jaciment que, a més, com destaquen els autors del segon treball, presentava indicis directes que definien el lloc com un taller de terrisser: restes rebutjades per problemes de cuita i materials característics de l'utillatge terrisser com ara els ferreguets o cavallets de terrisser i les barres d'enfornar. Es tractava de terrissa comuna acompanyada de safes vidriades en melat, sense decoració o gerricons amb decoració, pintada a més d'una greixonera en verd identificada com a safa malgrat que la conservació de les dues anses l'acostava més a un estri de cuina. Sens dubte, ens trobàvem davant l'existència d'una producció local, modesta si es vol, sense cap referència a la producció de materials de vaixella decorada.

Un panorama divers el podem observar entre els materials procedents de Solibernat, on l'aixovar recuperat: contenidors, safes de servei, olles, vasos per a beure, llànties de bec i dipòsit obert i tapadores il·lustra un aixovar domèstic prou interessant on no falten fragments de ceràmica decorada de verdugades o corda seca parcial que ha de correspondre als moments finals de l'ocupació islàmica del territori.

Entre les troballes més importants, la investigació al Portal de Magdalena de Lleida és la que ha proporcionat una més àmplia xarxa documental i tal vegada dins l'actual panorama decebedor de l'arqueologia urbana fou l'experiència més positiva i coherent. L'estudi dels materials andalusins féu possible l'elaboració de la memòria de llicenciatura d'Ana Loriente Pérez, que poc després cristal·litzà en una monografia on l'estudi de la terrissa ocupa un paper essencial.[171] En prologar dita monografia vaig apuntar uns suggeriments que consider que cal exhumar de bell nou, perquè si el panorama era decebedor l'any 1990, avui, tres lustres després, caldria considerar-lo més aviat caòtic, puix ni els materials són atesos com cal ni els resultats de la investigació es publiquen.

Deia així:

> L'excavació de l'Antic Portal de Magdalena tenia una vàlua especial, puix dins de les actuals directrius en què es desenvolupa l'arqueologia urbana (directrius que hem d'acceptar ens agradin o ens desagradin), era la primera vegada en què assolíem una documentació molt especial: ens trobàvem davant un espai suficientment ample quan estàvem acostumats a investigar dins un petit redol que tan sols ens oferia part d'una casa, un fragment de carrer o un pou negre reblit de material arqueològic. El poder dur la nostra tasca a una ampla zona d'una ciutat dormida en el temps, ensorrada per una estratigrafia urbana rica i potent, el trobar-nos davant un sector prou extens, que ens mostrava cases, illetes senceres, carrers i xarxes extenses de clavagueram era quelcom d'espectacular. Era una sobtada sorpresa a la qual el destí de l'arqueòleg no ens tenia acostumats.
>
> [... ... ...]
>
> La documentació aportada per l'excavació del Portal de Magdalena és quelcom nou que ens permet veure un sector urbà, amb materials abundants i amb possibilitats d'obtenir un especial profit pel que fa a l'estudi de les cases andalusines lleidatanes i els seus atuells domèstics...[172]

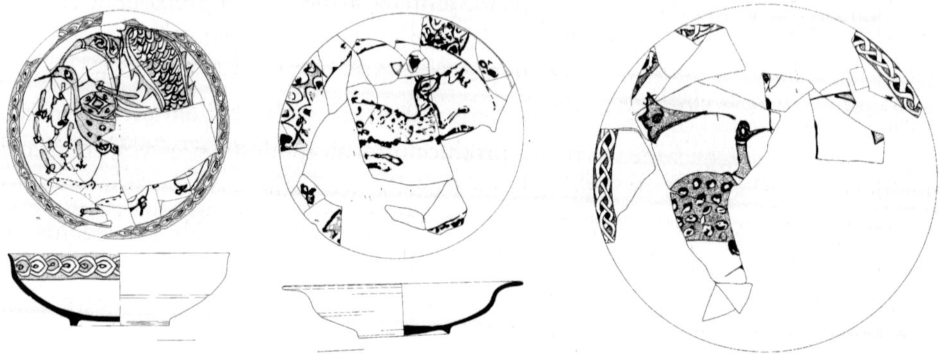

Decoració zoomòrfica a les safes de Magdalena, decorades en verd i morat

171. Ana Loriente Pérez, *L'horitzó andalusí de l'antic Portal de Magdalena*, Lleida, 1990.

172. Guillem Rosselló Bordoy, "Presentació", Ana Loriente Pérez: *L'horitzó andalusí de l'antic Portal de Magdalena*, p. 9-10.

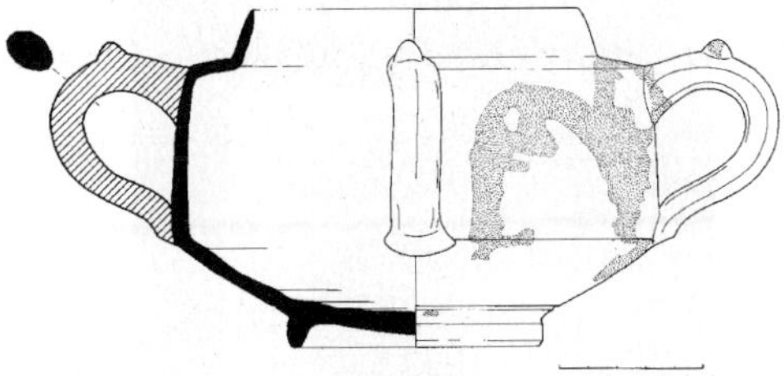

El vas de quatre anses de Magdalena i el paral·lel trobat a la ciutat romana de Pollentia (Mallorca)

Safa dels ocells de Magdalena

Atuells vidrats de Lleida

En efecte, han passat quinze anys des d'aquestes paraules i la monografia en qüestió encara és un referent imprescindible per intentar endinsar-nos dins la problemàtica de la ceràmica andalusina feta a Catalunya i aprofitada pels seus habitants. Deixant de banda la riquesa formal de l'aixovar, cal destacar la variada i complexa temàtica decorativa de la vaixella de servei de taula decorada en verd i morat. És una mostra de la més plena riquesa de les produccions perifèriques que ara, als inicis d'un tercer mil·lenni, sabem que existiren i que produïren amb unes característiques peculiars. És, tal volta, una de les confirmacions més plenes que aquella afecció a la moda d'al-Zahrâ' també tingué a la Marca Superior una esponerosa activitat que de vegades em fa pensar si els tagarins lleidatans, expulsats de la seva terra i exiliats a la meva Mallorca, no deixaren quelcom del seu art a produccions mallorquines coetànies a la seva arribada a l'illa de Mallorca. La sopera en blanc i verd publicada per Loriente presenta unes característiques formals semblants a les del vas de quatre anses trobat als nivells superiors de la ciutat romana de Pollentia (Mallorca), no puc resistir la tentació de comparar-les.

Els materials del portal de Magdalena, dintre de la sèrie de productes perifèrics que es fan pertot arreu d'al-Andalús, mantenen una certa semblança, no tan sols formal, sinó decorativa amb els productes califals que donaren origen a les realitzacions dutes a bon termini als diferents regnes de taifes. Trobam safes sense

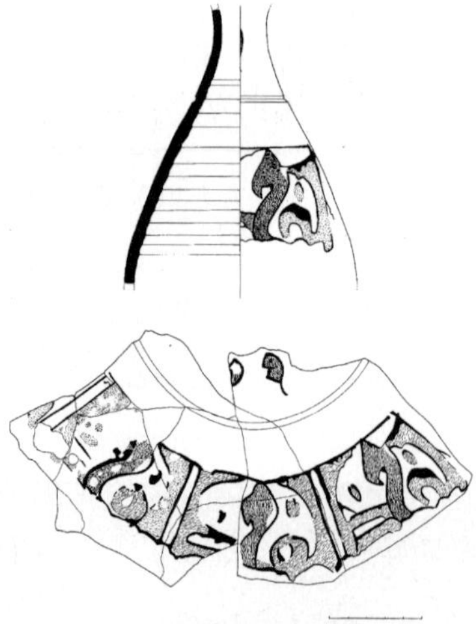

Gerricó a la corda seca amb tema epigràfic: *al-mulk* = el poder

El catàleg de l'exposició de 1998

repeu, tan característiques d'al-Zahrâ, encara que predominen aquelles amb repeu baix i de gran diàmetre, pròpies de les ceràmiques lleugerament posteriors.

En el camp de la decoració la presència d'elements zoomòrfics és forta i els lemes epigràfics bàsicament es redueixen a *al-mulk* com si fos una clara reminiscència dels *al-mulk* califals. No falten els cordons de la felicitat, els temes vegetals i les bandes radials on el nombre de quatre deixa de ser l'habitual.

L'abundància de formes obertes, safes de mesures diverses, ve acompanyada amb gerretes per beure (la šurayba, šurba o mišrab) a la corda seca o bé ocupant el vidriat tot l'espai susceptible de ser decorat. Gerros i gerretes completen la tipologia.

La seqüència arqueològica a Tortosa no es pot destriar amb facilitat per manca quasi absoluta de referències bibliogràfiques. Tal volta les informacions més aclaridores es puguin trobar a les dades recollides per Pablo Yzquierdo i Pino a les fitxes de les ceràmiques exposades a la magna exposició *L'Islam i Catalunya* celebrada a Barcelona l'any 1998. Exposició important que no va prestar gaire atenció a la problemàtica de la producció terrissera dels catalans musulmans entre els segles x i xii. Ara bé, es presentaren els exemplars més emblemàtics de Balaguer i Lleida i una sèrie de peces vistoses, pràcticament completes, provinents de Tortosa, del castell de la Suda i del nucli urbà, i es trobà a faltar la presència d'un estudi monogràfic sobre les troballes, ja importants en aquella època.

Yzquierdo comenta el següent:

La gran majoria de restes materials que tenim de la Tortosa islàmica són fruit de diverses intervencions arqueològiques d'urgència realitzades a partir dels anys vuitanta al nucli urbà de Tortosa. Aquestes intervencions documenten una densitat important de troballes d'època islàmica en sectors del nucli antic. Indrets com la plaça de la mare de Déu de la Cinta, la plaça de Sant Jaume i la plaça d'Alfons XII han donat bona prova de l'extensió i de la importància dels nivells islàmics. Als barris extramurs, al nord i al sud, més enllà de la vall del Rastre, cap al coll de Sant Joan, i a la plaça de la Mare de Déu de la Cinta, les restes arqueològiques —estris de terrissaire— han deixat constància de la presència de produccions locals. Cada cop sembla més clar que la majoria de centres urbans poblats durant el període islàmic produïen ceràmica. Ho demostren les troballes d'estris de terrissaire en quasi totes les excavacions arqueològiques realitzades a tota la península. Aquestes troballes sembla que confirmen que cada ciutat tenia centres productors locals de qualitat, més o menys d'acord amb la importància de cada nucli i que cada regió desenvolupava un estil diferenciat característic.[173]

Gerreta decorada a la corda seca parcial

Vas de quatre anses decorat amb verd i morat

Catúfol de sínia trobat al castell d'Amposta

Els materials de Tortosa recollits a l'esmentat catàleg ens mostren una minsa mostra de les peces trobades en aquell indret. Malauradament, poques referències científiques sobre les circumstàncies de la troballa i els aixovars complementaris existents juntament amb aquestes dues peces decorades que han de correspondre a una producció datable en ple segle x, moment en el qual Tortosa ocupava un lloc preeminent dins l'organització sociopolítica del califat de Còrdova, fonamental per a l'avituallament dels estols que utilitzaven la seva drassana com a indret de refugi.

173. Pablo Yzquierdo y Pino, "55. Gerreta", *L'Islam i Catalunya. Catàleg*, Barcelona, 1998, p. 70.

En espera de la publicació dels resultats finals de l'excavació de Solibernat, cal referir-se als avenços que Jordi Rovira i Àngels Casanovas han publicat sobre diferents aspectes que sobrepassen l'interès purament ceràmic. En gran part aquestes informacions permeten suggerir que la memòria final de la intervenció en aquell indret suposarà una aportació cabdal sobre la vida d'una guarnició fronterera que es mantingué activa entre 1075 i 1149.[174] D'igual manera la represa de les investigacions al Pla d'Almatà de Balaguer auguren perspectives importants. Per concloure amb aquestes reflexions sobre la coneixença de la ceràmica andalusina a Catalunya és ineludible, aquí, retreure la persona i la feina realitzada per Lluís Maria Llubià i Munné (Barcelona, *1906-†1973). La prematura mort de l'investigador ens privà de l'anàlisi que hagués pogut fer de la producció terrissera d'al-Andalus català. Les descobertes o bé foren molt posteriors al seu traspàs (Lleida i Solibernat, en especial) o bé el seu precari estat de salut (Balaguer) impedí que els seus sabers ens deixassin testimoni de la seva opinió, assenyada i sintètica, que caracteritza els seus treballs d'investigació. No cal recordar, una vegada més, que la primera síntesi aclaridora sobre el tema fou el capítol que dedicà a la ceràmica andalusina en el seu llibre sobre la ceràmica medieval.[175] Estudi compost a partir dels materials coneguts fins aquell moment. Per a molts de nosaltres que no arribàrem a mantenir contacte personal amb l'autor, fou, sempre, un referent i, per fortuna, el punt de sortida de les nostres investigacions.

Manuel González Martí, Agustí Duran i Sampere, Andreu Batllori i Munné, Lluís Maria Llubià i Munné, reunits a Barcelona en data imprecisa (Cortesia del Museu de Ceràmica de Barcelona)

174. Jordi Rovira i Port et alii: "Solibernat (Lleida) Un asentamiento rural islámico con finalidades militares de la primera mitad del siglo XII". Archéologie islamique, 7, París, 1997, 93-110. Jordi Rovira i Port; Àngels Casanovas i Romeu: "Armas y equipos en la Marca Superior de al-Andalus. El reducto rural islámico de Solibernat (Lleida y su panpplia militar en la primera mitad del siglo XII". Gladius, XXVI, Madrid, 2006, p. 93-110..

175. Luis M. Llubià, *Cerámica medieval española,* Barcelona, 1967, p. 33-110.

Evolución del poblamiento musulmán al norte del Ebro (siglos VIII-XI)

Philippe Sénac

Las investigaciones histórico-arqueológicas que se han desarrollado desde 1985 en la Marca Superior de al-Andalus han revelado la existencia de varios centenares de yacimientos rurales de época islámica como husûn, hábitats fortificados, torres, almunias y abrigos subterráneos cerca de Fraga y de Lleida.[1] El material cerámico descubierto ha sido muy abundante pero se refiere exclusivamente a unas piezas de los siglos x y xi.[2] Dicho de otra forma, toda huella de los siglos viii y ix está ausente, así como en los yacimientos de esta época mencionados en la documentación escrita como al-Qasr (Alquézar). Como si fuera un eslabón perdido, este vacío arqueológico constituye un problema esencial puesto que prohíbe apreciar el ritmo y las circunstancias de la islamización. De tal forma, se podría deducir que no ha sido antes de mediados del siglo x que se produjo la islamización como lo sugiere la curva realizada por Richard Bulliet en su libro *Conversion to Islam in the Medieval Period.*[3] Esta es la hipótesis que yo quisiera verificar estudiando las distintas fases del poblamiento musulmán al norte del Ebro y cruzando las fuentes escritas y los datos arqueológicos. Para esto, abordaré tres puntos sucesivos: primero la conquista y los principios de la islamización, segundo, la mutación del siglo x y, por fin, el desarrollo de las almunias en el siglo xi.

1. Ph. Sénac, *La Frontière et les hommes (viiie-xiie siècle). Le peuplement musulman au nord de l'Ebre et les débuts de la reconquête aragonaise,* París, 2000.
2. C. Escó, J. Giralt et Ph. Sénac, *Arqueología islámica en la Marca Superior de al-Andalus*, Zaragoza, 1988.
3. R. W. Bulliet, *Conversion to Islam in the Medieval Period: an Essay in Quantitative History*, Cambridge-Londres, 1979, p. 124.

1. La conquista y los inicios de la islamización

La conquista arabo-musulmana

La fecha en la que los musulmanes se apoderaron de estas regiones queda muy confusa. La crónica árabe llamada *Akhbâr Madjmû'a* relata que la conquista de Zaragoza en la primavera del año 714 se extendió a otras ciudades pero sin precisar cuáles y al-Maqqarî se limita a afirmar que el ejército de Mûsâ ibn Nusayr y de Târiq ibn Ziyâd conquistó Zaragoza y unas fortalezas vecinas. Parece que mientras Târiq se orientó hacia Galicia, Mûsâ ibn Nusayr siguió la vía romana que conducía a Pamplona y fue durante esta expedición que recibió la sumisión del famoso conde Casius, del que Ibn Hazm relata que viajó a Siria para convertirse al islam bajo el reinado del califa al-Walîd, es decir, antes del año 715.

El testimonio más detallado sobre la conquista de estas regiones es el del cronista del siglo XI Ahmad al-Udhrî, según el cual los árabes sitiaron Huesca durante siete años hasta que los habitantes se rindieron. Los que se convirtieron conservaron sus bienes mientras que los cristianos tuvieron que pagar la capitación o *djizya.*

> Cuando los musulmanes entraron en al-Andalus y avanzaron por la Marca Superior, parte de los árabes se detuvo en Huesca, y acamparon frente a sus muros. Desde allí pasaron a un lugar que hoy se conoce con el nombre de al-Askar, que lleva ese nombre por haberse asentado en él. Pusieron cerco a Huesca, cuyos habitantes eran cristianos, y edificaron viviendas en torno a la ciudad, plantaron huertas y sembraron para asegurarse la subsistencia, y persistieron en su actitud durante siete años, mientras los habitantes de Huesca permanecían sitiados en la alcazaba vieja. Cuando la situación de éstos se hizo insostenible, bajaron al encuentro de los árabes, pidiendo el amán para ellos, sus hijos y sus bienes. Los que se convirtieron al Islam siguieron siendo dueños de sus personas, sus bienes y sus privilegios, pero los que continuaron en la fe cristiana hubieron de pagar el impuesto de capitación.[4]

Este texto está confirmado por al-Himyarî y por Ibn al-Abbâr, según los cuales los habitantes de Huesca se sometieron mediante un pacto.[5] Sin embargo, la resistencia de Huesca durante siete años parece inadmisible, aunque la ciudad tenía una fortaleza antigua (*al-qasaba al-qadîma*) y una muralla. Esta cifra puede ser simbólica y no es nada raro encontrarla en otros documentos relativos a esta época: por ejemplo, la Crónica de Albelda menciona que un acuerdo entre godos y sarracenos se produjo al cabo de siete años de guerra y una pequeña crónica catalana titulada *Laterculus regum wisigothorum* cita el reino de siete años de un cierto *Ardo* en la Tarraconense y la Septimania después de la desaparición del soberano Akhila.[6]

---

4. Al-Udhrî, *Kitâb Tarsî al-Akhbâr,* texto árabe publicado por A. al-A. al-Ahwânî con el título *Fragmentos geográfico-históricos de al-Masâlik ilâ djamî al-Mamâlik*, Madrid, 1965, p. 56-57.
5. Ph. Sénac, *La frontière et les hommes...*, p. 87.
6. L. A. García Moreno, *El fin del reino visigodo de Toledo,* Madrid, 1975, p. 209.

LA ACTITUD DE LAS POBLACIONES LOCALES

Las condiciones en las cuales estas regiones fueron sometidas son objeto de contradicción. La Crónica mozárabe relata que el miedo condujo varias ciudades situadas *ultra Caesaraugusta* a pedir la paz. Según esta fuente los habitantes hubieran huido hacia los montes, donde murieron de hambre y otros padecimientos.[7] La excavación de la cueva Foradada, en el Sobrarbe, confirma estos datos, puesto que parece que la cueva sirvió de refugio a un grupo de hombres y de mujeres que perecieron de forma violenta al principio del siglo viii, como lo indica la presencia de una moneda del rey Witiza acuñada en Girona en el año 710.[8]

Por su parte, los autores árabes señalan dos actitudes distintas dentro de las poblaciones locales. En ciertos casos, como en Huesca o en el valle del río Cinca, las fuentes subrayan la fuerte resistencia opuesta a los musulmanes. En otros casos, la resistencia fue menor y varios autores evocan la existencia de pactos como en Ejea. En el caso de las fortalezas situadas al norte de Lleida, Ahmad al-Râzî escribe que los habitantes de estos castillos concluyeron un pacto con los musulmanes y que cohabitaron en estas fortalezas sin ningún problema. En todo caso, conviene suponer que el control definitivo de estas regiones no se produjo antes del tiempo de los emires Abd al-Azîz y Ayyûb o, más bien, bajo el gobierno de al-Hurr (716-719), después que este sometió a Pamplona en el año 718.

LA PERSISTENCIA DE ELEMENTOS CRISTIANOS

El último punto de interés del relato de al-Udhrî se refiere a la persistencia de unas poblaciones cristianas después de la conquista. Esta presencia está atestiguada por numerosos indicios, como las actas del monasterio de San Urbez donde se menciona, al final del siglo viii y a principios del siglo ix, dos obispos de Huesca llamados Nitidius y Frontinianus.[9] Un barrio extramuros de Huesca que llevaba al final del siglo xi el nombre de Harat al-Qumis evoca la residencia de un *comes* que era el responsable de una comunidad cristiana que residía cerca de la iglesia de San Pedro el Viejo donde se menciona un cementerio y un baptisterio[10].

7. J. E. López-Pereira, *Cronica mozárabe de 754*, Zaragoza, 1980, p. 70-72 : *Sicque non solum ulteriorem Spaniam, sed etiam et citeriorem usque ultra Cesaragustam antiquissimam ac florentissimam civitatem dudum iudicio Dei patenter apertam gladio fame et captivitate depopulat, civitates decoras igne concremando precipitat, seniores et potentes seculi cruci adiudicat, iubenes atque lactantes pugionibus trucidat. Sicque dum tali terrore cunctos stimulat, pacem nonnulle civitates que residue erant iam coacte proclamitant adque suadendo et inridendo astu quoddam nec mora petita condonant. Sed ubi inpetrata territi metu recalcitrant, ad montana temti iterum effugientes fame et diversa morte periclitant.*

8. I. Barandarian, "Restos visigodos en la Cueva Foradada (Sarsa de Surta, Huesca)", *Estudios de Edad Media de la Corona de Aragón*, vol. IX, Zaragoza, 1973, p. 9-48; C. Escó, M. J. Calvo, "Cueva de la carrasca (Almazorre-Barcabo, Huesca)", *Arqueologia Aragonesa*, 1984, Zaragoza, 1986, p. 105-107.

9. A. Durán, *Los condados de Aragón y Sobrarbe*, Zaragoza, 1988, p. 127-128.

10. F. Balaguer, "Notas documentales sobre los mozárabes oscenses", *Estudios de Edad Media de la Corona de Aragón*, vol. II, 1946, p. 397-416.

Esta presencia cristiana perduró a lo largo de los siglos IX y X, como lo indica el martirio de dos jóvenes cristianas de la región de Alquézar, Nunilo y Alodia, decapitadas en 851 por orden del wâlî de Huesca. La mención de un intérprete durante el juicio muestra que la arabización no era completa.[11] Naturalmente, se podría dudar de la objectividad de esta fuente pero las fuentes árabes confirman la presencia de mozárabes: así, en el tomo V del *Muqtabas*, del año 940, Ibn Hayyân explica que la madre cristiana de Mûsâ ibn Muhammad se fue de Huesca con sus coreligionarios hacia Pamplona donde se casó con el rey García Sánchez I.[12] Unos años más tarde, en 975, Ibn Hayyân menciona también unos cristianos de la Litera, en Castillonroy, que se negaban a pagar la djizya y que se aliaron con un conde cristiano (sin duda, el conde de Pallars).[13] Finalmente, unos establecimientos mozárabes están atestiguados en Ribagorza, en 987, en Aguinaliu y Juseu, durante un conflicto resuelto por el presbíter Fortún, juez de los cristianos de Lleida.[14]

* * * *

Este resumen de los acontecimientos justifica tres primeras observaciones.

En primer lugar, hay que subrayar que las fuentes que se refieren a los primeros tiempos no mencionan ningún hábitat rural, lo que conduce a suponer que los musulmanes se implantaron primero en las ciudades y en unas fortalezas visigóticas a partir de las cuales empezó la islamización. A excepción de las madinas-*mudun*, los únicos establecimientos citados en las fuentes árabes son las cuevas (al-gar, 802) o bien los husûn que llevan un nombre derivado del latín *castrum*, como hisn al-qasr/Alquézar, lo que conforta la hipótesis de una ocupación de los sitios anteriores a la conquista, sin que tengamos noticia de la fundación de nuevos hábitats, a excepción de unos campamentos como *al-askar*.

Por otra parte, hay que subrayar que la mayor parte de las poblaciones musulmanas era constituida por los muwallads, como los Banû Shabrît, los Banû Amrûs o los Banû Qasî. En el siglo XI, según al-Udhrî y al-Himyarî, no quedaba ningún descendiente de los árabes establecidos cuando la conquista. En cambio, hacia el este, diversos establecimientos árabes muy tempranos están atestiguados, como en Fraga, que era poblado por yémenies según el Dhikr Bilâd al-Andalus, o en Massalcoreig,

11. A. Durán, "Autenticidad de la pasión de santas Nunilo y Alodia", *Aragonia Sacra*, t. 2, 1987, p. 35-43.
12. Ibn Hayyân, *al-Muqtabas, V*, texto árabe editado por P. Chalmeta, F. Corriente y M. Subh, Madrid-Rabat, 1979, p. 468.
13. E. García Gómez, *Annales palatinos del califa de Córdoba al-Hakam II, por Isa ibn Ahmad al-Râzî*, Madrid, 1967, p. 264-266.
14. F. Galtier Martí, *Ribagorza, condado independiente*, Zaragoza, 1981, p. 59-60.

transcripción del árabe manzil quraysh. Los bereberes no parecen haber sido más numerosos. Ahmad al-Râzî es el único autor que habla de un *hisn* Zanâta en el amal de Huesca y la hipótesis según la cual los topónimos en barba indicarían la presencia de bereberes debe ser rechazada puesto que nombres parecidos aparecen antes de la conquista musulmana, como la Terra Barbotana citada en 551.[15]

Hay que subrayar por fin que, a diferencia de la zona de Toledo o de Mérida donde, según Pierre Guichard, la arabización y la islamización fueron muy rápidas, una parte notable de la población continuó siendo cristiana hasta la mitad del siglo XI. Así, en 1043, dos cristianos de los alrededores de Huesca venían a refugiarse en el monasterio de San Juan de la Peña y la donación que hicieron al abad menciona otros cristianos como Abiminna de Bolea, Ferrecint de Anzano y el abad Noric de Arbanes.[16] Por otra parte, un documento de 1058 hace alusión a la conquista de Puibolea con la ayuda de varios cristianos del lugar.[17]

2. La mutación del siglo X

Esta primera fase de la islamización, fundada sobre el control de las ciudades y de los castra indígenos, se alargó hasta el final del siglo IX, o más bien hasta el principio del siglo X, momento en el que se produjeron varias transformaciones.

El desarrollo urbano

Estos cambios afectaron primero a las ciudades, como lo indican, en 875, la construcción de la muralla de Huesca por el gobernador Amrûs ibn Muhammad en el nombre del emir Muhammad I y su modificación por Muhammad ibn al-Tâwil, en 903 o 910, con el botín de unas expediciones en tierras catalanas. Barbastro, que era citado como *hisn*, aparece por primera vez como *madîna* en 886 y el cronista al-Udhrî precisa que en 918, el gobernador Amrûs ibn Muhammad construyó muros de piedra y torres en esta ciudad en 918.[18]

Los nuevos husûn

A partir de este momento, como en Andalucía (M. Acién) y en el Gharb al-Andalus (Ch. Picard), los textos árabes señalan también unos *husûn* hasta ahora desconocidos, como si se tratara de una nueva generación de fortalezas que llevan nombres anteriores a la conquista como Baytarah Shildj, del latín *Petra silice*. En el entorno de Huesca figuran Qasr Yulûyu en 878, Lubâba en 922, Sen et Men

15. A. Duran, *Colección Diplomática de la Catedral de Huesca*, Zaragoza, 1965, vol. 1, doc. n° 1 (551).
16. A. Ubieto, *Cartulario de San Juan de la Peña*, Zaragoza, 1962, vol. 1, doc. n° 82 (1043).
17. A. Ubieto, *Cartulario de San Juan de la Peña*, Zaragoza, 1962, vol. 1, doc. n° 145 (1058).
18. Ph. Sénac, "Notes sur le peuplement musulman dans la région de Barbitaniya", *Studia Islamica*, t. 73, París, 1991, p. 49-76.

en 933, Qasamtiyûn en 935 y Labîba en 941. Más al este, aparece Munt Shûn (Monzón) en 872, puesto en estado de defensa en el mismo año que Balaguer, es decir en 897. Las fuentes señalan aún Calasanz y Montmegastre en 922, y San Llorenç en 928.

Se puede objectar que la primera mención de un yacimiento no es sinónimo de la fecha de su aparición, pero es muy significativo que todas estas menciones aparezcan en un lapso de tiempo reducido, desde el reinado de Muhammad I (852-886) hasta los principios del califato de Abd al-Rahmân III (929-961). Podría tratarse también de un efecto de la documentación, pero el argumento debe ser rechazado si tenemos en cuenta que la Marca Superior de al-Andalus está muy bien aclarada gracias al *Muqtabas* de Ibn Hayyân y al *Tarsî' al-Akhbâr* de al-Udhrî, dos manuscritos redactados a partir de unos anales de la Marca, desgraciadamente perdidos.

La aparición de nuevos hábitats

Las excavaciones realizadas en el valle del rio Flumen, al sur de Huesca, revelan que los inicios del califato fueron marcados por la aparición de nuevos establecimientos rurales. De hecho, las prospecciones han permitido descubrir una media docena de yacimientos ocupados a partir de mediados del siglo x y todos han sido objeto de sondeos o excavaciones programadas.

El primero es el hisn Gabarda, un cerro testigo de unos ochenta metros de longitud. En su parte alta, este granero refugio no presenta más que una cisterna y varios silos excavados en la roca, y dominaba en unos veinte metros un conjunto de casas orientadas hacia el sur que se apoyaban sobre las ruinas de un gran hábitat ibero-romano.

Más al este aparece Alberuela de Tubo, que se presenta bajo la forma de un extenso cerro testigo triangular cerrado por una muralla y varias torres edificadas con un gran aparejo. No estaba asociado a ningún tipo de hábitat y se trataba sin ninguna duda de una construcción con vocación defensiva.[19]

Entre Gabarda y Alberuela de Tubo, a mitad de camino, se ubica La Iglesieta, designada en 1103 bajo el nombre de torre de al-Qâ'id al-Malik. Este establecimiento presenta una torre maciza y una muralla edificada con grandes sillares almohadillados. Dominaba un hábitat agrupado que se ubicaba a unos quince metros más abajo.[20]

19. Ph. Sénac, *La Frontière et les hommes*..., p. 244-246.

20. Ph. Sénac, "Une fortification musulmane au nord de l'Ebre, le site de La Iglesieta", *Archéologie Islamique*, n. 1, 1990, p. 123-145.

Un poco más al norte se ubica Marcén, un lugar en el que se desarrolla desde hace unos diez años una serie de excavaciones. Este yacimiento es mencionado por primera vez en un documento de 1102 donde se habla de un antiguo propietario musulmán conocido bajo el nombre de Khâlid ibn Sâhib al-Salâ. Se trata de una mesa de arenisca de unos 120 m de longitud donde dos espacios distintos han sido distinguidos: primero, al este, una mezquita con su patio, de la que quedan muchas esculturas, y por otra parte, al oeste, un conjunto de casas pluricelularias repartidas en barrios separados por calles y callejones.[21] Hay que señalar por fin la existencia de tres pequeños hábitats contemporáneos que eran dominados por un pequeño cerro testigo defensivo en Fraella, Los Turrullones y Usón.

Las dataciones al C14, los fragmentos de monedas de la taifa hudi y el mobiliario cerámico descubierto muestran que todos estos yacimientos fueron ocupados sin ninguna interrupción desde mediados del siglo x hasta el momento de la reconquista. Las cerámicas más antiguas son unos pequeños recipientes con una asa que presentan decoraciones incisas de estrías y olas. En la segunda mitad del siglo x empiezan a aparecer unas cerámicas con decoración verde manganeso y cuerda seca parcial contemporáneas de unas grandes ollas globulares y decoraciones incisas. La etapa taifal está caracterizada por una variedad más grande de las formas y abundan en este momento los ataifores, con rayas de manganeso sobre barniz melado, ollas de pasta gris más claras, muchas jarras, jarritas, redomas y jarritos.

* * * *

En resumen, bajo distintas formas, el final del emirato y los inicios del califato constituyen al norte del Ebro un momento esencial en la evolución del poblamiento. Es bien evidente que todos los fenómenos que acabo de evocar no son necesariamente ligados pero atestiguan una islamización más importante bajo el efecto de los grandes linajes *muwallad*. En el valle del río Flumen, se puede suponer que el desarrollo de estos hábitats debe estar relacionado con la autonomía de la que se beneficiaron en 939 los Banû al-Tawîl de Huesca después de la derrota de Simancas, cuando el califa Abd al-Rahmân III partió el país en lotes (*faqasama bilâdahum baynahum hisasân*), lo que podría explicar la presencia, en zona rural, de un gran aparejo con almohadillados parecido al que observamos en la muralla de Huesca, como en Alberuela de Tubo o La Iglesieta.[22]

21. Ph. Sénac, "Un habitat rural de la taifa de Saragosse : las Sillas, Marcén", *Archéologie islamique*, n° 8-9, 1999, p. 7-27, y "Un village islamique de la vallée de l'Ebre (xe-xie siècles): Las Sillas, Marcén", *Mélanges de la Casa de Velázquez*, t. 35-1, 2005, p. 335-341.

22. C. Esco y Ph. Senac, "La muralla islámica de Huesca", *IIe Congrés d'Archéologie Médiévale Espagnole*, Madrid, 1987, t. 2, p. 589-601.

Precisar más la fecha en la que empezaron estos cambios resulta difícil, pero el descubrimiento de unas monedas musulmanas de los siglos VIII y IX asociadas a unas monedas carolingias como en Castillón, cerca de Huesca, conduce a suponer que las nuevas formas de poblamiento, con el consiguiente abandono de las anteriores, no se introdujeron antes del final de la época emiral. De forma muy sugestiva, la serie de monedas halladas en Castillón se termina con un dirham del emir Muhammad I, acuñado en 885-886.

Definir el vínculo entre los husûn y estos nuevos hábitats es muy dificil pero, a parte de toda coincidencia cronológica, es dificil hablar de "incastellamento", puesto que no observamos ninguna reagrupación voluntaria de las poblaciones. La relación entre estos núcleos de hábitats con el hisn Gabarda fue, sin embargo, muy viva y un documento del año 1103 precisa que el qâ'id que tenía la torre de la Iglesieta (torre de al-Qâ'id al-Malik) era el nieto del dueño de Gabarda, un musulmán llamado Azube.[23] De forma muy interesante, muchos de los lugares estudiados llevan todavía la huella toponímica de este personaje como Tubo, Monte Tubo, Alberuela de Tubo.

3. Las almunias

Al final del siglo XI, si las fuentes siguen ignorando las zonas rurales, los documentos latinos contemporáneos de la reconquista registran en cambio muchas almunias. Más de doscientas han sido observadas al norte del Ebro, en particular en los alrededores de Monzón, donde más de cien están señaladas en 1089, el año de la caída de la fortaleza musulmana.

El aporte de la documentación

Estos yacimientos no han dejado ninguna huella arqueológica, pero la documentación revela que se trataba de propiedades privadas que se componían de edificios y de tierras, y que no eran aldeas campesinas o qarya/s. De hecho, a diferencia de los topónimos clánicos del Sharq al-Andalus, los nombres de estas almunias no están formados a partir del prefijo beni, transcripción de banû o banî, sino a partir de bin, transcripción de ibn (hijo de), como Avinaced y Avinefar, es decir, Binaced y Binéfar. Confirmando esto, las diecisiete menciones aparecidas en la parte oriental de la provincia de Huesca de la palabra rahal, que designa una propiedad privada, están precisamente localizadas en este sector bajo la forma rafales: dieciséis en la zona de Esplús y una en Albalate de Cinca.

23. A. Ubieto, *Colección diplomática de Pedro I de Aragón y Navarra*, Zaragoza, 1951, doc. n° 130 (1103).

Sobre todo, la asociación repetida del vocablo almunia con un nombre de persona indica que se trata de dominios privados, de origen reciente, pertenecientes a unos individuos que residían en la ciudad como ocurre con un cierto Ibem Barbicula, dueño de una almunia y de casas en Barbastro y de una torre en el exterior de la ciudad. Su nombre parcece haber subsistido en el topónimo Berbegal. Otros nombres de almunia como Adamil, Zavalmedina o Yben Alfachi, hacen suponer que los propietarios pertenecían a una pequeña aristocracia que ejercía funciones administrativas, jurídicas o religiosas. El estudio comparado de los repertorios biográficos andaluces y de los documentos latinos confirma esta situación: por ejemplo, en el último cuarto del siglo XI, el qâdî de Monzón Abd al-Azîz ibn Habnûn, conocido en latín bajo el nombre de Abin Habanon, poseía unas casas en Monzón y una almunia en los alrededores.[24]

El desarrollo de las élites urbanas

Los nombres de los propietarios de estos dominios como Ibn Zebala o Abinabderame, parecen indicar que se trata de unas fundaciones recientes que remontaban a una o dos generaciones y se puede relacionar su aparición con los cambios patrimoniales y las confiscaciones de tierras señaladas por Abû Bakr al-Turtûshî al final de la época amirí. En la zona de Valencia, Ibn Hayyân relata que la presión fiscal ejercida por los emires al-Mubârak y al-Muzaffar hacia 1010-1017 condujo los campesinos a abandonar sus pueblos. Afirmando que esta situación se generalizó en muchas marcas, relata que los notables dieron sus nombres a las explotaciones y que los vecinos volvieron a residir en ellas trabajando para los nuevos dueños.[25] Este fenómeno coincide perfectamente con la situación de la Marca Superior, donde unos ricos propietarios que residían en la ciudad monopolizaron en el siglo XI una parte importante de las tierras. Como ejemplo, se puede tomar el caso de un cierto Iben Abtalib que tenía casas en Huesca y unos bienes en Banastas, Yéqueda, Chimillas, Nueno y Sabayés. Debía tratarse de un personaje importante si consideramos que una mezquita de Huesca llevaba su nombre. El ejemplo más significativo sigue siendo el de un *Galefon sarracenus* que vendió en 1097 una parte de sus bienes a los cristianos y cuyo nombre quedó atado a sus tierras, como lo indica el topónimo Galafon, que designa todavía un extenso dominio situado al sur de Barbastro.[26]

24. Ph. Sénac, "Peuplement et habitats ruraux dans la Marche Supérieure d'al-Andalus : l'Aragon", *Villages et Villageois au Moyen Age*, París, 1992, p. 27-38 y *La frontière et les hommes…*, p. 252-256.

25. A. L. de Premare et P. Guichard, "Croissance urbaine et société rurale à Valence au début de l'époque des royaumes de taifas (XIe siècle de J. C.). Traduction et commentaire d'un texte d'Ibn Hayyân", *Revue de l'Occident musulman et de la Méditerranée*, n° 31, 1981-1, p. 15-30.

26. A. Ubieto, *Colección diplomática de Pedro I de Aragón y Navarra*, Zaragoza, 1951, doc. n° 50 (1097).

La privatización de las propiedades

Estos hechos corroboran las observaciones hechas en otras regiones como el Gharb al-Andalus donde Christophe Picard muestra que numerosos qâdî/s pertenecientes a unas ricas familias de Silves y Sevilla compraron muchas tierras durante la época califal.[27] La abundancia de las almunias al final del siglo x, perceptible también entorno a Tudela, Zaragoza y Lleida, así como la ausencia de hábitats agrupados asimilables a las qura/s alimentan la hipótesis de una privatización de las propiedades. Esta mutación tuvo importantísimas consecuencias puesto que redujo el sentimiento de pertenecer a una misma comunidad (umma) después de la *fitna* y, por lo tanto, redujo también la capacidad y la voluntad de resistir a las ofensivas cristianas. Una coincidencia extraordinaria se perfila así entorno al año mil puesto que, de una y otra parte de la frontera, se desarrollan unas élites aristocráticas. La similitud no se puede prolongar puesto que, al norte, fue con las armas que se produjo la expansión feudal mientras que al sur, la tesaurización y los mercenarios se impusieron.

Conclusión

En resumen, la evolución del poblamiento musulmán al norte del Ebro desde la conquista del siglo VIII hasta el siglo XI justifica tres conclusiones.

Primero, hay que subrayar que la repoblación modificó completamente el poblamiento islámico y que, como en el valle del río Flumen, los territorios castrales fueron desmantelados.[28] Los establecimientos musulmanes fueron abandonados por los pobladores cristianos que se instalaron en unos nuevos hábitats calificados de *castrum et villa*, situados siempre en los sectores de menor altitud, según un fenómeno generalizado. Así, en el caso de Marcén, el yacimiento musulmán fue abandonado y el hábitat cristiano del siglo XII se estableció a unos doscientos metros del antiguo pueblo musulmán, al pie de un castillo y de una pequeña iglesia dedicada a san Pedro, próxima a las tierras de cultivos.

Por otra parte, quisiera insistir sobre el hecho de que sería muy arriesgado reunir sobre un mismo mapa el conjunto de los hábitats musulmanes: de hecho, este intento presenta el riesgo de esconder la evolución del poblamiento, puesto que estos lugares no fueron ocupados al mismo tiempo y no aparecieron en la misma fecha. El planteamiento estratigráfico revela que el poblamiento ha cono-

---

27. Ch. Picard, "Quelques remarques sur la propriété du sol dans le gharb al-Andalus pendant la période musulmane", *Revue des Etudes Islamiques*, n° 60, 1992, p. 471-519.

28. Ph. Sénac, "Du hisn au castrum: le peuplement rural de la Marche Supérieure face à la reconquête aragonaise", *De Tolède à Huesca,* Huesca, 1998, p. 113-130.

cido importantes cambios que traducen una islamización por etapas, según unos círculos concéntricos.

En un primer momento, las ciudades y los *castra* indígenos sirvieron de lugar de establecimiento para los conquistadores. Entorno a los siglos IX-X, la red de los husûn se completó y nuevos yacimientos aparecieron, lo que explica la ausencia completa de material anterior a estas fechas en los lugares excavados. En un tercer momento, el desarrollo de las oligarquías urbanas afirmó el éxito de las almunias. Muy bien adaptadas a la política distribuidora del soberano cristiano que necesitaba recompensar a sus guerreros, estas propiedades fueron objeto de donaciones, pero solo unas se transformaron en pueblos, como Binéfar.

Esta estratigrafía resituada mantiene una dificultad importante en el hecho que, al final del siglo XI, se mantienen nombres de *villae* antiguas que acaban en *en*, *ena* o *eno*, como Marcén, Sariñena o Poleñino. La toponimia sigue siendo difícil de interpretar, pero no hay que destacar la posibilidad que estos yacimientos constituyen el eslabón perdido de la investigación y que continuaron siendo ocupados hasta el principio del califato por lo menos, cuando la islamización se hizo más fuerte según la curva propuesta por Richard Bulliet.[29] Esta hipótesis parece interesante pero aumenta la complejidad de la investigación puesto que, para rellenar el vacío cerámico y arqueológico del que hemos hablado en la introducción de estas líneas, no tenemos más solución que orientar el trabajo hacia los establecimientos de época visigótica...

29. Sobre esta cuestión: L. Caballero y P. Mateos (ed.), *Visigodos y Omeyas*, Madrid, 2000. El tema de la transición entre la antiguedad tardía y la alta edad media ha sido objeto de numerosas publicaciones recientes entre las cuales el libro de S. Gutiérrez, *La Cora de Tudmir de la Antigüedad tardía al mundo islámico. Poblamiento y cultura material*, Madrid-Alicante, 1996, y el artículo de M. Acien, "Poblamiento indigena en al-Andalus e indicios del primer poblamiento andalusí", *Al-Qantara*, vol. XX, fasc. 1, Madrid, 1999, p. 47-65. Según este autor, hay que poner en relación los topónimos *Alcalá*, del árabe *al-qala'a*, con los primeros tiempos de la conquista ("Poblamiento y fortificación en el sur de al-Andalus. La formación de un país de husûn", *III Congreso de Arqueología Medieval Española, Actas, I*, Oviedo, 1989, p. 135-150).

LOS ḤUṢŪN ANDALUSÍES Y SU ANÁLISIS ARQUEOLÓGICO

ANTONIO MALPICA CUELLO

INTRODUCCIÓN

Últimamente se suele criticar que la arqueología medieval que estudia el mundo andalusí se dedica demasiado a los castillos, o, mejor dicho, lo hace de forma tal que oscurece la problemática histórica que se ha de discutir.[1] Las afirmaciones pueden inducir a pensar que el análisis de los edificios defensivos es una tarea superflua. Somos conscientes de que en el fondo, sin embargo, hay una argumentación que requiere a la arqueología una dedicación eminentemente histórica. En esa afirmación habría un acuerdo expreso por parte de todos los arqueólogos, o al menos de una gran mayoría. El problema está en situar en el punto exacto la investigación que se quiere hacer. Y precisamente la primera advertencia que hay que realizar es que estudiar los castillos, los ḥuṣūn, por emplear el término árabe que ha ganado carta de naturaleza, es fundamentalmente analizar la sociedad que los generó, tarea que tiene todo de histórica, pero que parte de la realidad arqueológica en que se expresan las estructuras castrales.

Así pues, el debate hay que reconducirlo a planteamientos historiográficos que en su formulación inicial estuvieron claros, pero que ahora parecen haberse oscurecido. Tampoco hay que olvidar, según ya hemos advertido, que los castillos son testimonios arqueológicos, más reconocibles a partir de la arqueología que por las fuentes escritas. El ejemplo lo tenemos en el debate sobre el "incastellamento" que ha tenido lugar en Italia y en otros ámbitos europeos en los últimos tiempos.

En efecto, en 1973 vio la luz la importante tesis de estado de Pierre Toubert sobre el Lacio y la Sabina de finales del siglo IX a fines del siglo XII.[2] Su monumental

1. En tal línea están BARCELÓ, Miquel, "Los husun, los castra y los fantasmas que aún los habitan", en MALPICA, Antonio (ed.), *Castillos y territorios en al-Andalus. Jornadas de Arqueología Medieval (Berja, 1996)*, Granada, 1998, pp. 10-41, y MARTÍNEZ ENAMORADO, Virgilio, "Reflexiones sobre el estudio de Al-Andalus como sociedad o, de nuevo, qué arqueología para Al-Andalus", en GARCÍA SANJUÁN, Alejandro, *Saber y sociedad en Al-Andalus: IV-V Jornadas de Cultura Islámica, Almonaster la Real (Huelva)*, Huelva, 2006, pp. 193-238.

2. Toubert, Pierre, *Les estructures du Latium médiéval. Le Latium méridional et la Sabine de la fin du IXe à la fin du XIIe siècle*, Roma, 1973, 2 vols.

obra, que es de obligada lectura para cualquier arqueólogo e historiador, planteaba que en fechas más o menos próximas al año 1000 tuvo lugar un proceso de "encastillamiento", o, por emplear el término italiano que ha tomado carta de naturaleza, de "incastellamento", que supuso la reducción de la población a un espacio amurallado, el castillo. A partir de ese momento el paisaje se pobló de tales estructuras, que en sentido estricto no podían ser consideradas defensivas, como tradicionalmente se había pensado,[3] sino que eran la expresión del orden feudal que se impuso.

Planteado de esa forma, el análisis arqueológico de los "castelli" era imprescindible. Si Toubert había elaborado esa teoría y le había dado fecha de surgimiento al proceso a partir de la aparición en las fuentes escritas de tales estructuras y de las consecuencias que se derivaron de ella, era obligado constatarlo a niveles arqueológicos. Dicho de otra forma, había que confirmar que esas fortificaciones efectivamente surgieron en tal momento y tenían esa finalidad.

Los años siguientes van a ver aparecer contribuciones de mayor o menor entidad que inciden sobre tal temática. Una obra importante es la de G. Fournier, en cuyo subtítulo se incluye toda una declaración de principios.[4] Así es, el libro se titula *Le château dans la France médiévale*, y se subtitula *Essai de sociologie monumentale*. Toda una expresión de la necesidad de analizar los restos arquitectónicos desde una perspectiva que va más allá de la puramente técnica, de la técnica arqueológica.

Quizás ha tenido mayor eco la reunión celebrada en 1979 en la abadía de Flaran, publicada al año siguiente,[5] que inauguró las ya célebres Journées Internationales d'histoire. Bajo su título se quería pasar revista a la generación de castillos, y lo que representó, en el Occidente europeo. Por eso, podemos decir que en ella se percibe un punto de inflexión en el estudio de los castillos en Europa. Se incluye un artículo del ya citado G. Fournier que es un intento de síntesis sobre el tema, pero claramente unido al del poblamiento.[6] En él se plantean dos cuestiones que tienen una significación importante a la hora de estudiar los castillos y lo que significan.

La primera se refiere a la definición de la estructura castral. No se trata de una mera cuestión terminológica, "car le château médiévale est une réalité complexe qui n'a cessé d'évoluer et de se diversifier dans le temps et dans l'espace".[7]

---

3. En verdad en su momento Gina Fasoli planteó que los castillos no eran la consecuencia directa de las llamadas "segundas invasiones", sino la expresión de una nueva sociedad, la feudal (Fasoli, Gina, "Points de vue sur les incursions hongroises en Europe", *Cahiers de civilisation médiévale*, II (1959), pp. 17-26).

4. Fournier, Gabriel, *Le château dans la France médiévale. Essai de sociologie monumentale*, París, 1978.

5. Premières Journées Internationales d'histoire. Châteaux et peuplements en Europe occientale du xe au xviiie siècles, Flaran, Auch, 1980.

6. Fournier, Gabriel, "Châteaux et peuplements au Moyen Âge. Essai de synthèse", en *Premières Journées Internationales*..., pp. 131-144.

7. Fournier, Gabriel, "Châteaux et peuplements...", p. 133.

En realidad, la tarea no se ha puesto en marcha con el rigor que sería necesario, si bien incluso disponemos de glosarios sobre la arquitectura defensiva[8] y de un intento de definir los términos que aparecen en las fuentes escritas y se refieren a los castillos.[9] Queda aún por establecer esa dinámica que va más allá de lo terminológico, que, a su vez, es necesario, y que debe de situar los edificios castrales en su verdadera dimensión arqueológica e histórica. Los edificios tienen su evolución propia, de la que nos dan muestras las fuentes escritas, con frecuencia de manera ocasional y de forma discontinua, y las formas arquitectónicas y la realidad arqueológica que los ha ido modelando desde su misma construcción.

La segunda es su ubicación espacial, determinando así su papel en la organización del poblamiento y su inserción en el territorio resultante.[10] Sólo de esa manera se podrá entender histórica y arqueológicamente el castillo y los castillos.

La misma reunión de Flaran recogía en sus actas una serie de trabajos que presentaban un estado de la cuestión acerca de la problemática de las fortalezas y su relación con el poblamiento, en la línea que hemos manifestado antes y siguiendo los planteamientos que formulara P. Toubert. Fue precisamente Toubert quien trazó la evolución del tema en la Italia medieval,[11] zona con una amplia tradición en esos estudios y en la que los castillos están muy presentes en su paisaje. Sobre el Midi francés, tierra de una agitada historia feudal, Benoît Cursente publicó un artículo,[12] Michel Bur acerca de los castillos del norte y este de Francia,[13] J. Gautier-Dalché escribió de los de la Península Ibérica[14] y H. Stoob se refería al castillo y a la ciudad en Alemania a finales de la Edad Media.[15]

En estas Premières Journées Internationales presentaron A. Bazzana y P. Guichard una comunicación[16] en la que reflexionaban sobre los castillos andalusíes y

8. Mora-Figueroa, Luis de, *Glosario de arquitectura defensiva medieval*, Cádiz, 1994.

9. Dallière-Benelhadj, Valérie, "Le ìchâteauî en al-Andalus: un problème de terminologie", en Bazzana, Andrée, Guichard, Pierre y Poisson, Jean-Michel (eds.), *Habitats fortifiés et organisation de l'espace en Méditerranée medieval*, Lyon, 1983, pp. 63-67.

10. Fournier, Gabriel, "Châteaux et peuplements...", p. 134.

11. Toubert, Pierre, "Les destinées díun thème historiographique: 'castelli' et peuplement dans lÍItalie médiévale", en *Premières Journées Internationales...* pp. 11-29. Hay una versión española: "Los destinos de un tema historiográfico: castelli y poblamiento en la Italia medieval", en Toubert, Pierre, *Castillos, señores y campesinos en la Italia medieval*, Barcelona, 1990, pp. 153-176.

12. Cursente, Benoît, "'Castraî" et castelnaux dans le Midi de la France (xie-xve)", en *Premières Journées Internationales...*, pp. 31-55.

13. Bur, Michel, "Châteaux et peuplements dans le Nord et líEst de la France au Moyeen Âge", en *Premières Journées Internationales...* pp. 75-92.

14. Gautier-Dalché, Jacques, "Châteaux et peuplements dans la Péninsule Iberique (x^{e}-xiiie siècles", en *Premières Journées Internationales...*, pp. 75-92.

15. Stoob, Heinz, "Le château fort et la ville à la fin du Moyen Âge", en *Premières Journées Internationales...*, pp. 109-129.

16. Bazzana, André y Guichard, Pierre, "Châteaux et peuplement en Espagne médiévale, l'exemple de la région valencienne", en *Premières Journées Internationales...*, pp. 191-202.

que marca el inicio de una serie de trabajos en esa línea, con vistas a analizar los ḥuṣūn. Más tarde volveremos sobre el tema.

Tenemos, pues, que la obra de P. Toubert marca la senda a seguir por la investigación, no sólo de buena parte de los medievalistas franceses, que fueron los principales implicados en el debate, sino de los de otros países mediterráneos.

Es así como, más allá de la discusión acerca del papel de los castillos, se desarrolló un debate muy rico y complejo, lleno de matices. Por un lado, se plantearon las bases sobre el surgimiento del feudalismo, tema tratado largamente por el medievalismo francés, que ahora sale de su marco geográfico más habitual, el situado entre el Rin y el Sena, y se hace más universal e incluso se particulariza en el mundo mediterráneo. Por otro lado, el papel de la arqueología queda revitalizado y se discute incluso acerca de sus características en el entramado de las ciencias históricas. Tal debate no es gratuito, porque lo que se le demandaba iba más allá de un análisis de las estructuras y, sobre todo, su entrada en escena, que es anterior a él, hizo que su carácter subsidiario quedase fuera de lugar.

Vamos a detallar estas y otras cuestiones concomitantes con ellas. La primera a que cabe referirse es la que toca al nacimiento de la sociedad feudal. Queda claro de los múltiples estudios con que contamos que, siguiendo las fuentes escritas, se nos aparece como un fogonazo, como un proceso rápido de captura del mundo campesino por parte de los señores feudales, quienes construyen castillos para el control de sus territorios y para someter a los campesinos. El centro físico del feudalismo parece que puede considerarse, pues, el castillo. Acerca de las modalidades de génesis y desarrollo del feudalismo hay toda una casuística que no podemos detallar aquí. En la ya célebre reunión de Roma, que auspiciada por la École Française tuvo lugar en 1978, publicada en 1980[17] y que se tradujo parcialmente al español en 1984,[18] se sientan las bases y se recogen investigaciones de la década anterior. Remitimos, por tanto, a ella.

Concomitante con esa discusión, el papel de la arqueología medieval se amplifica. En una *Tavola rotonda* celebrada asimismo en Roma organizada por la École Française, la British School y el Istituto Nazionale di Archeologia e Storia dell'Arte,[19] se percibe el inicio de una discusión que alcanzará puntos más elevados. A los planteamientos de P. Toubert sobre qué debe decir la arqueología a un historiador, se le enfrentan las apreciaciones de algunos historiadores italianos, como

17. *Structures féodales et féodalisme dans l'Occident méditerranéen (Xe-XIIIe siècles). Bilan et perspectives de recherches*, París, 1980.

18. Bonnassie, *Pierre y otros, Estructuras feudales y feudalismo en el mundo mediterráneo (siglos X-XIII)*, Barcelona, 1984.

19. *Tavola rotonda sulla Archeologia medievale*, Roma, 1976.

P. Delogu, e incluso franceses, tal es el caso de H. Bresc. Estamos ante una discusión en la que la propuesta de Toubert de que el arqueólogo se halle en una posición subordinada al conocimiento histórico, que posee en plenitud el historiador que trabaja con las fuentes escritas,[20] es contestada por Delogu[21] y Bresc,[22] insistiendo en la necesidad de contemplar la arqueología desde una perspectiva más compleja e independiente. En suma, quieren aportar, desde su conocimiento de lo que se está haciendo en esas fechas en Italia principalmente, la obligación de distinguir entre registro arqueológico y documental, sin que éste tenga una cualidad superior a aquél. Y aquí no entramos en las diferencias más que apreciables entre uno y otro, y menos aún queremos establecer un orden preferencial entre el primero, que parte de la existencia de materiales no intencionados, y el segundo, que parece referirse siempre a la voluntad explícita de los poderosos.[23]

El papel que se asignaba a los arqueólogos estaba en discusión, pero al menos se le daba un cierto protagonismo, incluso en el peor de los casos. Es posible que la necesidad de contrastar los planteamientos formulados sobre el "incastellamento" estuviesen en la raíz de muchas de las diatribas y de los debates, pero no lo es menos que la arqueología medieval había hecho ya un recorrido que le permitía hacerse oír.[24]

Desde ese mismo momento, la participación de los arqueólogos no ha cesado, hasta el punto de surgir reuniones específicas sobre el tema del "incastellamento" desde su propia perspectiva, aunque con la participación de historiadores,[25] y apa-

20. "Lo storico, dunque, devve rifiutare il confinamento in varie zone. Deve assolutamente rifiutare di essere ritenuto uno specialista del testo scritto in una specie di costellazione di specialisti dove sarebbe sullo stesso piano anche lo specialista del documento ómonumento scritto. Devi sentirsi impegnato a integrare in una visione globale i risultati degli altri: questo è il problema per il medievista" (Toubert, Pierre, "Considerazioni generali sul tema: rapporti tra documentazione scritta e dati archeologici", en *Tavola rotonda sulla…*, p. 34.

21. "Provengo del mondo degli storici medievali e direi che oggi tra questi, molto sensibili ai destini dellíarcheologia medievale, prevale il concetto dellíarcheologia come scienza sussidiaria della storia. Questo naturalmente significa che lo ìstoricoî è il capo, lo ìstoricoî fa capire che senso hanno le cose, lo ìstoricoî pone le domande e risolve i problemi; líarcheologo gli porta qualche coccio messo nella sua brava tipologia, bene datato, ecc. Questa concezione mi pare assurda" (Delogu, Paolo, "Discussione al intervento de Pierre Toubert", en *Tavola rotonda sulla...*, p. 58).

22. "…temo che ritorniamo, nel campo degli studi medievisti, verso una dicotomia mente-mano. Cioè, lo storico sarebbe colui che costruice partendo da vari testi. E già vi è un pericolo, in quanto lo scavo non funziona come la lettura dei testi, nemmeno come la costruzione di un testo univoco; questo è chiaro, evidente e primordiale" (Bresc, Henri, "Discussione al intervento de Pierre Toubert", en *Tavola rotonda sulla...*, p. 37).

23. A este respecto remitimos a la ya conocida obra de Carandini, Andrea, *Arqueología y cultura material*, Barcelona, 1984. El libro debe de ser analizado a la luz de una trayectoria intelectual que tiene lugar en la Italia de los años setenta y ochenta, y que incide en la creación de una arqueología contraria a las tendencias "anticuarias".

24. Recordemos que en 1974 se publicó el primer número de la revista *Archeologia Medievale*, que ha continuado sin parar hasta la actualidad. Sobre el significado de la arqueología medieval italiana, cfr. Gelichi, Sauro, "L'archeologia medievale in Italia: un bilancio", en formato digital, en la dirección web: http://www.arqueologiamedieval.com/articulos/articulos.asp?id=67. Está anunciada la aparición en papel de una traducción española de este artículo.

25. Nos referimos a la celebrada en Siena en 1989 y publicada al año siguiente: Francovich, Riccardo y Milanese, Marco (eds.), *Lo scavo archeologico di Montarrenti e i problemi dell'incastellamento medievale. Esperienze a confronto*, Florencia, 1990.

recer obras de indudable importancia en el debate, siempre desde la experiencia arqueológica.[26] Hasta tal punto es así que podemos decir sin exagerar que sin estas aportaciones no es posible tener un conocimiento adecuado sobre el feudalismo y su expresión territorial.

Gracias a ellas, sin menospreciar otras procedentes de diferentes ámbitos metodológicos y territoriales, podemos saber que el fenómeno conocido como "incastellamento" es anterior a lo que señalan las fuentes escritas y a lo que han planteado quienes las han analizado sin tener en cuenta los datos arqueológicos que en realidad han surgido en fechas posteriores a la plasmación de esta teoría. Las derivaciones son de una gran significación, ya que se pone de manifiesto que la evolución hacia el feudalismo no parte de un poder extraño que se superpone a la sociedad campesina, sino que hay elementos en su propio seno que permiten e incluso llevan a cabo su gestación. Eso no impide que exista un feudalismo importado, como ha puesto de manifiesto R. Bartlett.[27]

Por tanto, tenemos que el inicio del debate está en la obra de P. Toubert, con evidentes precedentes. Gracias a ella se ha desarrollado una investigación en varias líneas, de las que ya tenemos algunos balances.[28]

La arqueología ha ocupado un papel relevante, sobre todo porque el castillo fue puesto en primer plano. El análisis de las estructuras construidas y la excavación de determinadas fortalezas han puesto de manifiesto que el objeto de investigación no condiciona el resultado final. Estudiar los castillos no significa sin más que se opte por ocultar los procesos sociales y la realidad material que hay más allá o más acá del ejercicio del poder. Los resultados que se pueden seguir en la amplia bibliografía que ha ido apareciendo, y que va desde un examen riguroso de su arquitectura hasta su relación con el territorio en el que se insertan, invitan a pensar que el nudo del problema no está en examinar o no los castillos, sino en hacerlo de la forma conveniente, que necesariamente ha de partir de unos presupuestos históricos que son debatidos a partir de la práctica arqueológica.

Si así ha ocurrido en Italia, habría que preguntarse si ha pasado o no en España, sobre todo en al-Andalus, que es el ámbito sobre el que investigamos. A riesgo de ser simplistas hemos de señalar de entrada que se ha observado una dualidad clara entre los análisis hechos de la arquitectura militar cristiana y los estudios de los castillos andalusíes.

26. Francovich, Riccardo y Hodges, Richard, *Villa to village*, Londres, 2003, y Valenti, Marco, *L'insediamento altomedievale nelle campagne toscane. Paesaggi, popolamento e villagi tra VI e X secolo*, Florencia, 2004.

27. Bartlett, Robert, *La formación de Europa. Conquista, civilización y cambio cultural, 950-1350*, Valencia-Granada, 2003.

28. Podemos referirnos a las reuniones celebradas en Girona y Roma, agrupadas en un solo volumen para su publicación: Barceló, Miquel y Toubert, Pierre (eds.), *"L'incastellamento". Actas de las reuniones de Girona (26-27 noviembre, 1992) y de Roma (5-7 mayo, 1994)*, Roma, 1998.

En efecto, hay que hablar de dos grandes corrientes, que no pueden reducirse a un concreto ámbito cultural (cristiano y/o andalusí). Parece que aquélla que se refiere al estudio arquitectónico del edificio castral y a la terminología que lo define en cada una de sus partes está más arraigada dentro de los estudiosos de los castillos que podríamos denominar feudales. Por el contrario, los andalusíes han sido estudiados más en relación con el espacio en el que se insertan y dentro del territorio en que estaban.

Tal diferenciación, que no es tajante, es imprescindible que sea borrada con el fin de conseguir elaborar un conocimiento científico ajustado a las necesidades del debate histórico. Nuestra propuesta va a ir en esa línea, entre otras cosas porque no es posible esperar más en este debate que nos ofrece como punto de partida la idea de que en al-Andalus, al contrario que en el mundo feudal, los castillos tenían una dimensión pública.[29]

Los ḥuṣūn de al-Andalus

Como en tantos y tantos temas, ha sido P. Guichard quien planteó en sus inicios el debate sobre los ḥuṣūn. Su primera aportación[30] fue en el gran congreso celebrado en 1978 en Roma, del que ya hemos hablado anteriormente.[31] Otro trabajo de similares características lo firmó el mismo Guichard con André Bazzana en las Journées de Flaran celebradas en 1979 y publicadas en el año siguiente, según ya dijimos más arriba.[32]

En ambos trabajos se plantea la cualificación de la sociedad andalusí, que ya había realizado y que ahora precisaba, a partir del análisis de los castillos.[33] De acuerdo con ellos veía en las construcciones militares unas características arquitectónicas específicas que habría que entender en la medida en que surgieron de una sociedad como la andalusí.

Son estructuras defensivas con una extensión que va de los 4.000 m^2 hasta 1 ha. Se trata de obras levantadas en tapial, técnica que no requiere el concurso de especialistas dedicados sólo a la construcción. Largos lienzos, en los que aparecen

29. Wickham, Chris, "A che serve l'incastellamento?", en Barceló, Miquel y Toubert, Pierre (eds.): *L'Incastellamento: Actas de las reuniones de Girona (26-27 noviembre 1992) y de Roma (5-7 mayo 1994)*, Roma, 1998, pp. 31-41, espec. pp. 34-35.

30. Citamos la traducción española: Guichard, Pierre, "El problema de la existencia de estructuras de tipo feudal en la sociedad de al-Andalus. (El ejemplo de la región valenciana", en Bonnassie, Pierre y otros, *Estructuras feudales y feudalismo en el mundo mediterráneo (siglos X-XIII)*, Barcelona, 1984, pp. 117-145.

31. *Structures féodales et féodalisme...*

32. Bazzana, André y Guichard, Pierre, "Un problème..."

33. "Para intentar reconstruir las estructuras de la sociedad musulmana anterior a la conquista aragonesa, podríamos partir de uno de los hechos que, a primera vista, sugieren con más claridad un cierto nivel de identidad con la sociedad feudal occidental. Nos referimos al número e importancia —aún visibles en el paisaje actual— de castillos que se remontan a la época musulmana" (Guichard, Pierre, "El problema...", p. 121).

de trecho en trecho torres, encierran dos espacios, uno superior y otro inferior. Éste puede estar vacío, siendo considerada una "albacara". En él solía recogerse el ganado, los bienes muebles y las gentes del territorio en torno al castillo, para disponer de una mejor defensa.

La aportación de Guichard va más allá del análisis arquitectónico. También analiza el papel que desempeña en la organización del territorio. A cada castillo le correspondía una extensión territorial que llevaba el mismo nombre que aquél. Diversas alquerías, ocupadas por grupos familiares más o menos extensos, muchos de los cuales han dejado huella en la toponimia, se integraban en ese territorio. Eran núcleos conformados por "comunidades rurales libres muy vigorosas"[34]. No cuentan con señores territoriales, lo que no impide que "una parte de los ingresos de la aristocracia dirigente pudieran proceder de la explotación de sus propiedades agrarias".[35] Éstas eran los denominados rafals.

Guichard culmina su estudio presentado en el coloquio de Roma señalando que la forma en que se organiza la sociedad valenciana anterior a la conquista, que es la que estudia con detenimiento, no es la propia del mundo feudal, sino que hay que calificarla como tributaria.[36] Por eso, en el mismo edificio del castillo están representados los dos grupos sociales mayoritarios que la integran: de un lado, las comunidades de aldea, que son propietarias de la mayoría de las tierras de cultivo, y, de otro, el Estado.[37] Mientras que la albacara es de estas aljamas dueñas de tierras, el castillo propiamente dicho pertenece al poder estatal. Por eso entiende la sofra como la obligación de contribuir a los gastos de reparación de las estructuras defensivas de acuerdo con tal dualidad.[38]

El gran mérito de los trabajos de Guichard, que desde luego encuentra inspiración en los postulados de Toubert, aunque sea para señalar las diferencias con lo que sucede en el mundo occidental feudal, es conducirnos a la cualificación de al-Andalus. Sus planteamientos, como los del "modelo toubertiano", obligan en gran medida a los arqueólogos a intervenir en el debate. Para llevar a cabo la comprobación o no de sus teorías se tuvo que acudir a la arqueología. Adoptó las características propias de la extensiva, procediéndose a analizar edificios y territorios a niveles superficiales. Y es así como encontramos una contradicción muy marcada entre la discusión teórica, apoyada con frecuencia en los textos escritos y en un trabajo arqueológico muy exiguo, y numerosas intervenciones de escasa entidad metodológica y científica.

---

34. GUICHARD, Pierre, "El problema...", p. 135.
35. GUICHARD, Pierre, "El problema...", p. 135.
36. GUICHARD, Pierre, "El problema...", pp. 136-137.
37. GUICHARD, Pierre, "El problema...", pp. 136-137.
38. GUICHARD, Pierre, "Le problème de la Sofra dans le Royane de Valence au XIIIe siècle", *Awraq: Estudios sobre el mundo árabe e islámico contemporáneo*, núm. 2, 1979, pp. 64-71.

No podemos negar que el planteamiento de P. Guichard ha sido discutido y ha ido evolucionando, si bien no con la práctica arqueológica densa y extendida al mismo tiempo que hubiera sido de desear. Los estudios sobre los castillos que deberían de habernos conducido a discusiones y planteamientos de una mayor densidad histórica, se han quedado a medio camino y se han reducido y empobrecido. Ni siquiera se han aprovechado las numerosas oportunidades que se han ido presentando para hacer análisis de mayor complejidad, que son, precisamente, los que necesitamos. Si descendiéramos a casos concretos, podríamos tener una verdadera dimensión del problema.[39]

Antes de hacer un mínimo balance de lo que ha ido arrojando la discusión histórica de los castillos andalusíes, hay que anotar las aportaciones más destacadas. Sin duda, el trabajo que en su momento publicó M. Acién, en el Congreso de Arqueología Medieval celebrado en 1989 en Oviedo,[40] y que tuvo continuidad en otras aportaciones concretas[41] y generales,[42] fue el que planteó de manera significativa unos argumentos que intentaron mostrar la evolución de los ḥuṣūn, y siempre dentro de unos planteamientos de corte claramente histórico. Los enormes déficits del trabajo arqueológico específico en cuanto a las intervenciones en los castillos los ha suplido con un análisis de las fuentes escritas. Pero sería injusto no reconocer la obra impulsada y continuada por P. Guichard y otros estudiosos franceses con los que ha colaborado.[43]

Luego, han ido apareciendo trabajos y se han celebrado numerosas reuniones científicas que han tratado el tema de los castillos desde muy diferentes perspectivas,[44] pero que no cabe duda que han ido perfilando nuestro conocimiento sobre las estructuras defensivas andalusíes. Hemos realizado una valoración de las mismas no hace mucho tiempo, lo que nos exime de entrar en muchos más detalles.[45]

39. Recomendamos la lectura del libro de SÁNCHEZ DE LAS HERAS, Carlos y otros (eds.), *Los castillos. Reflexiones ante el reto de su conservación*, Sevilla, 2005.

40. ACIÉN ALMANSA, Manuel, "Poblamiento y fortificación en el sur de al-Andalus. La formación de un país de ḥuṣūn", III *Congreso de Arqueología Medieval Española, Oviedo, 1989*, t. I, pp. 135-150.

41. ACIÉN ALMANSA, Manuel, "Sobre la función de los ḥuṣūn en el sur de al-Andalus. La fortificación en el califato", *Coloquio hispano-italiano de Arqueología Medieval, Granada*, 1992, pp. 263-274, y ACIÉN ALMANSA, Manuel, "Los ṯugūr del reino de Granada. Ensayo de identificación", *Castrum*, 5. *Archéologie des espaces agriares méditerranéens au Moyen Âge*, Murcia, 1999, pp. 427-438.

42. ACIÉN ALMANSA, Manuel, "La fortificación en al-Andalus", en LÓPEZ GUZMÁN, Rafael (ed.), *La arquitectura del Islam occidental*, Barcelona, 1995, pp. 29-41, publicado también con el mismo título en *Archeologia Medievale*, XXII (1995), pp. 7-36.

43. BAZZANA, André, CRESSIER, Patrice, y GUICHARD, Pierre, *Les châteaux ruraux d'al-Andalus. Histoire et archéologie des husun du Sud-Est de l'Espagne*, Madrid, 1988.

44. Recogeremos las que consideramos más significativas, por orden cronológico de publicación: MALPICA CUELLO, Antonio (ed.), *Castillos y territorio en al-Andalus*, Granada, 1998; I Congreso Internacional Fortificaciones en Al-Andalus, Algeciras,1998; y FERNANDES, Isabel Cristina Ferreira (ed.), *Mil anos de fortificações na Peninsula Iberica e no Magreb (500-1500): Actas do simposio internacional sobre Castelos*, Palmela, 2002.

45. MALPICA CUELLO, Antonio, *Los castillos en al-Andalus y la organización del territorio*, Cáceres, 2003.

Parece que a estas alturas del debate se puede decir que hay un acuerdo que se debe considerar prácticamente unánime sobre la existencia de diferentes tipos de castillos en al-Andalus, tanto a niveles funcionales como cronológicamente. Incluso cabe trazar una evolución general que nos muestre cómo eran en cada periodo histórico. Para ello se atiende a la realidad de la formación social tributario-mercantil, en la que está incluida al-Andalus.

Es sabido que son dos las fuerzas que aparecen configurando esta formación social: el Estado y las comunidades campesinas. No es fácil, sin embargo, encontrar puntos de acuerdo entre los diferentes autores con respecto a la relación entre ambas.

Para unos el mundo campesino tenía un vigor indiscutible, amparándose en la existencia de grupos familiares extensos y cohesionados, formando comunidades rurales organizadas territorialmente y capaces de generar riquezas a partir de una agricultura de regadío. Su relación con el Estado lo es a través de acuerdos de carácter fiscal y, a veces, incluso se le denomina como "una tenue sombra administrativa".[46]

Para otros, la organización política no sólo estaba bien estructurada, formando en época omeya un sistema que giraba en torno al emir, luego califa, su familia y sus clientes, sino que intervenía en la mayor parte de los aspectos de la vida, llegando a un control fiscal muy minucioso de las estructuras económicas y sociales de base.[47]

De esta manera, los planteamientos que en su día hizo S. Amin[48] no se han desarrollado de la forma que podría esperarse. El problema, al menos en nuestra opinión, estriba en que el propio Amin señalaba una separación muy tajante entre el Estado y las comunidades campesinas, hasta el punto de escribir: "el campesino interviene poco en el sistema, sólo episódicamente y en escaso grado se ve sometido a una extracción tributaria".[49]

Así se plantean muchos problemas de contenido teórico y práctico. Ante todo, el papel que juegan las ciudades en esta formación social. P. Guichard lo ha hecho notar: "Debo reconocer que en el esquema «tributario» propuesto en este trabajo, el papel y el lugar del sistema urbano no aparece de forma muy clara".[50]

---

46. Barceló, Miquel, "Vísperas de feudales. La sociedad de Sharq al-Andalus justo antes de la conquista catalana", Maíllo Salgado, Felipe (ed.), *España. Al-Andalus. Sefarad: síntesis y nuevas perspectivas,* Salamanca, 1988, pp. 99-112, espec. p. 112.

47. Manzano, Eduardo, *Conquistadores, emires y califas. Los omeyas y la formación de al-Andalus,* Barcelona, 2006.

48. Amin, Samir, *El desarrollo desigual. Ensayo sobre las formaciones sociales del capitalismo periférico,* Barcelona, 1978.

49. Amin, Samir, *El desarrollo desigual…,* p. 42.

50. Guichard, Pierre, *Al-Andalus frente a la conquista cristiana. Los musulmanes de Valencia (siglos XI-XIII),* Valencia, 2001, p. 650.

En realidad, la madīna o ciudad ocupa un lugar principal en las relaciones entre el poder estatal y el mundo campesino, sobre todo en los primeros tiempos de al-Andalus. Posteriormente adquirieron una autonomía creciente, hasta el extremo de que llegaron a imponer sus condiciones en momentos de evidente crisis política.[51]

Una economía en la que el papel de la vida agrícola era, como es lógico en cualquier sociedad preindustrial, importante y fundamental, y que suponía una fuente de ingresos para el fisco principal.[52] Es lo que expresa P. Chalmeta:

> Descuella [en al-Andalus] en primer término el factor urbano, tanto por el número como por la extensión, la difusión geográfica, la densidad y la importancia demográfica de las ciudades. Éstas concentran la actividad artesano-mercantil, constituyen la sede del poder político y monopolizan la vida ideológico-cultural. Hemos aludido a la presencia de una considerable actividad comercial y es evidente que al-Andalus está integrado en una economía de mercado. Pero ésta no afecta más que al excedente de las economías de subsistencia familiares o aldeanas y no se debe de sobrevalorar (aunque sea significativa) la importancia de los zocos ni la presencia de un funcionario expresamente encargado de su control: el zabazoque. Si recordamos que el máximo legal imponible sobre los géneros procedentes de fuera de la dār al-islām oscila entre el 5% y el 10% *ad valorem*, el volumen del comercio necesario para sostener al estado andalusí habría de ser enorme. Y sabemos que, durante el califato de 'Abd al-Raḥmān al-Nāṣir, los ingresos por aduana no pasaban de un 1,3% a 1,5% de la recaudación tributaria legal.[53]

Con claridad se expresan las ideas principales que han ido dominando la investigación: existencia de una economía agraria importante y presencia de la ciudad, en donde se llevan a cabo actividades comerciales de cierta magnitud. En ella tiene una presencia destacable la autoridad estatal, si bien decaerá con el paso del tiempo.

En otro sentido, observamos la existencia de estructuras defensivas en el conjunto de la formación social que venimos describiendo. En principio no sería necesaria su presencia, de acuerdo con el esquema que queda más o menos dibujado. Si por castillo entendemos un espacio a partir del cual se organiza un territorio y se controla al mundo campesino que habita en él, hay una evidente contradicción con lo que sabemos que era la sociedad andalusí. Habrá que explicarla en

---

51. Garcin, Jean-Claude, "Les villes", en Garcin, Jean-Claude *et alii*, *États, sociétés et cultures du monde musulman médiéval. x^e^-xv^e^siècle. Tome 2. Sociétés et cultures*, París, 2000, pp. 129-171.

52. Barceló, Miquel, "Un estudio sobre la estructura fiscal y procedimientos contables del emirato omeya de Córdoba (138-300/755-912) y el califato (300-366/912-976)", *Acta Historica et Archaeologica Madiaevalia*, 5-6 (1984-1985), pp. 45-72. Ha sido reeditado con ese mismo título en Barceló, Miquel, *El sol que salió por Occidente. (Estudios sobre el estado omeya en al-Andalus)*, Jaén, 1997, pp. 103-136. Citamos a partir de esta última versión, p. 124.

53. Chalmeta, Pedro, "Al-Andalus", en Domínguez Ortiz, Antonio (dir.), *Historia de España. Vol. 3, Al-Andalus: musulmanes y cristianos (siglos viii-xiii)*, Barcelona, 1996, pp. 8-113, espec. p. 100.

la medida de nuestras posibilidades, a lo que no ayuda mucho, por desgracia, la investigación puramente arqueológica, sometida a otros imperativos que no a los propiamente científicos.

En realidad, los castillos de los que estamos hablando muchas veces sin querer reconocerlo son los feudales, no las estructuras defensivas que aparecen en al-Andalus. Ya tuvo especial cuidado P. Guichard, como se ha señalado con anterioridad, en destacar que se trataba de edificios arquitectónicamente diferentes y con A. Bazzana destaca que incluso no servían a los intereses de los señores feudales una vez que los poseyeron, por lo que tuvieron que cambiarlos y adaptarlos a sus necesidades, fundamentalmente de prestigio social.[54]

En el mismo sentido considera M. Acién que no es un fenómeno normal la proliferación de ḥuṣūn en el período de la formación de al-Andalus. Y lo explica por el proceso que supuso la revuelta (*fitna*) abierta que tuvo lugar durante esa época, en la que intervinieron diferentes intereses de clases sociales que buscaban la hegemonía: elementos protofeudales, tribales y el propio Estado.[55] Por eso mismo, destaca que cuando el poder califal se impone con 'Abd al-Raḥmān III, los castillos no se construyen con la misma intensidad que en la etapa precedente.[56] El control del Estado es evidente por la existencia de un programa constructivo en el que se empleó la sillería, dispuestos los bloques a dos tizones y una soga, por lo general.

De lo que no cabe duda, sin embargo, es que los castillos siguen existiendo y se continúan construyendo. En efecto, en el siglo XI asistimos a la creación de estructuras defensivas muy peculiares. No nos referimos a las construcciones urbanas, que se desarrollaron en el período taifa, en busca de una legitimidad de cada poder territorial que se formó, sino a una serie de edificios claramente defensivos. Al menos es lo que se ha querido ver en un tipo de castillos, de los que hay ejemplos bien conocidos. Son ḥuṣūn situados en lugares de acceso difícil, alejados de las zonas de cultivo, con murallas que se adaptan a los accidentes del relieve, de una superficie pequeña y aparentemente sin construcciones interiores. Si se deben a la acción directa del poder, según se percibe en casos granadinos, como el de Qabrīra,[57] para el control de un importante paso, o a las necesidades defensivas de los grupos humanos instalados en esos territorios ante ataques externos, como se ha planteado para la zona de la montaña valenciana,[58] no se puede dilucidar claramente, aunque es posible que se explique de una u otra manera según el

54. BAZZANA, André y GUICHARD, Pierre, "Un problème...", p. 200.

55. ACIÉN ALMANSA, Manuel, "Poblamiento y fortificación..."

56. ACIÉN ALMANSA, Manuel, "Sobre la función...", p. 266.

57. MALPICA CUELLO, Antonio, "Un ḥiṣn en las «Memorias del rey 'Abd Allāhi» Qabrīra", *Revista del Centro de Estudios Históricos de Granada y su Reino*, I (segunda época) (1987), pp. 53-67.

58. TORRÓ, Josep, "Fortificaciones en Ŷībal Balansiya. Una propuesta de secuencia", en MALPICA, Antonio (ed.), *Castillos y territorio...*, pp. 385-418, espec. pp. 401-402.

castillo concreto. De todas formas es claro que en tales fechas se dejaba sentir la creciente presión feudal, que se expresa en las correrías y expediciones de saqueo y punitivas, como en el constante enfrentamiento de los reyezuelos taifas azuzado por los poderes cristianos.

A partir del siglo XII habrá un aumento de las necesidades defensivas y una generalización de las construcciones militares. Ciudades amuralladas que antes apenas lo estaban o que no tenían suficientes mecanismos de protección, empezaron a aparecer por todo al-Andalus. Las obras se llevaron a cabo casi siempre en tapial y se pudieron levantar con más elevación las torres. Se desarrollaron éstas adoptando varias funciones. Así, las hay residenciales y, por tanto, habitadas, pero también como mecanismos de control y defensa: torres puertas, que hicieron posibles las entradas en recodo y doble recodo, torres albarranas, que sobresalían de la línea de muralla y permitían un mayor control visual, siendo a veces poligonales, torres corachas, que ya eran conocidas anteriormente y que servían para vigilar y reforzar un punto de toma de agua, y otras más. Los recintos extensos contaban además con antemurales y barbacanas. En general, un refuerzo de los mecanismos defensivos, sobre los que, según pensamos, no se ha reflexionado convenientemente, porque es imprescindible explicar de dónde salían los fondos económicos para llevar a cabo tales obras. Si es a causa de una presión impositiva o por recursos propios es necesario, imprescindible, saberlo. Lo que sí parece cierto es que fue el poder estatal el que llevó a cabo la dirección de esta edilicia, aunque no cabe descartar que las ciudades tomaran iniciativas en tal sentido. Esta y otras muchas cuestiones sólo se podrán dilucidar cuando la investigación progrese, aunque tengamos pasos importantes ya dados. Aunque empezamos a conocer bastante lo que ocurrió con los almohades, acerca de sus técnicas constructivas y del desarrollo de los mecanismos defensivos,[59] siguen siendo fundamentales trabajos de hace ya muchos años.[60] Además, la explicación de tal cantidad de obras emprendidas por ellos no se ha dado hasta el momento de manera convincente. Se entiende a veces como algo normal, pues el botín de guerra en algunos casos parece que fue abundante. Si bien no se puede descartar tal posibilidad, no es menos cierto que debería de haber otros mecanismos para poder invertir en trabajos constructivos de tanta magnitud. Y eso pese a la aparente pobreza de los materiales. En este punto es importante destacar, por ejemplo, que había una fabricación a gran escala de tejas y ladrillos, como ha puesto de relieve R. Azuar.[61]

---

59. Citaremos la publicación de Valor Piechotta, Magdalena, Villar Iglesias, José Luis y Ramírez del Río, José (eds.), *Los almohades. Su patrimonio arquitectónico y arqueológico en el sur de al-Andalus*, Sevilla, 2004.

60. Nos referimos a la aportación de Torres Balbás, Leopoldo, "Arte almohade. Arte nazarí. Arte mudéjar", en *Ars Hispaniae*, vol. IV, Madrid, 1949.

61. Azuar Ruiz, Rafael, "Técnicas constructivas y fortificación almohade en al-Andalus", en Valor Piechotta, Magdalena, Villar Iglesias, José Luis y Ramírez del Río, José (eds.), *Los almohades...*, pp. 57-74.

Un aspecto interesante, que hay que anotar y en el que habrá que profundizar, es el de la aparición de poblados fortificados, algunos de los cuales han sido excavados.[62] Se trata de asentamientos defendidos por una muralla con algunas torres, pero sin que haya diferencias entre una parte eminentemente militar y el resto del núcleo, que, por supuesto, está lleno de viviendas de diferentes dimensiones. En cualquier caso, no parece advertirse una jerarquización de las casas que permita hablar de diferencias sociales muy marcadas. No obstante, es posible discernir una planificación en su construcción, lo que significa necesariamente un acuerdo común. La existencia de una parte con mayor significación, pero sólo en cuanto a las dimensiones de las estructuras, que no a sus ajuares ni a su riqueza, concentrada en el yacimiento de El Castillejo (Los Guájares, Granada) en las proximidades de la entrada al poblado, y la evidencia de que la construcción de este conjunto total comenzó desde aquí hacia la parte contraria, nos hace pensar que se tratase de un grupo homogéneo bajo la égida de un šayj. Desde luego, parece que estaba dedicado a las actividades agrícolas y no al ejercicio de la guerra como tarea principal. No han aparecido en ningún caso armas ni nada que reflejara esa última posibilidad, como tampoco, según se ha dicho, había diferencias entre las dos partes del asentamiento. La presencia de un baluarte no quiere decir que hubiese un grupo anexo a los pobladores dedicado a la defensa exclusivamente.

Estos poblados fortificados, sobre los que habrá que seguir investigando, pues son escasos los ejemplos conocidos, nos previenen de que estamos ante formas de asentamiento en las que no hay una influencia directa del Estado, sino más bien son frutos de comunidades campesinas, no sabemos hasta qué punto cohesionadas[63] que se dotan a sí mismas de mecanismos de proteccion.

Se puede, por tanto, decir que estamos ante una modalidad de fortificación particular, que no habrá que despreciar y que en cierto modo nos advierte de la necesidad de estudiar la evolución de los ḥuṣūn. En efecto, las estructuras defensivas pueden y deben de entenderse como núcleos reales y/o potenciales de poblamiento.

No pocos de los castillos que aparecen en las fuentes escritas en época de la fitna, sirvieron para generar posteriormente una madīna. Ejemplos los tenemos en todo al-Andalus, y algunos de ellos nos permiten saber cómo a partir de las albacaras se creó un asentamiento con viviendas.[64] Aunque el modelo de los poblados

62. Azuar Ruiz, Rafael , *El castillo del Río (Aspe, Alicante). Arqueología de un asentamiento y la transición al feudalismo (siglos XII-XIII)*, Alicante, 1994, y García Porras, Alberto, *La cerámica del poblado fortificado de "El Castillejo" (Los Guájares, Granada)*, Granada, 2001.

63. A tener muy en cuenta las consideraciones que hace sobre estos poblados fortificados Torró, Josep, "Fortificaciones en...", p. 413.

64. Jiménez Puertas, Miguel, "Loja en época andalusí: evolución de la ciudad y de su territorio", en Malpica Cuello, Antonio (ed.), *Ciudad y arqueología medieval*, Granada, 2006, pp. 151-188.

fortificados no es el mismo, cabe pensar que funcionasen también como núcleos protourbanos. ¿Se puede decir, pues, que los castillos sirvieron para alumbrar ciudades? Es posible pensarlo en el estado actual de la investigación. Sólo el avance de la misma ofrecerá mayor cantidad de casos concretos que nos permitirán conectar los mecanismos defensivos con la urbanización.

De lo que no cabe duda, por lo que sabemos hasta ahora, es de que a partir del siglo XII esa conexión va aumentando, aunque sea por la sencilla razón del incremento del número de ciudades en al-Andalus, fruto del desarrollo de su economía agrícola y mercantil que tenía en la madīna el punto de unión. Si a ello añadimos el creciente peso de la iniciativa feudal en la península y el avance de los reinos cristianos sobre el territorio andalusí, tendremos como resultado la también creciente fortificación de los centros urbanos. Es más, como se aprecia claramente en el reino nazarí (siglos XIII-XV), las ciudades parecen organizar anillos defensivos que las protegen. No es extraño tampoco que en tal período aumentasen los mecanismos militares y las fortificaciones. Ya de ello nos habló en su momento L. Torres Balbás, quien no duda en afirmar:

> Entre las fortificaciones de la Península, incluyendo las levantadas en la España cristiana, no hay otras en las que se haya acumulado tal cantidad de defensas como en estas alcazabas nazaríes de la Andalucía oriental.[65]

Fue él quien sentó las bases, como en tantas otras cosas, del estudio de las estructuras defensivas nazaríes. La imagen de un reino condenado a ser conquistado, en el que la presión cristiana exterior era cada vez más fuerte, se expresa también en las construcciones militares. El refuerzo de los tapiales con mampostería es quizás la novedad más significativa, porque en realidad los nazaríes lo que hicieron fue ampliar y generalizar las innovaciones militares de los almohades. Es más, en algunos casos se ha pretendido ver la existencia de una influencia castellana venida de los castillos del otro lado de la frontera.[66] Pero hay que tener en cuenta que desde fechas anteriores se ha pretendido ver esa influencia, pues se percibe en los castillos norteafricanos de Amergo y Zagura una obra de mampostería que se asemeja a la que se empleó en Ávila y Loarre, por ejemplo. Esta cuestión de la utilización de la mampostería habría que examinarla más a fondo. El hecho cierto es que en el mundo islámico se usó y que, cuando se hizo en el reino de Granada, todo parece indicar que lo fue para protegerse de la cada vez más empleada artillería.

Un tema apasionante, que vuelve a aparecer de nuevo, es el papel del Estado en las estructuras castrales. Por lo que sabemos, las ciudades tenían unos mecanismos defensivos en círculos, en los que participaban castillos de la misma línea

65. Torres Balbás, Leopoldo, "Arte almohade...", p. 161.
66. Terrasse, Henri, *Les forteresses de l'Espagne musulmane*, Madrid, 1954, pp. 32-33.

fronteriza, atalayas y las mismas murallas urbanas. La relación con su distrito parece que pasaba por una corresponsabilidad defensiva por parte de los núcleos rurales que en él había.

Asimismo es posible detectar la presencia de torres situadas en el campo, que bien eran de alquerías, bien cumplían misión de control y acogida de territorios más o menos extensos. La existencia de aquéllas, que ha sido analizada para épocas precedentes y zonas distintas,[67] puede indicar que las comunidades rurales seguían persistiendo y tenían una fortaleza indudable. No es menos cierto, sin embargo, que hay indicios, sobre todo en las fuentes escritas, de que algunas de esas torres adquirieron un carácter residencial y estaban ocupadas por miembros de las élites urbanas.[68] Si anteriormente al periodo nazarí fueron construcciones de uso colectivo y más tarde se transformaron, sólo será posible conocerlo a partir de un trabajo arqueológico minucioso.

De todas formas, queda claro que el poder estatal y los grupos urbanos fueron penetrando en los distintos territorios, configurando una organización espacial en la que los núcleos rurales continuaron, pero a veces bajo la protección de uno y otros. Así, por ejemplo, observamos la tendencia a consolidar como estructuras preurbanas o protourbanas algunas que eran precedentemente sólo defensivas. Incluso se observa en la misma raya fronteriza cómo hay castillos que están controlados directamente por el rey nazarí y, sin embargo, a su mismo lado hay un asentamiento rural que no depende de él.

Algunos de estos castillos se configuraron como estructuras sólo defensivas, sin capacidad de crear vínculos con las áreas más próximas.[69] Aparecen muy fuertemente construidos y sin capacidad para generar un poblamiento, por lo demás ya existente de manera precedente, a partir de su establecimiento.

Se ha señalado asimismo la capacidad del rey nazarí, singularmente Muḥammad V, para desarrollar un programa constructivo[70] que es fácilmente reconocible: utilización de la mampostería ajustada con ripios y con líneas de lajas de piedras que regularizan los mampuestos, almenado o parapeto de tapial, alternancia de torres de planta cuadrada con otras circulares y empleo de sillares en las esquinas de aquéllas.

---

67. Bazzana, André y Guichard, Pierre, "Les tours de défense de la huerta de Valence au xiiie siècle", *Mélanges de la Casa de Velázquez*, XIV (1978), pp. 73-105.

68. Malpica Cuello, Antonio, "La alquería nazarí de Bordonar en la Vega de Granada", *Estudios de Historia y de Arqueología medievales*, XI (1996), pp. 313-348.

69. Se trata de algunos castillos estudiados de manera más o menos densa, como el de Zagra, en la frontera de la zona lojeña con los dominios de los Fernández de Córdoba (Malpica Cuello, Antonio, "El castillo de Zagra y el alfoz de Loja a fines de la Edad Media". *Homenaje al Profesor Juan Torres Fontes*, Murcia, pp. 959-973), y el de Castell de Ferro, en la costa de Granada (Pérez García, José, "El poblamiento de la taha de Suhayl a fines de la Edad Media: el castillo de Castell de Ferro", *Cuadernos de Estudios Medievales*, XII-XIII (1984), pp. 139-153).

70. Acién Almansa, Manuel, "Los ṯugūr del reino..."

Ahora bien, su extensión a lo largo no sólo de la frontera, sino de todo el reino, así como su implantación en las construcciones urbanas (Ronda, Antequera, Loja, entre otras),[71] es índice de que va más allá de un programa real concreto y que se debió de generalizar como mecanismo de defensa ante la creciente importancia de la artillería castellana.

Llegados a este punto cabe, antes de terminar, hacer algunas reflexiones sobre el estudio de los ḥuṣūn andalusíes. La primera de todas es la necesidad de unir los estudios de casos concretos, en los que se aplicará siempre el análisis de las estructuras construidas con las excavaciones arqueológicas, cada vez más urgentes y necesarias, con planteamientos generales sobre su significación y papel en los territorios en que se insertan. El microanálisis es imprescindible, pero no lo son menos los macroanálisis. Por más tiempo no se puede aplazar una interpretación de las técnicas constructivas. Gracias a su conocimiento tendremos materiales de primera mano para dilucidar los programas constructivos, algunos de los cuales son conocidos (sillería de época califal, mampostería enripiada de tiempos nazaríes), otros apenas intuidos (tapial de cal y canto de los siglos XII y XIII), pero que no siempre han sido suficientemente valorados. Al analizar estas cuestiones tendremos algunos elementos de reflexión sobre el papel de las estructuras sociales de base y/o de las del poder (urbano o estatal) en la gestión de los mecanismos defensivos y su papel en la organización del poblamiento.

Finalmente hay que reclamar la imperiosa necesidad de excavar, sin abandonar la arqueología extensiva, pues la evolución de las áreas interiores de los castillos sólo se podrá conocer en la medida que se realicen intervenciones bien programadas y desarrolladas. De otra manera, únicamente será posible establecer un conocimiento empírico o excesivamente genérico de los ḥuṣūn andalusíes.

71. MALPICA CUELLO, Antonio, "Los castillos en época nazarí. Una primera aproximación", en MALPICA, Antonio (ed.), *Castillos y territorio…*, pp. 246-293.

Construcción de Balaguer de época califal

Murallas taifas de Almería (siglo XI)

Restos del castillo de Cabrera (siglo XI)

Murallas de Niebla (siglo XII)

Murallas almohades de Alcalá de Guadaira (siglo XII)

Villa de frontera nazarí (siglos XIII-XV)

Restos constructivos de la ciudad de Antequera (siglo XIV)

Atalaya nazarí en mampostería con ripios (siglo XIV)

Torre defensiva en mampostería con ripios de época nazarí (siglo XIV)

Castillo de Castell de Ferro (Granada) (siglos XIII-XV)

L'ARQUEOLOGIA URBANA A LLEIDA: DINÀMICA I RESULTATS HISTÒRICS
LA CIUTAT ANDALUSINA COM A EXEMPLE

ANA LORIENTE PÉREZ

La conferència i, per extensió, aquest article s'estructura en dues parts. Una, és l'arqueologia urbana aplicada a Lleida, l'altra, els resultats historicoarqueològics d'un període concret: la ciutat andalusina.

L'ARQUEOLOGIA URBANA

L'arqueologia aplicada a les ciutats històriques —l'arqueologia urbana— té unes característiques pròpies que la fan prou complexa.

D'entrada, el propi marc d'actuació: un espai habitat des de l'antiguitat i que encara és ocupat. D'aquesta realitat es deriven tres aspectes fonamentals, l'un, la comprensió sincrònica d'un període històric determinat, l'altre, la comprensió de l'evolució diacrònica, i l'últim, la convivència de la pràctica de l'arqueologia amb una ciutat que continua funcionant.

La ciutat és el resultat de la transformació i l'adaptació constant al model urbà de cadascuna de les èpoques. Aquest fet provoca inexorablement l'afectació estructural successiva del període històric més modern a sobre dels més antics; si, a més, tenim en compte que en el cas de Lleida la franja d'ocupació està molt determinada pel marc geològic, turó-riu, la trencadissa que ens trobem a l'hora d'intervenir és important i moltes vegades dificulta la comprensió sincrònica.

D'altra banda, l'arqueologia en un medi urbà actua en un espai que està viu, que creix, que es transforma, que es modernitza per adaptar-se a l'actual patró de vida (tal i com van fer els antics), i és en aquest context on l'arqueologia ha de conviure. Les intervencions es realitzen on es preveuen projectes d'obra, tant públics com privats, és, podríem dir, una arqueologia d'actuació més que una arqueologia programada, si per programada entenem la possibilitat de poder escollir l'indret a intervenir en funció dels objectius de la investigació.

Això no vol dir que l'arqueologia urbana no sigui un excel·lent mitjà per a la investigació històrica, tot al contrari. En els darrers vint-i-cinc anys, gràcies a les excavacions urbanes, no només a Catalunya, sinó a tot l'Estat, el coneixement històric ha fet un pas de gegant. I encara és molt més palès quan parlem del món medieval i modern.

Abans d'entrar en com s'articula l'arqueologia urbana hem de fer un última consideració. El paper de l'arqueòleg. Avui per avui, a la Universitat no hi ha cap especialització ni cap assignatura que parli de l'arqueologia urbana. Quan estudiem la carrera, la nostra formació, bàsicament teòrica, es basa en matèries articulades entorn a un coneixement específic de les diferents èpoques històriques. Quan optem per aprofundir en un període concret, els nostres estudis s'encaminen a conèixer al màxim una determinada època i fer-nos "especialistes" amb el temps.

Això, que en principi està molt bé, només és "pràctic" si una vegada estem llicenciats podem treballar en una entitat que ens permeti i ens pagui per investigar allò que ens agrada. Però la realitat és una altra, les sortides professionals són minses i els llocs docents i d'investigació són encara molt més restringits. Quina altra possibilitat existeix?, la de ser contractat com a arqueòleg en excavacions, tant en un medi isolat com habitat. I aquí, és on el procés formatiu falla.

Un arqueòleg, com jo mateixa, que m'he anant especialitzant en el món medieval i més concretament andalusí, puc excavar qualsevol època històrica. La tècnica arqueològica és sempre la mateixa, però el bagatge de coneixements no és el mateix. Com m'enfronto a una excavació de prehistòria, de món clàssic, d'època moderna? I encara pitjor, com m'enfronto a totes elles de cop?, i això, és el comú denominador d'una actuació en una ciutat històrica. En un primer moment és una tasca feixuga.

Quan passem a ser arqueòlegs urbans, l'especialització concreta queda una mica en segon terme i hem d'aprendre una altra especialització: l'arqueologia urbana. L'arqueòleg s'ha de tornar a preparar, ha d'adquirir un ampli coneixement de totes i cadascuna de les fases històriques, reconeixent i identificant cadascuna de les seves característiques morfològiques des del punt de vista constructiu i d'evolució i des del punt de vista del material de la vida quotidiana: el material moble.

Només la primera especialització és vàlida si es té la sort de treballar en un equip, i un dels mitjans per aconseguir-ho són els serveis d'arqueologia vinculats als municipis.

La Generalitat de Catalunya té traspassades des de l'any 1981 les competències en matèria patrimonial. El Departament de Cultura mitjançant el Servei d'Arqueologia i el Servei de Patrimoni vetllen per la salvaguarda del patrimoni arqueològic, tant moble com immoble, atenent a la legislació vigent: la Llei del Patrimoni Cultural Català.

És molt difícil per a la Generalitat poder abastar tots els recursos humans, tècnics i financers que impliquen el desenvolupament de la Llei. És per això que la mateixa Llei recull la possibilitat de delegar les competències, sense perdre mai el control, a les entitats locals.

En el cas de Lleida, les funcions han estat delegades a l'Ajuntament. A tal efecte, la institució va crear l'any 1992 la Secció d'Arqueologia. El primer pas per poder desenvolupar les tasques va ser la definició de l'àrea d'actuació: la ciutat i el seu municipi. El segon pas va ser la definició del marc jurídic immers dins del Pla General de Lleida (PGLL). El PGLL és el document on es regula i reglamenta qualsevol activitat municipal. Respecte a la normativa arqueològica el PGLL defineix les àrees, el sistema de finançament, el tipus d'intervenció.

La ciutat de Lleida es considera un jaciment únic i les excavacions fetes corresponen a les diverses intervencions, numerades de forma correlativa, realitzades al llarg dels anys.[1] De la mateixa manera, es defineixen com a jaciments els vestigis d'ocupació inventariats a la Carta Arqueològica del municipi. A tall d'exemple, Lleida és el jaciment 0, El Tossal del Llopet és el jaciment 1,... Fins avui dia s'han identificat 49 jaciments.

D'altra banda, la ciutat de Lleida està dividida en dues zones: La zona 1 correspon al centre històric i part del barri de Cappont. La zona 2 correspon a la zona on la documentació i prospecció diuen que ha sortit alguna cosa.

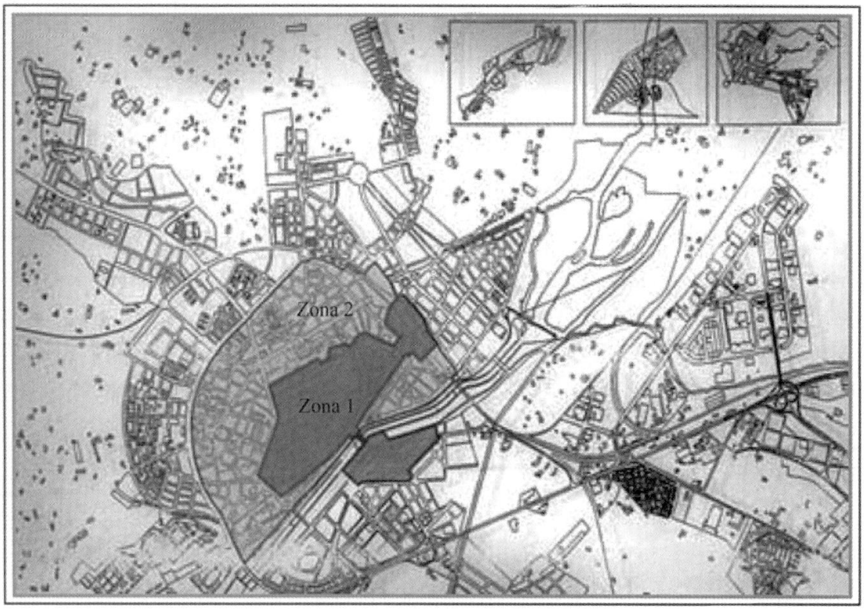

1. Les zones arqueològiques de la ciutat

1. Si fem un paral·lelisme amb Algerri, diríem que el poble d'Algerri és el jaciment 1 i les diverses intervencions que es fessin tindrien una numeració d'intervenció correlativa: el castell: intervenció 1, l'església: intervenció 2, un determinat solar: intervenció 3, etc..

Un aspecte fonamental de l'arqueologia urbana és el finançament. Per regla general els arqueòlegs i els dibuixants els contracta l'Ajuntament, amb això es garanteix la gestió i la correcta actualització de les dades emmagatzemades a la base de dades denominada Leid'Arq. Els peons i la màquina és variable, si són sondejos: l'Ajuntament, l'empresa promotora, els propietaris; si són excavacions gairebé sempre l'Ajuntament i en alguns casos els propietaris o els promotors.

Els processos d'actuació

Per poder fer qualsevol obra —nova construcció, modificacions, enjardinaments...— qualsevol persona o entitat pública o privada, ha de demanar una llicència d'obres, que és un document on s'explicita el tipus d'obra que es vol fer i s'especifica les característiques formals i tècniques. Aquesta passa als diferents serveis municipals —enginyeria, arquitectura, urbanisme, planejament urbà, arqueologia— per comprovar que el projecte presentat és correcte segons la normativa municipal —PGLL.

Depenent del tipus de petició de llicència d'obres —majors o menors—, i de la zona on estigui, a la 1 o la 2, es poden fer inspeccions o visites a l'obra, seguiments o controls dels treballs per verificar la presència o no de restes, sondejos o excavacions. En tots els casos la Secció d'Arqueologia emet un informe a qui ha presentat la llicència on s'especifica el tipus d'intervenció que portarà a terme, i condiciona la llicència al compromís de la seva acceptació per part del propietari, promotor o constructor.

Si l'obra està dins del centre històric —zona 1—, s'emet un informe on es comunica que només pot donar-se si hi ha un compromís de fer uns sondejos arqueològics previs. Si aquests sondejos arqueològics són negatius, des del punt de vista arqueològic es pot donar la llicència. Si el sondeig és positiu, es fa un nou informe on se supedita l'atorgació de la llicència al compromís de l'excavació en extensió. Encara que si l'obra no preveu la construcció d'un pàrquing pot ser que no s'excavi, sota la condició de cobrir el subsòl amb una llosa de formigó i amb el permís de construir només els murs pantalla i els pilars amb micropilots. Si es vol fer pàrquing sempre es fa l'excavació.

Quan fem una intervenció es planteja com qualsevol excavació: treball de camp amb el registre de dades, la planimetria i la fotografia, i tasques de laboratori i arxiu: l'entrada de dades al Lleid'Arq, digitalització de la planimetria, rentat, siglatge, classificació, inventari, emmagatzematge.

La tasca de l'arqueologia en general i en concret de qualsevol servei, departament o secció d'arqueologia, no és només la realització d'excavacions sinó que també ha de preocupar-se per les restes patrimonials descobertes i plantejar-ne la protecció, la consolidació i la integració.

Per determinar el tipus d'actuació que s'ha de portar a terme davant de les restes documentades: cobriment, visualització o destrucció, es fan tres valoracions. La primera, del tècnic que està en l'excavació que informa a la Secció d'Arqueologia de l'Ajuntament sobre la necessitat o no de conservar-les en funció del seu grau de conservació, interès patrimonial, ser un conjunt únic a la ciutat, i pot proposar, en el cas que es considerin conservables, de quina manera s'ha de fer: colgades de nou amb terra o visualitzades —integrades, per tant, al nou projecte. Quan les restes aparegudes estan molt malmeses pot considerar-se la possibilitat de desmuntar-les. La segona, de la responsable de la secció que pot ratificar o no la proposta de l'arqueòleg i que emet un informe amb la valoració que considera adient al Servei d'Arqueologia de la Generalitat de Catalunya. En tots els casos és la Generalitat qui decideix finalment el tipus i la forma de protecció.

2. Restes conservades al turó de la Seu Vella.

Alguns exemples de conservació:

—Restes conservades al turó de la Seu Vella.

Des de l'any 1992 al turó de la Seu Vella s'han anant realitzant tot un seguit d'actuacions adreçades a la recuperació d'aquest emblemàtic espai de la ciutat. Qualsevol projecte de restauració i adequació d'un edifici o construcció històrica ha estat lligat a uns estudis històrics i arqueològics previs amb els quals s'ha pogut determinar quina ha estat la seva evolució i quines parts es consideren més rellevants. L'objectiu d'aquesta recuperació no és només patrimonial, tot i que aquesta sigui la fita fonamental, sinó també la recuperació de l'espai per als ciutadans, per la qual cosa, al turó s'han realitzat tot un seguit d'obres adreçades a l'actualització dels serveis: soterrament del cablejat elèctric, de la xarxa telefònica, del gas, nou clavegueram, nova pavimentació... que permetin nous usos d'aquest gran espai adaptats a la ciutat del segle XXI.

El turó de la Seu Vella.. (Imatge 2.1.). L'any 2004 es va endegar l'arranjament de la zona compresa entre el Revellí de la Mitja Lluna, els dipòsits d'aigua i les muralles properes. Relacionat amb el revellí d'època moderna o baluard de protecció de la porta d'accés al recinte superior de la ciutadella, es va descobrir, o més ben dit redescobrir, la continuació del pont. De fet, aquest tram es veia fins als anys cinquanta, moment en què es van cobrir de terra per fer les obres dels dipòsits que abasteixen d'aigua el turó i la ciutat.

A la mateixa intervenció apareix per primer cop a la ciutat un tram de la muralla romana datada a la primera meitat del segle I aC, període en què es fundaria molt probablement la ciutat romana d'Ilerda. El tram de muralla està localitzat a l'extrem sud-oest del turó, a pocs metres de la porta del Lleó que tanca el recinte de la ciutadella (imatge 2.2.). S'havia construït aprofitant un canvi sobtat del nivell de la roca del turó, el mateix lloc per on passaria el tancament de l'alcassaba de la medina Larida (segle X), les muralles cristianes que tancaven el barri levític de la Suda (segle XIV) i els murs exteriors de la ciutadella (segles XVIII-XIX). Les restes aparegudes estan protegides per una gran estructura de formigó que defineix un espai expositiu semiobert.

El turó de la Seu Vella. El baluard de la Llengua de Serp (imatge 2.3.). En aquesta zona del turó, s'han fet diverses intervencions, la més recent l'any 1999/2000 estretament relacionada amb l'obertura d'un nou accés. Es van documentar restes de les antigues cases medievals i modernes anteriors a la transformació del barri de la Suda en ciutadella militar.

2. Restes conservades al turó de la Seu Vella.

El turó de la Seu Vella. Vessant sud-est (imatge 2.4.). L'any 1995 s'inicià la restauració de les muralles que tanquen la ciutadella moderna, en concret un tram molt deteriorat localitzat a la part alta de la costa de Sant Joan. En aquest cas, es va aprofitar el trencament del llenç de muralla per obrir un nou accés al turó. La intervenció arqueològica prèvia va aportar importants dades respecte a l'evolució continuada de la ciutat, des d'època tardorepublicana (inici segle I aC) fins l'època moderna. Resten a la vista les construccions tardorepublicanes, altsimperials i feudals.

3. Restes conservades a la part baixa de la ciutat aparegudes arran dels projectes de nous edificis i obres.

La construcció del pàrquing de la plaça Sant Joan l'any 1975 (imatge 3.1.) és un punt negre en la documentació de dades d'un lloc tan cèntric de la ciutat. No es va poder realitzar cap tasca arqueològica ja que es va fer un buidatge total de les terres. L'únic control que es va poder fer fou el seguiment dels munts de terra per part de l'aleshores Estudi General de Lleida (actual Universitat de Lleida), recuperant part del material que sortia. Aquesta nefasta intervenció s'ha d'inscriure en el context del moment. Encara no existia la Generalitat de Catalunya i, per tant, no estaven traspassades les competències en matèria patrimonial. D'altra banda, tampoc no existia una consciència i preocupació ciutadana envers la riquesa del seu patrimoni arqueològic.

Malgrat això, es van conservar part de les seves restes, en concret l'absis de l'antiga església de Sant Joan i alguns murets romans, integrades en una sala destinada a exposicions. La ciutat guanyava un nou espai expositiu, fins aleshores només es disposava dels soterranis del palau de la Paeria.

L'Auditori Municipal Enric Granados (imatge 3.2). Des de l'any 1984 fins al 1987 es va dur a terme una gran excavació en extensió (l'antic portal de Magdalena) que va significar una fita no només per a l'arqueologia de Lleida, sinó també de tot Catalunya i per extensió de tota la península. Es va poder documentar tota una seqüència diacrònica des de l'època alt imperial fins al 1707. Les restes conservades al subsòl corresponen a part d'una gran domus romana. En aquests cas, per a la seva conservació es van desmuntar tots els murs i es van emmagatzemar, coberts i convenientment numerats, fins al moment del seu muntatge una vegada l'edifici va ser-hi construït.

Fins ara, hem estat parlant d'espais de titularitat pública, però també s'ha conservat elements patrimonials en edificacions privades. L'any 1994 es va excavar al solar de l'avinguda Blondel, 54 —l'actual botiga Zara— (imatge 3.3.), on es va documentar la cantonada de tancament de la ciutat andalusina per la banda oest i la construcció del tancament que permetia la perllongació de la ciutat just després de la conquesta cristiana al 1149. També es va poder documentar uns habitatges construïts al segle XIII-XIV i les seves transformacions al llarg dels segles XV, XVI i XVII.

Resten conservats a la vista al soterrani de la botiga els llenços andalusins i feudals. El forjat de la nova casa es va muntar a sobre dels tancaments i es va permetre l'obertura d'una porta per accedir-hi a l'ascensor de la finca.

Al 1997/1998 es va actuar al carrer Anselm Clavé, 49 (imatge 3.4.). Els treballs van permetre documentar un ampli llenç de la muralla andalusina flanquejada amb torres rectangulars i la seva posterior refacció feudal a mitjan segle XIV, portada a terme per Pere III el Cerimoniós. També vam poder excavar als espais domèstics de l'interior de la ciutat, encara que no es va arribar fins als nivells naturals.

Per la complexitat de la intervenció es van arribar a un seguit d'acords entre els propietaris i l'Ajuntament. D'una banda, no s'excavava tota la seqüència sinó que es protegia amb una gran llosa de formigó i quedaria conservada *in situ*. De l'altra, es conservava a la vista l'exterior de les muralles. Per materialitzar aquest acord, els propietaris cedien part de la propietat a canvi d'una compensació en alçada i l'Ajuntament obtenia un nou espai expositiu públic.

Hem mostrat de forma bastant general la problemàtica de la conservació i integració del patrimoni arqueològic immoble. No hi ha una única solució, la qual ha d'estar sempre vinculada i pensada per cadascun dels casos, i cal arribar a acords entre totes les bandes per obtenir la solució més viable.

A banda de la conservació com a mesura de protecció, la conservació està lligada a un fi molt més ampli: la difusió. Creiem que la difusió és un bon mitjà per rendibilitzar la despesa econòmica municipal i que, a més a més, permet que el ciutadà sàpiga en què s'estan invertint els seus diners, quin patrimoni té i com ha estat el procés de transformació de la ciutat on viuen.

L'arqueologia és un més dels serveis públics que ofereix l'Ajuntament i és per això que, a banda de l'interès pel coneixement històric i per la investigació, l'arqueologia ha de revertir als ciutadans les dades extretes a les intervencions realitzades.

De quina manera i per quina via es pot fer? Hi han molts camins: publicacions i conferències adreçades tant al ciutadà com a la comunitat científica, exposicions, visites, programes educatius...

Des de la creació de la Secció d'Arqueologia l'any 1992, s'han anant desenvolupant diversos programes, però manca un element fonamental: el Museu de la Ciutat. La necessitat d'aquesta infraestructura ja es va plantejar des de la intervenció a l'antic portal de Magdalena (actual auditori Enric Granados) i des d'aleshores s'han presentat diversos projectes, malgrat això, encara estem sense el museu.

El que primer ens ve al cap quan parlem d'un museu és la seva funció expositiva, el fet de mostrar mitjançant exposicions permanents i temporals les diverses facetes que permeten comprendre quina i com ha estat la transformació de la ciutat des de la seva fundació fins a l'actualitat. Però un museu no és només això, sinó que també ha de ser el centralitzador i el dinamitzador de totes les activitats que es puguin derivar de les intervencions arqueològiques: plafons explicatius de les intervencions en curs, visites guiades, senyalització de les restes conservades, promoció de cursos i estudis, grups de treball, exposicions...

La sistematització de les dades

La configuració topogràfica del terreny on se situa la ciutat de Lleida ve marcada per uns elements naturals que en condicionen el creixement al llarg de la història. En primer lloc, el turó de la Seu Vella; aquesta elevació, a excepció de la seva banda nord, amb grans desnivells escarpats, davalla de forma aterrassada vers el riu Segre. En segon lloc, els rius, el Segre i el Noguerola (avui en dia soterrat, el seu curs aniria més o menys pels carrers Príncep de Viana, Anselm Clavé, plaça Noguerola, fins desembocar al riu Segre a l'alçada de la plaça Sanahuja), que estableixen un límit natural vers el sud i vers el nord-est, configuren unes terrasses al·luvials molt més amples que les del turó. La banda oest i nord-est queda lliure d'accidents geogràfics marcats, i és, per tant, una zona de creixement no condicionada.

La documentació escrita és una eina fonamental per a entendre el funcionament de la ciutat, però malauradament no sempre disposem de dades suficients i quan hi són, no ens permeten fer-nos una idea de com era la ciutat a escala urbanística.

Per arribar a establir com ha estat la transformació de la ciutat i quins elements han caracteritzat cadascuna de les diferents èpoques, és absolutament necessària la sistematització de les dades arqueològiques.

Per obtenir un plànol de distribució de les intervencions realitzades, cada vegada que es dóna un nou número se senyalitza en un plànol digitalitzat de la ciutat el solar on s'ha intervingut, diferenciant per colors les negatives de les positives. Aquest document base es desglossa en quatre, un per cada època històrica: romana, andalusina, feudal i moderna, que ens permet observar d'una forma molt ràpida i gràfica fins a on arriben les dades de cadascun dels períodes. Aquests documents es converteixen en una eina molt pràctica, ens mostren els sectors de la ciutat on hi ha més restes conservades i això permet determinar d'una forma més acurada el tipus d'intervenció que s'ha de realitzar a un solar i donar una millor informació als promotors o propietaris que demanen una llicència d'obra.

Totes les dades extretes (estratigrafia, fotografia, planimetria) de cadascuna de les intervencions es digitalitzen i es crea, en el cas de la planimetria, un document

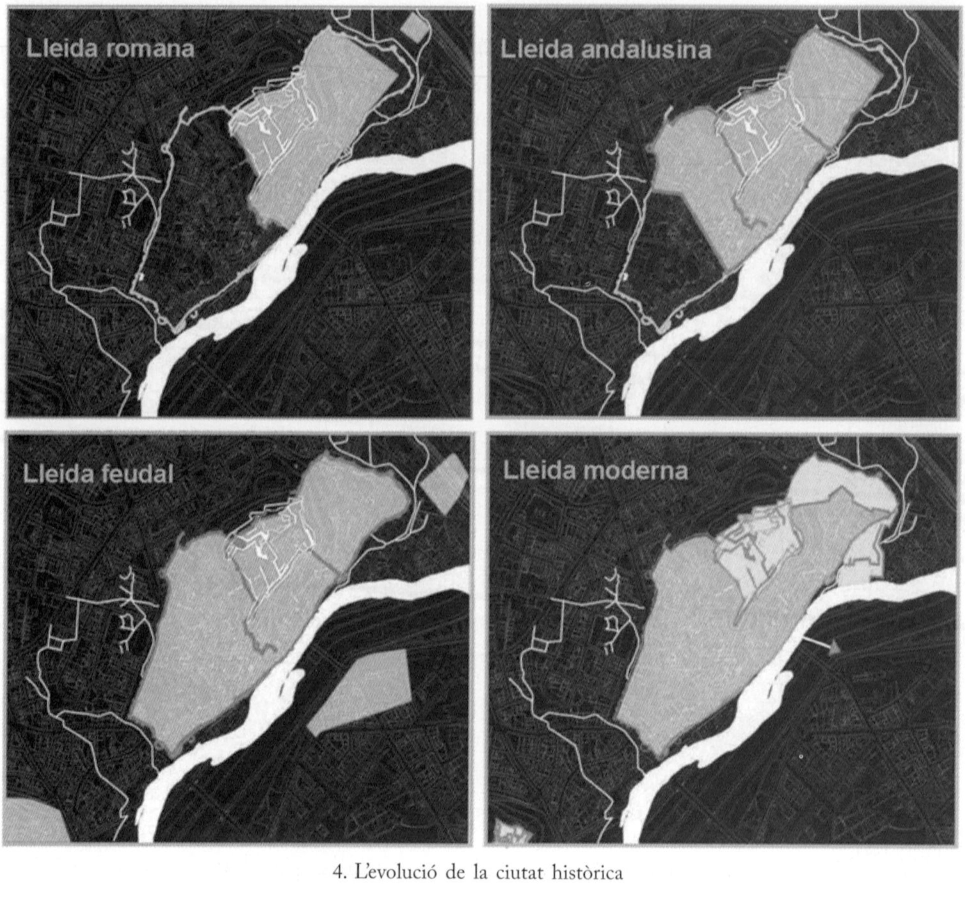

4. L'evolució de la ciutat històrica

per època històrica on se situen totes les estructures documentades per tal de poder determinar les diferents *formes urbis* de l'antiga ciutat de Lleida.

Com ja hem mencionat abans, la documentació escrita no ens dóna prou informació, però sí que disposem d'una documentació que ha estat cabdal: els plànols elaborats pels enginyers militars a partir de 1640 i que estan publicats a l'*Atles de Lleida* (Catllar & Armengol, 1987). Els plànols reflecteixen la ciutat en època moderna però també apareixen elements anteriors que encara estaven en ús: les muralles medievals.

En base a tota la documentació coneguda aquesta seria l'evolució de l'espai de l'antiga ciutat de Lleida.

La ciutat romana d'Ilerda ocuparia el turó de la Seu Vella, limitada per la seva banda est pel riu Noguerola, pel sud el riu Segre i per l'oest s'estén gairebé fins a la plaça Sant Francesc. En total tindria una extensió entorn a les 22 ha.

Fora muralles i en línia amb l'eix comercial (antic *decumanus* romà) estaria la seva necròpoli localitzada l'any 1926 quan es va construir l'estació de RENFE. Actualment els treballs realitzats en aquest indret arran de la reestructuració de l'estació per adequar-la al tren d'alta velocitat, no han aportat cap altra dada. La necròpoli deuria estar en un petit promontori que va desaparèixer quan es va fer l'antic edifici.

En època andalusina la ciutat creix fins arribar a les 34 ha. L'ampliació es fa cap als únics llocs possibles: cap a l'oest, fins l'actual carrer Cavallers i cap al nord-oest (plaça Cervantes), per finalitzar enllaçant amb la cara nord del turó de la Seu Vella.

Poc després de la conquesta de la ciutat al 1149 per Ramon Berenguer IV, la ciutat s'amplia de nou cap a l'oest fins a la plaça Espanya i cap al nord-est, l'avinguda Catalunya i la rambla d'Aragó. A la segona meitat del XIV es produeix un petit creixement per la banda nord-est.

Fora de les muralles urbanes s'edificà el castell templer al turó de Gardeny i el barri de Cappont, molt probablement poblat pels andalusins que romanen a la ciutat i que han estat desplaçats del centre urbà per allotjar els nous pobladors cristians. A partir del segle XIII, neix un nou barri: Sant Pau del Mercadal, situat entorn de l'actual estació de l'AVE.

Sense comptar els barris, ja que no tenim prou dades per poder establir-ne les dimensions, la ciutat feudal arribà fins a les 45 ha.

La Lleida moderna manté la mateixa longitud i llargada de la ciutat feudal, però a partir de 1640 la ciutat sofreix una dràstica transformació. Els habitatges situats al turó de la Seu Vella s'enderroquen i es comença a construir la ciutadella militar. Així mateix, a la part baixa s'alçà una muralla que deixa part del barri de

Magdalena destinat a zona militar, amb la consegüent despoblació. Els residents es traslladen bàsicament a la costa de Sant Joan —el Canyeret. Així, de les 45 ha de la ciutat, 28 ha. estan ocupades per la població civil i les 17 ha restants (13 ha del turó de la Seu Vella i 4 ha de l'àrea compresa entre la nova muralla i l'antic tancament de la ciutat), sense comptar la fortificació aixecada a Cappont i la ciutadella de Gardeny, són d'ús militar.

LA CIUTAT ANDALUSINA

Sabem que Musà ibn Nusair conquerí per capitulació l'any 713 la ciutat de Saragossa, poc després inicià les ofensives de penetració cap als territoris occidentals que varen definir la frontera i Lleida va passar al domini àrab entre els anys 713 i 714. A l'any 801 la ciutat fou assaltada i cremada per Lluís el Pietós. A finals del segle IX, 883-884, Ismail Musa inb Lub va reconstruir la ciutat i a partir del 901 inicià la construcció de l'alcassaba i la mesquita major.

Les fonts documentals de l'època que parlen de Medina Larida són pràcticament inexistents, les referències d'Al-Idrisi (citat a Mazzoli-Guintard, 1996, 26-28) i Al-Himyari (citat a Pita, 1974, 51) són tan breus que tan sols ens permeten saber on estava situada i que era una ciutat petita. Trobem més informació als documents cristians relacionats amb la cessió de les propietats andalusines als nous pobladors, però aquestes dades no permeten reconèixer els trets morfològics de la ciutat andalusina, l'organització espacial dels seus elements i la seva evolució en el temps.

Leopoldo Torres Balbás, gran coneixedor del món àrab, va establir el nucli urbà andalusí dividit en espais diferenciats (Torres Balbás, 1985):

1. L'espai intramurs.

1.1. Espai articulat entorn de la ciutadella com a centre de la vida política i barri individualitzat de la classe dirigent. Aquest espai està situat al lloc més elevat de la ciutat i és un recinte fortificat de dimensions mitjanes i darrer reducte defensiu.

1.2. Espai destinat a la ciutat civil, protegit per una muralla que voreja un dels costats de la ciutadella que es desenvolupa entorn a la mesquita major, que és el centre de l'activitat social, econòmica i religiosa.

1.3. Espai destinat als barris comercials, organitzats en assocs jerarquitzats i allunyats dels barris residencials.

1.4. Espais residencials.

2. La muralla, amb un número indeterminat de portes en funció de la grandària de la ciutat i que separa la ciutat intramurs de la ciutat extramurs.

3. L'espai extramurs, organitzat en burgs protegits per un recinte.

4. Els cementiris.

5. Residències d'esbarjo.

6. Espai destinat a les oracions (*musalla*).

D'aquests espais definits només tenim dades relacionades amb l'espai intramurs i les muralles. Tot i així, gràcies a l'activitat arqueològica portada a terme s'ha pogut establir els límits de la ciutat i, amb ells, la seva dimensió, així com una possible pauta de com va ser el procés formatiu i com es va desenvolupar i va evolucionar posteriorment. Es pot parlar amb certa seguretat sobre la distribució dels espais públics i privats, també ens ha permès comprendre i articular com serien els habitatges. Resten, però, molts interrogants, com ara la definició dels límits dels diferents barris i la seva funcionalitat, reconèixer els espais públics com els mercats, les mesquites i, fins i tot, les edificacions privades singulars. També cal dir que les dades de què disposem corresponen al període comprès entre el segle x i la conquesta cristiana al 1149.

Dels segles viii i ix, tant pel que fa a la zona del turó com pel que fa a la ciutat baixa, no hi ha dades que ens donin llum sobre com era ni quina extensió tenia. Aquesta absència absoluta de dades no sembla atribuïble a destruccions posteriors, ja que les excavacions i els sondejos realitzats han estat nombrosos i cal pensar que com a mínim haurien aparegut materials pertanyents a aquest moment. Les fonts escrites referides a Lleida no deixen cap dubte sobre la seva existència però, en canvi, les arqueològiques no les corroboren. A tall d'hipòtesi, podríem explicar-ho si la ciutat d'aquesta època es trobés situada a la zona del turó, on la potència estratigràfica conservada, com hem pogut comprovar contínuament, és molt petita ja que la roca aflora molt de pressa, i les agressions posteriors poden haver acabat amb períodes sencers. Així doncs, pels segles viii i ix podríem parlar d'una ciutat de caire més aviat militar amb funcions de control sobre la frontera a fi de consolidar el domini sobre la zona, i on probablement es reutilitzin estructures d'èpoques anteriors.

A grans trets, podríem definir l'evolució de la ciutat en els següents grups:

1. Ocupació de l'espai anterior. Segles viii i ix (713/883)
2. Inici de l'urbanització. A partir de 883/901
3. Urbanització. Segle x
4. Transformació de l'espai urbà i domèstic. Inici de les taifes
5. Regressió de l'espai ocupat. Finals del segle xi-1149

Les muralles

La construcció fonamental en qualsevol ciutat és el seu tancament, ens defineix el perímetre i ens permet establir-ne la grandària, ja hem dit abans que la ciutat andalusina abraçaria unes 34 ha. Mostrarem alguns exemples.

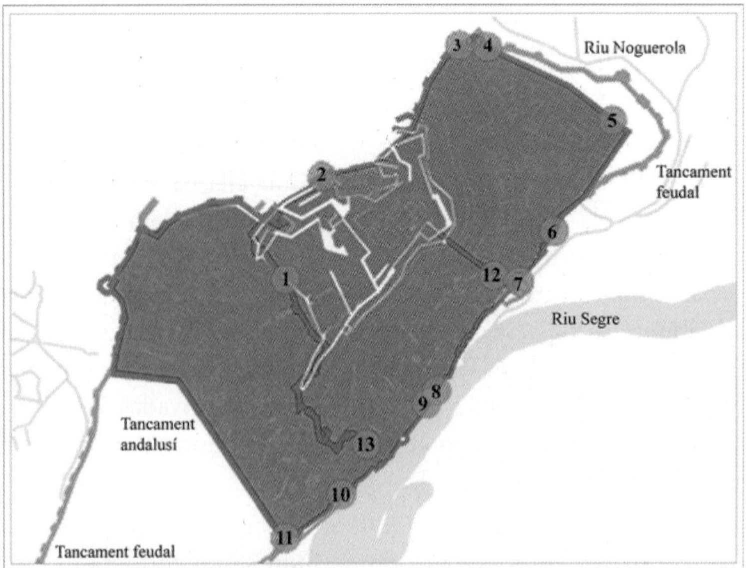

1.- Turó de la Seu.Tancament est
2.- Turó de la Seu.Tancament nord
3.- C. Pi i Margall/ plaça mossèn Cinto
4.- C. Anselm Clavé, 49
5.- C. Remolins
6.- Rambla Ferran, 17
7.-Rambla Ferran, 1,3,5,7
8.- Plaça Sant Joan, 27-29
9.- Av. Blondel 10, Pça Paeria s/n
10.- C. Major, 17
11.- Av. Blondel, 54
12 i 13.- Cuirasses. Eix comercial

5. Trams localitzats del tancament.

Les muralles localitzades al Turó de la Seu Vella.

El primer tram identificat correspon a la denominada muralla nord (imatge 6.3.). Aquesta muralla és el límit de la roca Sobirana on s'assenta el palau andalusí i posteriorment el palau reial.

Amb anterioritat a l'inici de la campanya de 1992 s'havien identificat visualment en l'alçat exterior de la muralla nord un seguit de trams, que per la seva morfologia i disposició eren molt diferents a la resta. Els resultats de la campanya de 1992 ens han permès establir relacions estratigràfiques entre la muralla nord i les terres excavades, donant per primer cop cronologies concretes. Els estrats, i, per tant, la muralla, han estat datats a la primera meitat del segle x.

L'obra es caracteritza per l'existència de filades realitzades amb grans blocs de pedra col·locats del llarg i de través, més o menys uniformes i força escairats, travats entre si amb morter de sorra i calç, amb una disposició més aviat anàrquica. Aquest tipus de blocs i de disposició s'assembla als tipus constructius de les muralles andalusines de finals del segle IX-X de la península. La seva amplada és de tres metres i entre les dues cares vistes hi ha un reble compost per una argamassa molt dura i compacta de morter i pedres. A les zones on hi han betes de roca, aquestes, a més a més de fer de sòcol de la construcció, són integrades en diversos trams a l'elevació en substitució les filades.

La part superior de la muralla es recreix amb un parament molt diferent i característic de l'obra feudal: blocs rectangulars molt més petits, ben treballats, col·locats del través i trencant juntes. La part inferior de la muralla mostra una obra feta en època moderna, resultat de l'arranjament de la roca natural.

6. Els trams de muralla identificats al turó de la Seu Vella

A la muralla hi ha la porta d'accés a la ciutadella moderna —la porta del Lleó— i a uns 40 m a la seva esquerra, l'any 2004 va sortir un segon tram (imatge 6.1 i 6.2.). La disposició de les pedres (de 60 x 40 cm) és igual a la de la muralla nord, però tenen un rebaix perimètric, s'aprecia el treball de l'escola i tenen uns encaixos per subjectar la tenalla que permet el moviment dels blocs. La factura del mur és andalusina però les pedres són reutilitzades d'un edifici romà. A diferència de la muralla identificada a la cova nord del palau de la Suda, té una única cara amb una amplada d'uns 60 cm, això s'explica pel fet que aquesta muralla no és una muralla de tancament de la ciutat sinó que correspondria a un tancament interior: diferenciava el recinte de l'alcassaba de la resta de la ciutat per la seva banda oest. Posteriorment, en època feudal, probablement amb la remodelació de

Pere III el Cerimoniós, aquest tancament es fa molt més ample i es recreix cap a l'exterior, el pany andalusí passarà a formar part de la fonamentació. En època moderna se'n tornarà a reduir l'amplada.

Pel material trobat a la rasa de construcció de la muralla, i en concret per la presència de ceràmica decorada en blanc i verd, l'aixecament de la muralla se situaria entorn al primer terç del segle XI. Fins llavors, l'antiga muralla tardorepublicana, d'inici del segle I aC, continua en ús. La muralla, respecte a l'antiga muralla romana, es fa una mica enretirada i amb un petit canvi d'orientació.

Als darrers anys les noves dades sobre la part baixa de la ciutat andalusina pivoten bàsicament sobre les muralles. Les restes relacionades amb la trama urbana, cases i carrers, estan pràcticament arrasades per les actuacions constructives posteriors.

7. La part baixa de la ciutat. El costat nord-est

L'any 1998, al solar del carrer Anselm Clavé, 49, es va poder documentar un ampli sector de la muralla que encerclaria la ciutat. Fins aleshores l'única dada sobre els tancaments de la ciutat baixa eren els apareguts al solar de l'avinguda Blodel (actual Hotel Real) i avinguda Blondel, 54, però amb unes característiques molt diferents; aquests trams semblaven, a més del límit de la ciutat per la banda del Segre, uns llenços de protecció de les crescudes del riu.

La muralla del carrer Anselm Clavé, datada a mitjan segle X, està construïda amb blocs de sorrenca rectangulars lligats en sec, almenys fins als 3,60 metres d'alçada partint des de la seva base de fonamentació (imatge 7.1). L'alçada restant fou molt probablement erigida amb tàpia, que va ser substituïda per pedra en la remodelació del segle XIV. El mòdul de la pedra emprada oscil·la entre un metre i noranta centímetres de llarg per quaranta i cinquanta d'ample. Val a dir que no es tracta d'un parament uniforme ja que aquests blocs es combinen amb d'altres de mida més reduïda. El tipus de disposició també és força irregular. Ben lligades amb el llenç hi han dues torres massisses de planta rectangular, conserven entre dos i nou filades d'alçada i estan separades per una distància de 17 m. Estan construïdes amb blocs d'arenisca rectangulars disposats del llarg i de través al·leatòriament a excepció de les catonades on s'alternen filades amb blocs paral·lels a la muralla i filades amb els blocs perpendiculars.

A l'any 2005 i arran de la remodelació de l'eix comercial es va localitzar a l'inici del carrer Anselm Clavé, 1, 3 i 5, una altra torre (imatge 7.2.) situada a una distància equidistant amb la resta de torres aparegudes al tram de la muralla excavada a la intervenció del carrer Anselm Clavé, 49.

En la mateixa intervenció de l'eix comercial es va poder conèixer una de les portes d'entrada a la ciutat (imatge 7.3). Aquesta porta era la sortida cap a Corbins. Se situa a la cruïlla entre el final del carrer Pi i Margall i la plaça Mossèn Cinto i s'obre a la muralla que des del límit nord del palau de la Suda, davalla per la banda nord-est fins enllaçar amb el tram que defineix la línia de façana que dóna al riu Segre. No es va poder determinar la forma original de la porta ja que va ser reestructurada en època feudal. A la fotografia es veu la planta, el recreixement feudal i l'alçat exterior, on es pot apreciar les dues èpoques. No es va poder excavar la cara que donaria a l'interior de la ciutat.

A l'igual que al turó, la muralla i la porta es mantenen dempeus fins a mitjan segle XIV. És en aquest moment quan la ciutat amplia els seus límits cap al nord-est i s'edifica la zona més propera al riu Noguerola que estava destinada a horts.

Pel que fa al parament, la refacció feudal significa un canvi molt acusat: està compost per blocs rectangulars de 50 x 30 cm de sorrenca combinats amb d'altres de mides diverses. Alguns presenten les vores rebaixades i el centre corbat semblant al tipus d'aparell conegut com encoixinat. Tots els blocs tenen unes juntes molt acurades omplertes d'un morter de calç i sorra de gran consistència. El gruix de 2,30 metres s'aconsegueix realitzant una tècnica basada en l´encofrat. El traçat per on discorre, en canvi, segueix amb petites variants el de l'antiga muralla andalusina, utilitzant-la de fonamentació.

8. La façana del riu

Al llarg del tancament que configuraria la façana del riu tenim sis punts documentats (vegeu imatge 5, números del 6 a l'11), dels quals farem referència a dos d'ells, l'un el de la rambla Ferran, 1, 3, 5 i 7, i l'altre el de l'avinguda Blondel, 54.

Respecte al pany de muralla localitzat a la rambla Ferran (imatge 8.1), direm que la muralla andalusina queda avançada respecte a la línia feudal que és enretirada quan es construeixen unes adoberies.

El tancament localitzat a l'avinguda Blondel, 54 (imatge 8.2). En un gravat publicat a l'*Atlas de Lleida* (Atlas, 1987, 56-57), tot aquest sector de la ciutat no està representat amb muralles, sinó amb una línia contínua d'edificacions. La seva amplada, només 60 cm, les edificacions cristianes adossades al seu darrere i la presència d'uns suports per a subjectar unes balconades, ratifiquen la imatge reflectida en el gravat mencionat, i, per tant, no podem parlar en sentit estricte d'un llenç de muralla defensiu, sinó més aviat d'un mur pantalla o mur de contenció del riu, que folra la roca natural i que tindria una doble funció, delimitar la primera terrassa ocupada de la ciutat, i fer de protecció contra les possibles riuades.

Cal distingir dos fets constructius ben diferenciats.

El primer, el pany de mur enfrontat al riu i aquell que, lligat amb aquest, inicia un gir de 90 graus en direcció nord-oest. El parament exterior visualitzat es perllonga per sota de l'actual carrer Cavallers i conserva sis filades que donen una alçada de 2,20 m. El coronament superior del mur no és de la construcció original sinó que es tracta d'una remodelació medieval corresponent al moment de construcció de l'edifici gòtic adjacent. Les filades estan fetes amb grans blocs rectangulars de vèrtex lleugerament encoixinat i col·locats sempre del través. Fins la construcció de la banqueta i l'ampliació urbana de la ciutat sota el mandat del governador Blondel al final del segle XVIII, el parament andalusí formava part de la façana de Lleida, visualitzada des de la riba esquerra del riu Segre. Al mur en direcció nord-oest s'observa un canvi en la disposició del parament, es combinen filades fetes amb blocs disposats del llarg i filades fetes amb blocs col·locats de través amb una clara intenció de reforçar la cantonada del límit de la ciutat per aquesta banda.

El segon element el configuren quatre murs que, lligats per dins al parament exterior, delimiten sengles espais quadrangulars, la funcionalitat dels quals està relacionada amb tota seguretat amb el reforçament d'aquesta singular cantonada. Tot i la dificultat d'interpretar aquests espais, dels quals desconeixem la perllongació en alçada, sembla prou evident que estem davant un sistema de fonamentació compost per tirants que reforcen la cantonada del límit de la ciutat, sense descartar una possible funcionalitat compartida o doble, reflex d'una construcció relacionada amb una porta o torre situada a prop d'aquest angle. La documentació medieval situa a l'indret de l'actual Peu del Romeu l'anomenat portal de Gardeny (Lladonosa, 1979).

Els farciments interiors excavats que corresponen al moment de construcció de la fonamentació van aportar pocs materials, la qual cosa ens obliga a datar a partir dels paral·lels constructius visualitzats a la mateixa ciutat.

En Josep Lladonosa als seus escrits cita dues cuirasses: la de porta Ferrissa i la de Sant Andreu, així mateix, aquests llenços perpendiculars també surten marcats als plànols d'època moderna.

La cuirassa de porta Ferrissa (imatge 5, número 12 i imatge 9.2). Va ser a la intervenció realitzada l'any 2000 a la baixada de la Trinitat, 3 (actualment Viatges Tabora), quan se'n va poder determinar l'origen. Per l'estratigrafia associada se'n va datar la construcció en època andalusina, tot i que amb l'escadusser material aparegut no es va poder concretar més la datació. Morfològicament, és molt semblant a la resta de les muralles conegudes.

De la cuirassa de Sant Andreu (imatge 5, número 13 i imatge 9.1) tampoc no teníem cap dada fefaent, però pel tipus de parament, per l'amplada i la disposició dels blocs creiem que el seu origen seria andalusí. Ha estat descoberta arran de les obres fetes a l'eix comercial.

En el cas de la cuirassa de la porta Ferrissa, és probable que la seva funció fos doble, d'una banda, la de divisió de barris i, de l'altra, la funció d'aqüeducte. La cuirassa neix a la vora del riu Segre i puja fins al turó de la Seu Vella.

9. Les cuirasses

L'espai intramurs

L'espai interior de la ciutat estaria articulat en diferents barris, amb construccions adaptades a les característiques del terreny natural. Tenim una coneixença arqueològica molt parcial d'alguns d'aquests barris, només del barri de Magdalena tenim prou dades per poder establir-ne l'articulació.

El barri de la Suda

El turó de la Seu Vella, per les seves característiques topogràfiques, ha estat sempre una part fonamental dins de l'estructuració urbana de Lleida. L'inici del seu poblament es remunta, segons les fons, ja que no ha sortit cap element arqueològic que ho confirmi, en època ibèrica i es va mantenir com una zona habitada fins al 1640, moment en el qual es va transformar en ciutadella militar. La part habitada del turó encerclada per muralles és coneguda com el barri de la Suda.

A les excavacions realitzades al turó de la Seu Vella surten vestigis de l'època andalusina però que no permeten determinar com va ser l'ocupació d'aquesta part de la ciutat de *Medina Larida*. Entre aquests, destaquen els localitzats al conjunt monumental dc la Suda, l'antiga caserna de Cavalleria i els trobats a la muralla de tancament del barri per la banda oest.

10. Les restes andalusines aparegudes al conjunt monumental de la Suda

Pel que fa a les restes arqueològiques d'època andalusina, aparegudes al conjunt monumental de la Suda, si bé són força importants, ja que per primer cop se'n constata l'existència a la Roca Sobirana —on se situa el palau-castell de la Suda—, hem d'avaluar-les en la seva justa mesura, i reconèixer que tant l'estat de conservació en què es troben com l'aïllament espacial que existeix entre elles impossibilita establir-ne en gran mesura la significació.

Els resultats d'excavació ens permeten assegurar que abans de la meitat del segle x dC la plataforma superior de la roca Sobirana ja estava tancada al nord i a l'est per dos grans murs defensius des d'on partiria, a més, la muralla nord (imatge 10.4) que davallava fins al barri de Magdalena tancant la ciutat de *Medina Larida*.

La següent fase d'ocupació andalusina correspon al període califal i ens permet documentar per primera vegada fets constructius de certa entitat. A la nau nord est, del posterior palau feudal una casa organitzada en dues terrasses (imatge 10.3) que s'adossa al tancament del suposat recinte fortificat, i, a la vessant est, dos edificis amb pati interior tancat per la muralla nord, un d'ells amb pòrtic (imatge 10.4 i 5).

Sembla que al final del període califal l'ocupació de la roca Sobirana va experimentar un important canvi. A la nau nord-est constatem l'anul·lació de les terrasses anteriors mitjançant la construcció d'una casa amb pati a un sol nivell (imatge 10.1). En canvi, a la vessant sud, la topografia del terreny segueix condicionant les noves construccions d'època Taifa. Es manté el sistema de terrasses amb la construcció d'un edifici dividit en cinc habitacions a dos nivells comunicades per trams d'escales i corredors (imatge 10.3).

L'última de les evidències constructives a la roca Sobirana d'època andalusina també té lloc a la vessant sud, amb la construcció d'un nou edifici que deuria produir-se en un moment avançat del segle XI dC, quan les parets de toves de les primeres construccions taifes ja estaven enderrocades. Aquesta nova fase significa un canvi en l'orientació de les construccions, que es desplacen a l'est i abandonen l'extrem sud-oest de la vessant sud.

La principal qüestió que hem d'afrontar a l'hora de fer la interpretació consisteix, a determinar a quin tipus de complex defensiu o urbà de la ciutat pertanyen les edificacions andalusines documentades. Pel que fa a l'alcàsser que molt probablement s'emplaçaria a la plataforma superior del turó, no han aparegut estructures ni elements arquitectònics que puguin atribuir-se a l'esmentada obra, encara que caldria plantejar la possibilitat que els murs nord i est que tanquen la plataforma superior de la roca Sobirana pertanyin als límits d'un recinte on trobem dependències o cases independents de tipus residencial durant l'època califal i taifa.

Acceptada la interpretació dels murs descoberts com els límits defensius d'un alcàsser, podem establir que aquest tenia una superfície de 4.600 m^2, coincidint a grans trets amb la planta que després ocuparia el palau feudal. Una anàlisi de la distribució i l'emplaçament de les sitges i les edificacions sobre la superfície total del recinte podria indicar-nos el lloc on s'ubicava la part més noble. Hi ha una concentració d'aquestes estructures a la banda nord, si considerem la presència o l'absència d'aquest tipus d'estructures com un indicador útil per a diferenciar les zones domèstiques, hauríem de concloure que estaria localitzada al sector sud de la roca Sobirana.

La resta dels habitatges situats fora d'aquest recinte formarien part d'un barri de *Medina Larida* molt lligat al poder.

A l'antiga caserna de Cavalleria només varen aparèixer tres sitges, comunicades dos d'elles entre si, però pel material ceràmic que les reblia han aportat una informació cabdal sobre la primera meitat del segle x. S'hi va trobat tot un lot de materials que corresponien als atuells domèstics emprats en una casa: ceràmica de taula, de cuina, de magatzem, d'altres usos, que per les seves característiques formals i decoratives es van poder datar a la primera meitat del segle x. A excepció de les sitges aparegudes a l'antic portal de Magdalena, d'aquest període no teníem gaires dades.

A la intervenció feta a la muralla de tancament de la ciutadella moderna (la porta del Lleó), a més de la troballa de la muralla andalusina, es van documentar indicis de la trama urbana. Restava conservada part d'una canalització vial (imatge 11.1) que finalitzava el seu recorregut a la muralla desguassant cap a l'exterior. Adossada a la muralla aparegué part d'un habitatge (imatge 11.3), al mur de façana al carrer es conservava la sortida de la canalització domèstica. La cara interior de muralla romana fous reutilitzada com a mur i la resta com a paviment d'un possible pati.

11. Traces urbanes situades al costat de la muralla andalusina

El barri de Sant Martí

L'excavació realitzada a l'exterior de l'església de Sant Martí abasta un curt espai cronològic situat entre el final del segle XI i principi del segle XII. Les restes localitzades corresponen a una petita zona d'un barri dedicat a la producció de terrissa. Es van trobar tot un seguit d'estructures interpretades com a bases de decantació de l'argila i un gran nombre d'eines de terrisser com els trespeus i les barres còniques emprades com a suport de les peces dins el forn. També varen sortir dues canalitzacions excavades a la roca que, partint cadascuna d'una bassa de decantació, delimitaven un seguit d'àmbits. La distribució de les edificacions està condicionada per l'espai disponible que queda entre els canals de desguàs. Les sitges localitzades sembla que se situen fora dels espais tancats definits. A la resta d'intervencions les sitges sempre apareixeran a l'interior de les cases.

Les restes de Sant Martí ens aporten una dada molt important. L'orientació de les estructures és idèntica a la dels actuals carrers Jaume I i Radera de Sant Martí, fet que ens permet deduir que el traçat d'aquests carrers correspon a la perdurabilitat d'uns vials planificats des d'època andalusina.

12. Estructures localitzades a l'exterior de l'església de Sant Martí

El barri de Magdalena

El número d'intervencions realitzades al sector del carrer de Magdalena i del carrer del Carme ens ha permès establir una primera hipòtesi de com s'articularia el barri, hipòtesi que pot servir d'exemple per a la resta. Atès que les restes que configuren el barri al segle XI són les millor conservades, aquesta restitució pivota bàsicament en elles, encara que si tenim en compte que el primer traçat és de la primera meitat del segle X, també es pot considerar vàlid per a qualsevol de les fases anteriors identificades, però sense perdre'n de vista les particularitats. Les dades de què disposem, però, no ens permeten determinar quines activitats es desenvoluparien al barri de Magdalena.

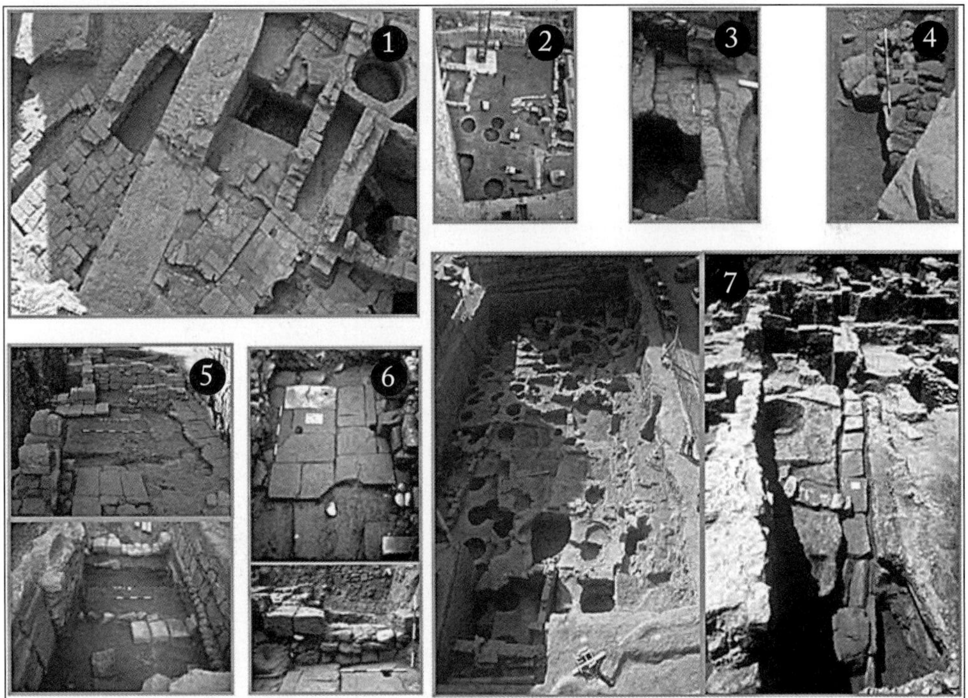

1.- C. Anselm Clavé, 49. La muralla amb torres i un dels habitatges

2.- C. Democràcia, 6-8. Pous morts identificadors d'un carrer

3.- C. Bafart, 6-8. Claveguera d'un carrer

4.- C. Democràcia, 19. Restes d'un mur de façana

5.- C. Costa de Magdalena, 12. Cassa i carrer al segle XI

6.- C. la Parra, 24-28. Detall del pati d'un mur d'una casa

7.- L'antic Portal de Magdalena (Auditori Enric Granados). Vista general de la distribució de les sitges i el sistema de clavegueram taifa

13. Restes andalusines aparegudes al barri de Magdalena

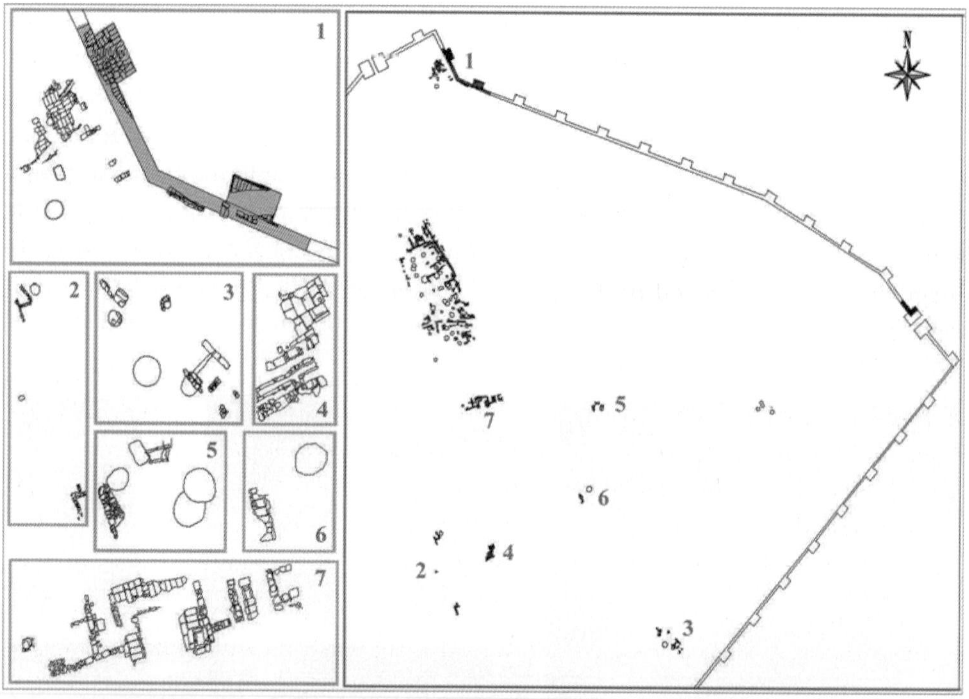

14. Les restes andalusines del barri de Magdalena i la seva distribució espacial

Els habitatges s'adapten a la morfologia i als desnivells naturals, les cases apareixen aixecades a les diferents terrasses.

Elements estructurals

Els murs. Es detecta la pervivència en totes les èpoques de diversos tipus, que, a més, poden conviure entre ells produint una gran diversitat de paraments. En general les seves amplades oscil·len entre els 40 i els 60 cm i tenen un acabat exterior consistent en un arrebossat. A la intervenció del carrer Costa de Magdalena es van trobar fragments caiguts d'estuc de color vermell, però no podem determinar si tota la paret tindria un mateix color o si bé hi hauria una diferenciació entre el sòcol i la resta de l'alçat. Els més freqüents són:

—Pedres de mida no gaire gran col·locades en sec a la base del mur, d'alçada variable, i la resta del mur en alçada amb tovot o tàpia.

—La part inferior dels murs té un sòcol de pedra fet amb dos tipus de parament: a les cantonades i a les zones on s'adossa un mur perpendicular, les pedres són blocs més o menys de forma quadrangular força escairats, mentre que els trams entre aquests són de pedres bastant més petites amb unes formes i una mida força irregulars. La resta del mur és fet amb tàpia o tovot. Aquest sembla que és el tipus més generalitzat.

Els pilars. Estan fets amb filades capiculades de dos blocs de pedra d'alçada variable, que els confereixen una forma més aviat quadrangular. Apareixen situats tant al costat dels murs com de forma exempta.

Els paviments. L'àmbit destinat a pati és el que presenta més variables, ja que poden ser de morter, de còdols o de lloses. De vegades, als paviments de lloses hi ha una andana perimètrica que envolta les parets que tanquen el pati, tal i com hem pogut verificar a les intervenció de la Suda, carrer Costa de Magdalena i l'antic portal de Magdalena. En la resta d'habitacions solen ser de terra batuda.

Les llars de foc. Generalment sense estructura, com a molt un petit fogó fet amb tres petites lloses en disposició vertical com el documentat a la Suda a la fase de la segona meitat del segle X o una senyalització amb petits tovots com en el cas del carrer Costa de Magdalena. Estan situades en una habitació propera al pati (antic portal de Magdalena i Costa de Magdalena), al costat d'una paret (Suda, Costa de Magdalena) o a prop d'un pilar (antic portal de Magdalena).

Les sitges. No hi ha una zona concreta de la casa per a la seva ubicació. Són sempre de planta circular i sense cap recobriment interior conservat. És improbable que aquestes estructures en negatiu —pràcticament totes estan excavades en les terres de l'estratigrafia anterior— no tinguessin alguna mena d'aïllant dels productes emmagatzemats. A tall d'hipòtesi, plantegem la possibilitat que aquest recobriment fos de tipus orgànic, cosa que no n'ha facilitat la conservació. Nosaltres només hem pogut documentar-ne el desús, una vegada inutilitzades es converteixen en escombraries.

Els patis. Com a elements propis, a més de la diferent pavimentació, poden tenir:

— Pous d'aigua potable, gairebé sempre iguals: de planta quadrangular i interior arrodonit amb empremtes enfrontades per a baixar i pujar; amb brocal diferenciat (carrer Costa de Magdalena i l'antic portal de Magdalena) o sense diferenciar (l'antic portal de Magdalena). Al carrer de l'Aiguardent hi ha un tipus de pou més simple que consisteix en una estructura de planta circular feta amb pedres de mida més petita, tenint en compte, però, que, en aquest cas, el pou pertany a la fase anterior.

— Bassa. L' existent a la Suda és de forma rectangular i feta amb el mateix tipus de lloses que el paviment, però col·locades en sentit vertical. En un dels seus costats hi ha una petita obertura per la qual es recolliria l'aigua del pati cap a la bassa. L'aigua quedaria estancada dins de la bassa, i molt probablement la regularització del seu cabdal es faria mitjançant la canalització trobada a un dels extrems del pati. Pot ser que aquest model sigui extrapolable.

—Parterre, a Costa de Magdalena, espai quadrangular sense pavimentar i fet amb pedres irregulars limitat pels quatre costats pel paviment de lloscs.

Dimensions i distribució de les cases

Les cases amb un millor estat de conservació i que ens han permès fer una restitució hipotètica corresponen a les excavades a la Suda i a l'antic barri de Magdalena, en concret les del carrer Costa de Magdalena i les de l'antic portal de Magdalena. La restitució de la casa localitzada a l'interior de la nau nord-est del palau cristià ens dóna una superfície entorn als 230 m^2, mentre que les unitats domèstiques de les intervencions del barri de Magdalena tenen unes dimensions molt més petites, entre els 50 m^2 i els 110 m^2. Aquesta diferència s'ha de relacionar amb la zona on estan ubicats aquests habitatges. Les restes de la Suda estan al barri antic de la ciutat, a la ciutadella, on residiria el poder polític, mentre que les cases del barri de Magdalena es troben a la ciutat baixa.

Amb independència de la mida i del barri on estan ubicades, les cases tenen sempre un mateix tipus de distribució, encara que aquesta pot ser més o menys complexa: les diverses habitacions que la componen estan articulades entorn a un pati. No hi ha dades suficients per a determinar la funcionalitat concreta de cadascun dels àmbits. Només a Costa de Magdalena i a un dels habitatges de l'antic portal de Magdalena sabem segur, per la presència de llars de foc, que l'habitació més endinsada de la casa agafant com a referència la zona d'entrada, seria l'espai destinat a la cuina. Per la posició dels pous morts a prop de les línies de façana de la fase anterior, és molt probable que les latrines se situessin a l'habitació de l'entrada.

Carrers

Des del punt de vista constructiu, les clavegueres tant vials com domèstiques són idèntiques: lloses laterals i lloses de coberta, l'única diferència radica en el fet que les domèstiques tenen també una solera de lloses. Les clavegueres domèstiques estan situades sempre en sentit perpendicular al vial que desguassa i una mica per sobre de la base d'aquest; això, juntament amb el fort pendent que presenten, facilita l'entrega del cabal. De vegades s'aprofita la connexió dels pous morts de la fase anterior per a col·locar a sobre el canal.

Bàsicament els carrers han estat identificats per la presència de clavegueres i pous morts, encara que també s'han identificat en funció d'altres tipus de dades com el fet que la individualització de dos habitatges oposats fan versemblant la possibilitat que aquestes cases tinguessin l'entrada cadascuna d'elles a un carrer diferent.

El primer aspecte que cal ressaltar dels vials documentats és l'adaptació a la topografia, aquests segueixen el traçat de les corbes de nivell que encara avui dia és palès. D'altra banda, els hem ordenat tenint en compte el pendent d'evacuació de les clavegueres, la informació que aporten la seva amplada i la seva direcció no permeten establir una jerarquia fiable entre tots ells. Només es pot dir que els vials longitudinals, és a dir, paral·lels al riu, són una mica més amples i, per tant, més importants.

S'han definit com a carrers principals els vials longitudinals en direcció nord-sud, paral·lels a les corbes de nivell i que reben el cabal de les clavegueres dels eixos secundaris. S'ha donat la categoria de carrers secundaris als vials transversals. Aquests, en sentit perpendicular a les corbes de nivell, reben el cabal de les clavegueres terciàries o de desguàs de les cases. Els carrers terciaris són vials longitudinals paral·lels a les corbes de nivell; en estar situats molt més a prop del turó de la Seu pot ser que aquests eixos estiguin més condicionats pels canvis de pendent del terreny.

La xarxa viària definida ens ha permès establir illes de cases de dimensions i formes variables segons la topografia i els traçats dels carrers. La llargada sempre és variable mentre que, en general, l'amplada correspon a les dimensions de dos habitatges, cadascun d'ells té la façana principal amb la porta d'entrada a un carrer longitudinal. En el cas que l'amplada de l'illa donés per a més de dues cases, l'entrada als habitatges intermedis donaria probablement a un carrer perpendicular.

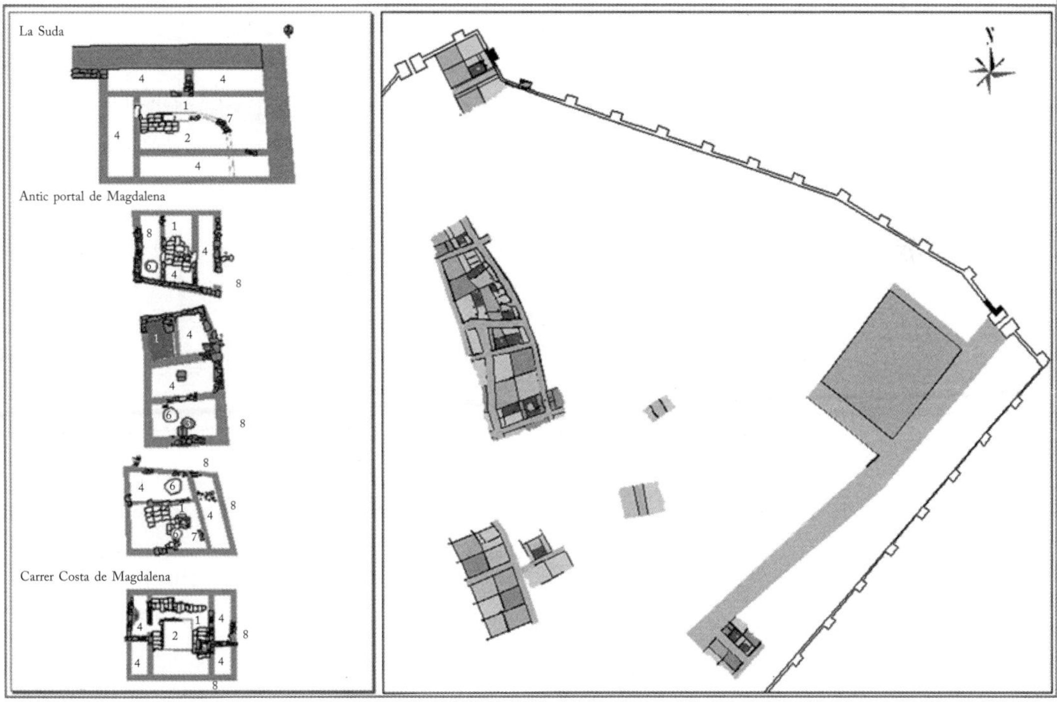

1. Patí 2. Bassa 3. Pou d'aigua 4. Habitació 5. Llar de Foc 6. Sitja 7. Canal domèstic 8. Carrer

15. Restitució del barri de Magdalena

A grans trets, la disposició de carrers i illes de cases es manté en època cristiana, sobretot pel que fa als eixos longitudinals, els eixos transversals sofreixen desplaçaments de manera que espais públics en època andalusina es converteixen en privats i d'altres privats són ocupats per carrers. És evident, per tant, que malgrat les transformacions puntuals, la xarxa urbana de l'antiga *Medina Larida* ha quedat fossilitzada a la xarxa actual. Amb les dades que tenim fins ara, les restes pertanyents a l'època romana reflecteixen un urbanisme totalment diferent, només el carrer Remolins, el carrer del Carme, el carrer Major, en definitiva el vial que avui en dia s'identifica com l'eix comercial, tindrien l'origen en època romana.

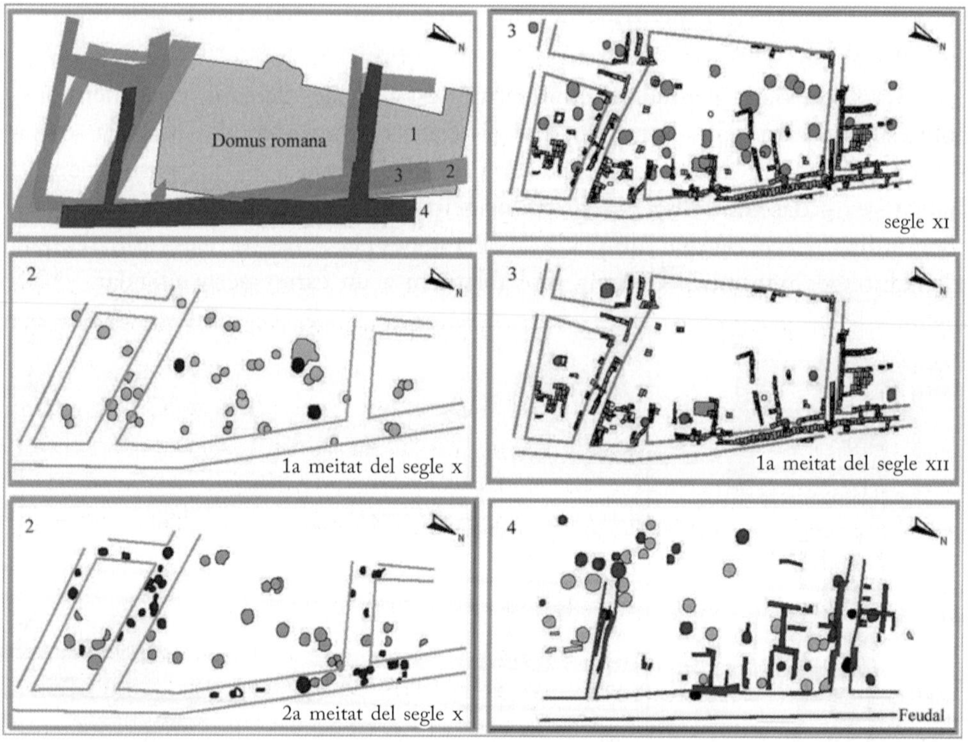

16. La transformació urbanística de l'antic Portal de Magdalena

Edificis públics

Al solar del carrer Democràcia, 19, aparegué part de l'església de Santa Maria Magdalena edificada just després de la conquesta. Si en general les advocacions de Maria i Magdalena corresponen a antigues mesquites, cal pensar que la mesquita del barri estigués situada en aquest entorn, tot i que a nivell arqueològic no hi ha cap element al solar que ratifiqui aquesta hipòtesi. Les restes andalusines aparegudes són pous morts —possible carrer— i dos petits murets —línies de façana.

La documentació cristiana diu que a prop de la mesquita de Magdalena hi havia uns banys públics. A prop de l'església de Santa Maria Magdalena, a la part posterior del carrer Democràcia, 6-8, i al carrer Remolins, 9-11, se situa l'edifici de les termes romanes. Si alguna cosa caracteritza els àmbits domèstics andalusins, les cases, és la presència de les sitges. A l'edifici termal —més de 2400 m^2— no ha aparegut cap sitja reblerta amb material andalusí. És, doncs, molt probable que els banys públics citats siguin les mateixes termes romanes que encara romanen en ús, tot i que no sabem si foren utilitzades en tota la seva extensió.

El material moble.

L'últim aspecte a tractar sobre la ciutat andalusina és el material moble.

L'aparició de monedes andalusines és molt poc freqüent, només comptem amb dos dirhams de plata i alguna moneda fraccionària i algun falús. Dels dirhams, l'un, de Yussuf al-Muzafar (1048) aparegut a la intervenció de l'antic portal de Magdalena (auditori) (imatge 17.1) i l'altre trobat al jaciment de la Casera.

Un altre tipus de material molt significatiu són els omòplats de bòvids. L'os es poleix i són emprats com a pissarres (imatge 17.2), totes les peces trobades tenen escrites les lletres de l'alfabet àrab. Els nens o adults és on aprenien a llegir i a escriure, i a vegades es veuen marques de reutilització. Tenen un foradet per penjar.

Els elements arquitectònics tampoc no són un material gaire abundant, tot i que les dues úniques peces són força interessants. La primera és un merlet amb una decoració zoomorfa d'un lleó i dues gaseles (imatge 17.3). La segona és un capitell (imatge 17.4) amb una decoració molt característica de l'època andalusina: les fulles d'acant.

Els objectes metàl·lics i el vidre són pràcticament inexistents.

La producció ceràmica andalusina a la ciutat de Lleida es caracteritza per la gran continuïtat de les formes. És la ceràmica de taula decorada la que ens indica la pauta diferencial i cronològica, així com la presència o l'absència de determinades formes.

En l'àmbit decoratiu, a més a més d'elements molt simples fets amb incisions o aplicacions, hi ha tipus decoratius complexos realitzats amb òxids, que, sotmesos a altes temperatures, arriben a vitrificar-se. El vidrat, a més de ser un factor decoratiu, suposa també un element impermeabilitzador.

A la segona meitat del segle X s'inicia una tradició de tallers de fabricació de terrissa. En un principi s'imiten les formes i les decoracions produïdes pels centres palatins de *Medina Azhara* i de *Medina Elvira*. A partir del segle XI, amb la divisió

17. Altres tipus de material

de la península en els diferents regnes de taifes, sembla que la ceràmica present a la ciutat de Lleida també optà per ser una producció ceràmica particular i identificadora. El centre o els centres artesans realitzaran una ceràmica que, encara que a escala formal s'assembla a les produccions d'altres zones, en el vessant decoratiu són totalment distintes. Aquesta tradició de tallers locals també es constata al final del segle XI i principi del segle XII —recordem les restes trobades a la intervenció del carrer Sant Martí.

Amb l'arribada dels nous pobladors cristians després de la conquesta de la ciutat per Ramon Berenguer IV al 1149, les tradicions artesanals andalusines no són totalment oblidades. En el cas concret de la ceràmica, la influència en les primeres produccions cristianes, tant en l'aspecte formal com en el decoratiu, és molt clara. Aquesta influència fins i tot és palesa en una part de la vaixella del món cristià més avançat.

Els tipus decoratius que identifiquen la ceràmica andalusina són els següents:

—Decoració en verd sobre fons melat. Apareix sempre relacionada amb les formes obertes. A sobre d'un fons monocrom de tonalitat melada, òxid d'antimoni, es dibuixen elements molt simples en verd. Aquest fons melat cobreix totalment les dues cares de la peça. Aquest tipus es troba a la primera meitat del segle X.

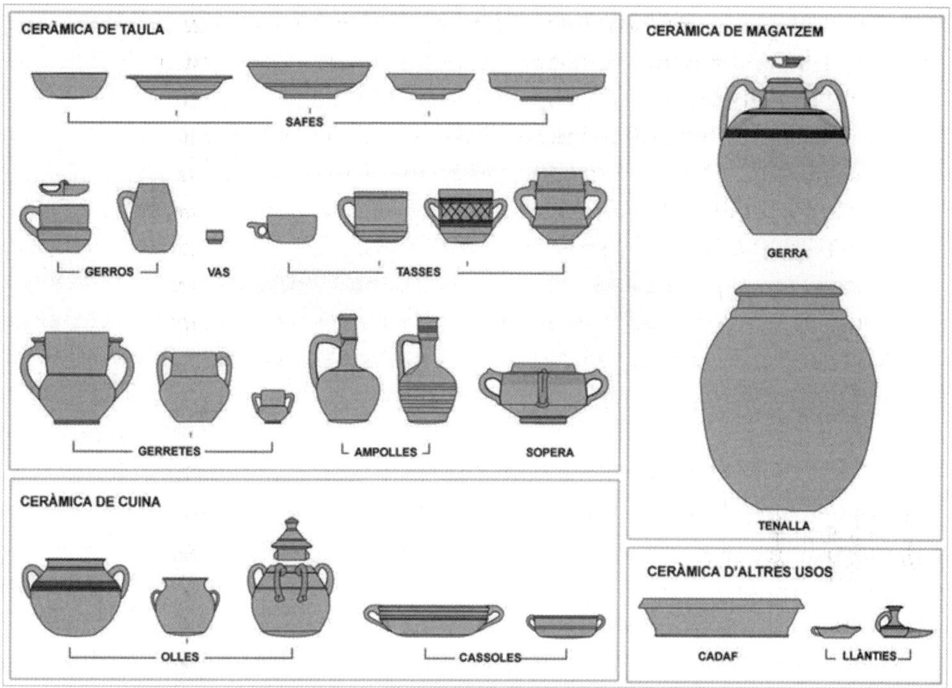

18. Taula de formes

—Decoració en verd i manganès sobre fons monocrom melat o groguenc. La superfície de la peça no decorada, l'interior en les formes tancades i l'exterior en les formes obertes, sempre té un vidrat monocrom melat. El costat decorat també té un fons melat, a sobre del qual es dibuixen els motius en manganès i s'omplen amb el verd. Apareix només a la primera meitat del segle x.

—Decoració en corda seca total i en corda seca parcial. Una vegada cuites les peces se submergeixen en un bany d'argila molt diluïda que rep el nom d'engalba. A sobre d'aquesta engalba es dibuixen els motius decoratius amb òxid de manganès i s'omplen amb òxid de coure. Finalment, es tornen a posar al forn amb unes altes temperatures de cocció per tal que els òxids es vitrifiquin. L'única diferència entre la corda seca parcial i la corda seca total és que en la corda seca total, tota la superfície de la peça està recoberta amb els òxids i poden combinar-se amb el negre —l'òxid de manganès— dos tipus més d'òxids: el verd —òxid de coure— i el melat —òxid d'antimoni—. Aquest tipus s'inicia a partir mitjan segle x.

—Decoració monocroma en blanc. Aquest tipus sempre apareix associat a les formes obertes. A sobre de la capa d'engalba blanca aplicada a les dues cares de la peça, es posa una capa de vidrat transparent. La trobem des de mitjan segle x fins al principi del segle xi. No és un tipus gaire freqüent.

—Decoració en verd i manganès sobre fons blanc. En aquests tipus, la superfície de la peça no decorada, l'interior en les formes tancades i l'exterior en les formes obertes sempre té un vidrat monocrom. A la cara que porta els elements decoratius s'aplica una capa d'engalba blanca i a l'igual que a la corda seca es dibuixen els motius en manganès i s'omplen amb el verd, però a diferència de la corda seca, es cobreix amb una capa de vidrat transparent que unifica la superfície i fa que no es notin els motius al tacte, tal i com passa amb la corda seca. S'inicia a partir de mitjan segle x i perdura fins al primer terç del segle xi. Després d'aquesta data la seva presència no és gaire abundant.

—Decoració en manganès sobre fons monocrom. Rep aquest nom la ceràmica decorada amb motius en negre a sobre d'un fons monocrom, generalment melat, òxid d'antimoni. Aquest fons melat cobreix totalment les dues cares de la peça. Els elements decoratius es restringeixen sempre a una de les cares, interior o exterior segons sigui la peça oberta o tancada. Aquest tipus s'inicia a partir de la segona meitat del segle x i perdura durant tot el segle xi.

—Decoració en verd sobre fons blanc. Aquest tipus és molt semblant a l'anterior, encara que amb petites però substancials diferències. En aquest cas, les peces obertes mai no porten recobriment vitri a l'exterior; a les tancades es continua aplicant com a element impermeabilitzador. L'altra diferència és l'absència de motius en negre i la simplificació dels elements decoratius fets en verd. Se n'ha constatat l'origen a principi del segle xi, i és una decoració molt específica d'aquest mateix segle.

—Decoració pintada en manganès o òxid de ferro. Aquestes ceràmiques són les que porten una decoració molt més simple: línies, ziga-zagues i sense un procés d'elaboració tan complex com les altres: a sobre de la superfície prèviament engalbada s'hi dibuixen els elements decoratius. Apareix a la primera meitat del segle x i perdurarà fins a l'època de la conquesta cristiana. Aquest tipus decoratiu es continuarà fent sempre i en qualsevol època posterior a l'andalusina.

—Decoració monocroma d'engalba vermellosa. Sempre s'associa a les formes tancades del tipus gerretes. Apareix de forma esporàdica des de la primera meitat del segle x fins al final del segle xi.

Fases cronològiques de la ceràmica

Per finalitzar farem un petit resum de la ceràmica que caracteritza cadascuna de les fases identificades.

La ceràmica de la primera meitat del segle x

Malauradament, els lots ceràmics, datats a la primera meitat del segle x, només han estat localitzats en els farciments d'amortització d'estructures d'emmagatzematge (sitges).

El repertori formal característic d'aquest període inclou, entre altres: dins de les produccions amb vidrat, les safes sense repeu, molt semblants a les de *Medina*

Azhara i les tasses amb una o dues nanses; dins de les produccions sense vidrat, les olles, bàsicament amb cuita reductora, de pastes dures i de parets primes, i cassoles tant oxidants com reduïdes. També apareixen, però en menor proporció, ceràmiques comunes fetes en cuita oxidant del tipus gerra i tenalla; les gerretes no són gaire abundants.

Pel que fa a la decoració, són dos els tipus més característics i definitoris d'aquesta primera meitat del segle x, i que, a més a més, corresponen als tipus decoratius majoritaris. Un d'ells, el que porta melat amb els motius en verd i manganès; l'altre, el que porta melat amb els motius exclusivament en verd. En una proporció molt petita, també hi és la ceràmica decorada en corda seca parcial, verd i manganès i la pintada.

Ceràmica de la segona meitat del segle x-inici del segle xi

La producció ceràmica d'aquest període es diferencia de la producció anterior per l'ampliació del repertori, no només formal sinó també decoratiu.

Es produeix un augment generalitzat de totes les formes. Al costat de formes que continuen, s'introdueixen nous tipus: platet, tapadora, gerro, ampolla, encara que també desapareixen unes altres com les safes sense peu, que seran substituïdes per les safes amb peu. Els atuells que sofreixen menys variacions són els destinats a un ús d'emmagatzematge i de cuina.

La decoració en verd i manganès i la decoració en verd sobre fons melat/groguenc deixarà de fer-se a partir d'aquesta segona meitat i sorgirà una nova decoració: manganès sobre fons monocrom, que es mantindrà tal i com hem mencionat anteriorment durant tot el segle xi, encara que el vidrat serà de menys qualitat. Al costat d'aquest tipus, seran també fonamentals en aquestes dates la decoració en verd i manganès sobre fons blanc i la corda seca parcial, ambdues amb motius de tota mena: geomètrics i/o vegetals, epigràfics i zoomorfs. Un altre tipus decoratiu que es generalitzarà a partir d'ara és la decoració pintada en manganès.

La ceràmica del segle xi

La revolució del 1010 a Còrdova suposà la fi del poder dels amirites i un transtorn de la situació politicosocial. Fins al 1031, s'aniran formalitzant les pautes que suposaran el final del califat i l'inici dels regnes taifes.

Aquests canvis també es veuran reflectits en la cultura material. En aquest segle, l'equilibri existent en el període anterior entre el volum de les produccions decorades i sense decorar es trenca i es decanta vers les segones.

Així mateix, dins de la vaixella decorada hi haurà una reducció en el número de formes fabricades. De les formes anteriors es mantenen els platets, encara que en una proporció molt baixa; les safes, que reduiran el número de tipus i variaran de forma. També redueixen el número de tipus la forma gerreta i les ampolles. Apareix una nova forma: la sopera.

També dins del món de les ceràmiques decorades es produeix un canvi fonamental. Pràcticament desapareix la ceràmica amb decoració en verd i manganès i apareix la ceràmica decorada en verd sobre fons blanc. Continuarà, però, la corda seca parcial i la decoració en manganès sobre fons monocrom.

La vaixella comuna no decorada no presenta cap canvi respecte a l'època precedent.

La ceràmica del final del segle XI fins al 1149

Des del final del segle XI la ciutat de Lleida, *Medina Larida*, restà, a poc a poc, aïllada de la resta del món andalusí i encerclada cada vegada més per territoris en mans cristianes.

En aquest període, que històricament correspon al període almohade, a diferència d'altres indrets com pot ser Tortosa, on hi haurà una població almohade, a Lleida, només arriben contingents militars sense la presència de població. Aquest fet explica l'absència de la ceràmica que caracteritza bàsicament aquest moment: la corda seca parcial amb esgrafiat i les produccions monocromes en verd amb decoració estampillada.

A Lleida, la vaixella que identifica aquesta època correspon a una evolució de les produccions i de les formes ja existents, encara que amb una dràstica reducció del repertori formal. En general, les produccions ceràmiques són molt més barroeres, de pastes no gaire depurades i més gruixudes. Quan hi ha acabats de superfície, aquests es redueixen a recobriments vidrats monocroms, generalment melats.

Bàsicament, les formes que caracteritzen aquest moment són safes, de dimensions més grans que en el període precedent i sempre amb carena alta i repeus robustos; gerretes, molt semblants a les anteriors però de parets més gruixudes i pastes més rogenques; olles de cocció reduïda, també amb un major gruix de pasta i amb vores molt més diferenciades amb llavis de secció triangular molt marcada; continuen apareixent les cassoles, però ara, acostumen a ser oxidades amb recobriment vitri interior. També hi continuen sense cap canvi substancial les formes d'emmagatzematge: gerres i tenalles, i les llànties de cassoleta.

La presència de ceràmiques amb decoració sembla que és residual.

Ceràmica cristiana de 1149 fins a principi del segle XIII

A la segona meitat del segle XII i principi del segle XIII, la ceràmica emprada a la ciutat tindrà un regust eminentment andalusí. No hi haurà un canvi notable fins després del segle XIII, tot i que, segons quins tipus, mai no perdran aquesta influència.

Després de diversos intents, finalment al 1149 Ramon Berenguer IV conquereix la ciutat per capitulació. Aquest tipus de conquesta determinarà el pas no violent de la ciutat de la cultura andalusina a la cultura cristiana. Part de la població àrab i entre ella, cal pensar que part dels artesans, va continuar vivint a la ciutat. Aquests artesans seguiran fent ceràmica, però encara que han d'adaptar-se a les tendències pròpies dels nous pobladors vinguts de la Catalunya Vella, les seves tècniques i maneres de fer encara es mantenen vives. D'altra banda, aquests nous pobladors valoraren un tipus de producte fins aleshores inexistent per a ells.

Així doncs, a més de les formes típiques de cuina del món cristià, les olles grises de vora plana, caracteritzen aquest període tot un seguit d'olles que tenen com a tret definitori: la presència de vorells de forma quadrangular més o menys desenvolupada i vorells de forma triangular, molt semblants als llavis de secció triangular de les olles andalusines. També són identificatives d'aquesta època, d'evolució netament andalusina, les formes tipus safa, gerreta, cassola, gerra, tenalla i llàntia.

En referència a les safes, aquestes continuen sent com en els períodes precedents, de perfil trencat i peu anular. A l'igual que en les safes de la primera meitat del segle XII, aquestes safes tindran un recobriment monocrom a l'interior. Per a diferenciar aquestes formes cronològicament distintes, però morfològicament molt semblants, cal observar el tipus de pasta, el tipus de vidrat i si porten o no decoració. Pel que fa a les pastes, les andalusines no són ni tan rogenques ni tan compactes com les cristianes i el vidrat en el món cristià és molt més diluït. L'element innovador, i potser el tret més diferenciador entre les safes andalusines i les cristianes, és la presència d'elements decoratius en les darreres. Aquesta decoració és molt simple, línies en verd sobre fons melat o només línies en verd directament sobre la superfície de la peça, sense cap recobriment vitri. Aquest tipus recorda, però, la ceràmica decorada en verd sobre fons blanc característica de tot el segle XI.

Un altre tipus formal de clara influència andalusina són les gerretes. Aquestes o bé tindran un recobriment vitri monocrom semblant a les gerretes del darrer moment àrab, o bé estaran decorades amb la tècnica de la corda seca parcial. A diferència de les gerretes monocromes, que són pràcticament iguals a les andalusines, en les gerretes decorades en corda seca parcial s'aprecien lleugers canvis formals, ara, ja no tindran un cos tan globular sinó que serà més aviat carenat i de coll i cos més proporcionat. També tenen una clara influència andalusina les gerretes pintades amb motius en manganès.

Les produccions decorades perduren fins a l'aparició, entorn al tercer quart del segle XIII de la ceràmica decorada en verd i manganès cristiana, i fins i tot sembla que conviuen durant un cert temps.

Respecte a les produccions en verd i manganès cristianes, cal fer dos petits apunts. L'un, la tècnica és la mateixa que l'emprada a les andalusines. Dos, la variació es produeix en tota la resta: tipus de pasta, cobriment vidrat per una sola cara quan són peces obertes i elements decoratius representats.

APÈNDIX CERAMOLÒGIC

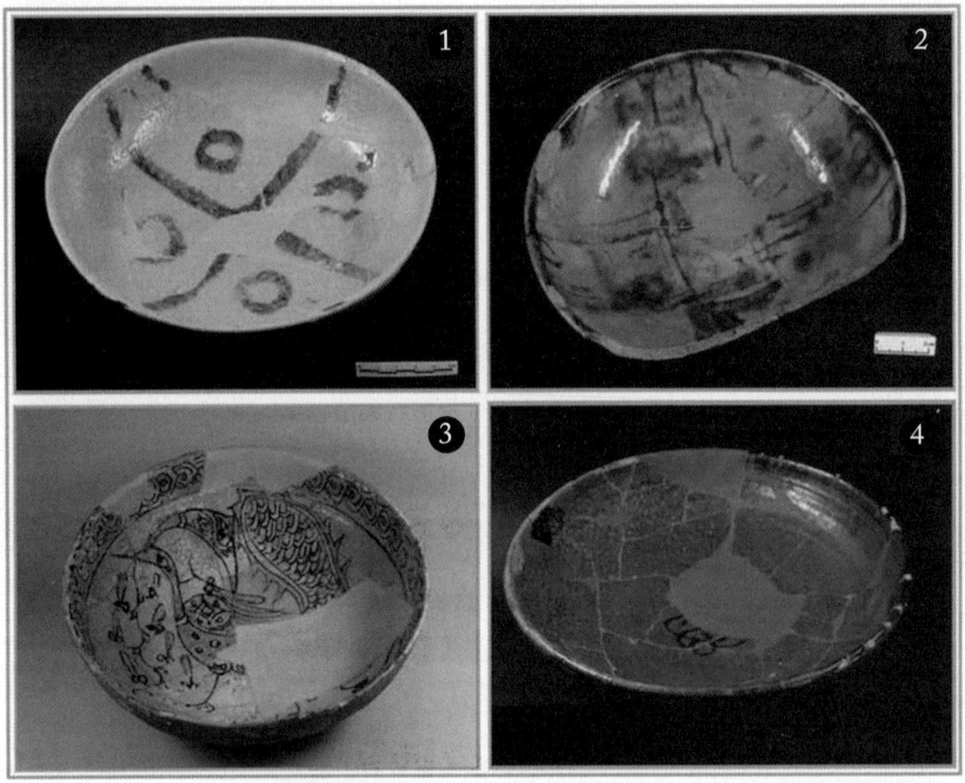

19. Ceràmica de taula

19.1. Safa sense peu decorada en melat i verd. Primera meitat del segle X

19.2. Platet sense peu, decorat en melat, verd i manganès. Primera meitat del segle X

19.3. Safa amb peu decorada en verd i manganès amb la representació d'un paó. Segona meitat del segle X-inici del segle XI

19.4. Safa amb peu, melat amb manganès sota coberta. Segona meitat del segle X-segle XI

20. Ceràmica de taula

20.1. Tassa monocroma blanca amb apèndix de botó. Segle XI

20.2. Tassa comuna oxidada. Segle X-1149

20.3. Gerreta decorada en corda seca parcial. Mitjan segle X-segle XI

20.4. Ampolla decorada en melat/blanc i verd. Segle XI

21. Ceràmica de taula i cuina

21.1. Cassola comuna oxidada de cuina. Segle x

21.2. Cassoleta reduïda de cuina. Segle x

21.3. Llàntia de bec. Segle x-1149

21.4. Sopera decorada en blanc i verd. Segle xi

21.5. Olla reduïda de cuina. Segle x-1149

21.6. Tapadora amb peduncles. Segona meitat segle x-segle xi. Aquesta forma és molt interessant, es relaciona directament amb unes olles vidrades amb més de cinc nanses i dos encaixos a la boca, en aquests encaixos s'introduïa el peduncle, i en girar-se es convertia en una tanca hermètica. Dit d'una manera planera, seria una mena d'olla de pressió.

22. Ceràmica feudal

22.1. Gerreta decorada en corda seca parcial, molt semblant a les andalusines, però amb una decoració molt més repetitiva i matussera. 1149-mitjan segle XIV

22.2. Gerreta amb decoració pintada. Segle XIII

22.3. Gerro d'abocador vidrat. Segles XIV-XV

22.4. Llàntia de cassoleta vidrada. Aquesta forma, molt semblant a les llànties de cassoleta andalusines, té una gran pervivència. 1149-segle XV

22.5. Safa-servidora. Denominem d'aquesta manera les servidores emprades a la segona meitat del segle XII amb uns trets morfològics andalusins

22.6. Servidora vidrada. Segles XIII al XV

22.7. Olla/tupí amb una vora en ala. Segona meitat segle XII-segle XV

23. Peces decorades en verd i manganès

Excepte la peça 23.1, que és andalusina, la resta són verds i manganesos datats entre el tercer quart del segle XIII i el segle XIV.

23.2. Els motius de l'orla recorden les fulles d'acant andalusines

23.3. Tapadora

23.4. Una de les poques peces tancades trobades a la ciutat. És una producció dels tallers valencians de Paterna

23.5. Servidora amb unes característiques molt semblants a l'anterior. També és de Paterna

APÈNDIX BIBLIOGRÀFIC

AZUAR *et alii*, (eds.), 1993

AZUAR, R., GUTIÉRREZ, S., VALDÉS, F., *Urbanismo medieval del País Valenciano*, Biblioteca de Arqueología Medieval Hispánica, 2, Ediciones Polifemo, Madrid.

CATLLAR *et alii*, 1987

CATLLAR, B., ARMENGOL, B., *Atles de Lleida*, Col·legi d'Arquitectes de Catalunya, La Paeria, Lleida

Esco, 1987

Esco, C., "La etapa islámica (siglos VIII-XI)" a *El solar de la Diputación Provincial de Huesca. Estudio histórico-arqueológico,* 91-110, Diputación de Huesca, Saragossa

Esco *et alii*, 1988

Esco, C., GIRALT, J., SÉNAC, P., *Arqueología islámica en la Marca Superior de al-Andalus*, Diputación de Huesca, Saragossa.

GALLART-GARCÉS, 1987

GALLART, J., GARCÉS, I., "Excavaciones en la calle Mayor, n.º 17: nuevos datos para el conocimiento de la ciudad musulmana", a *II Congreso de Arqueología Medieval Española*, Madrid, 1987, 637-648.

GALLART *et alii*, 1991

GALLART, J., GIRALT, J., MIRÓ, J. M., VIVES, E., "Excavacions d'urgència a l'església de Sant Martí de Lleida", a *Excavacions arqueològiques d'urgència a les comarques de Lleida*, Excavacions Arqueològiques de Catalunya, Departament de Cultura de la Generalitat de Catalunya, Barcelona, 227-237.

GALLART *et alii*, 1991

GALLART, J., GIRALT, J., MIRÓ, J. M., VIVES, E., *L'excavació de l'església de Sant Martí de Lleida,* Monografies d'Arqueologia Urbana, 3, Ajuntament de Lleida.

GARCÉS-GALLART, 1991

GARCÉS, I., GALLART, J., *Memòria de les excavacions d'urgència efectuades als solars números 17-21 del carrer Major de Lleida l'any 1986*, SS.TT. Cultura, Generalitat de Catalunya, inèdit.

GIL, 1996

GIL GABERNET, I., *Informe-Memòria de la INT-41. Carrer la Parra 1994-1996*, inèdit.

GIL *et alii*, 1993

GIL, I., LORIENTE, A., PAYÀ, X., *Memòria de la intervenció de la Suda. INT-30*, inèdit.

GIL-PAYÀ, 1996a

GIL GABERNET, I. PAYÀ, X., *Memòria de la intervenció INT-32. Antiga Caserna de Cavalleria,* inèdit.

Gil-Payà, 1996b.

Gil Gabernet, I., Payà, X., *Memòria de la intervenció INT-52. Contraguàrdia de la Reina,* inèdit.

Julià *et alii*, 1989

Julià, M., Lázaro, P., Lorencio, C., Loriente, A., Oliver, A., Plens, M., Puig, F., "Excavacions d'urgència a l'antic Portal de Magdalena. Lleida (Segrià)", a *Excavacions arqueològiques d'urgència a les comarques de Lleida*, Excavacions Arqueològiques de Catalunya, Departament de Cultura de la Generalitat de Catalunya, Barcelona, 203-226.

Lara Peinado, 1977.

Lara Peinado, F. *Lérida. La Seo Antigua*, Lleida.

Lladonosa, 1966

Lladonosa, J., "Santa Maria l'Antiga primitiva canonja de Lleida (1149-1278)" a *Miscel·lània Històrica Catalana*. Homenatge al P. Jaume Finestres, historiador de Poble, abadia de Poblet.

Lladonosa, 1972

Lladonosa, J., *Història de Lleida*, vol. I, F. Camps Editor, Tàrrega.

Lladonosa, 1974

Lladonosa, J., *Història de Lleida*, vol. II, F. Camps Editor, Tàrrega.

Lladonosa, 1980

Lladonosa, J., *Història de la ciutat de Lleida*, Documents de Cultura, Curial, Barcelona.

Lladonosa, 1979

Lladonosa, J., *Las casas y plazas de Lérida a través de la historia*, vol. II, 2a edició, Artis Estudios Gráficos, Lleida.

Loriente, 1990a

Loriente Pérez, A., "Restos de viviendas hispano-musulmanas en la ciudad de Lérida" a *La casa hispano-musulmana. Aportaciones de la arqueología,* Publicaciones del Patronato de la Alhambra y Generalife, Granada, 269-274.

Loriente, 1990b.

Loriente Pérez, A. *L'horitzó andalusí de l'antic Portal de Magdalena*, Monografies d'Arqueologia Urbana, 2, Ajuntament de Lleida, Lleida.

Loriente-Oliver, (eds.) 1992.

Loriente, A., Oliver, A., *L'antic Portal de Magdalena*, Monografies d'Arqueologia Urbana, 4, Ajuntament de Lleida, Lleida

Loriente, 1996

Loriente Pérez, A., "Madina Larida. El passat àrab de la ciutat de Lleida: les fonts arqueològiques", a *Lleida: de l'Islam al Feudalisme (Segles VIII al XII),* Ateneu Popular de Ponent de Lleida, Lleida, 9-37.

LORIENTE-PAYÀ-GARCÍA, 1996

LORIENTE, A., PAYÀ, X., GARCÍA BIOSCA, J. E., "Arqueologia urbana a Lleida: les intervencions al barri de Cap Pont, la sèquia de Torres i el solar de l'antic Cinema Catalunya", a *Tribuna d'Arqueologia*. 1994-1995, Generalitat de Catalunya. Departament de Cultura, Barcelona, 143-160.

LORIENTE-PAYÀ, 1997

LORIENTE, A., PAYÀ, X., *Antic Cine Catalunya. INT-36. 1994. Informe-Memòria*, inèdit.

LORIENTE, 2000a

LORIENTE, A., "Com era la ciutat de Lleida en època andalusina?, com era Medina Larida?", *Revista de Moros i Cristians*, Lleida.

LORIENTE, 2000b

LORIENTE, A., "La vaixella andalusina de la primera meitat del segle x apareguda a la ciutat de Lleida", *Revista d'Arqueologia de Ponent*, 10.

MAZZOLI-GUINTARD, 1996

MAZZOLI-GUINTARD, Ch., *Villes d'al-Andalus. L'Espagne et le Portugal à l'époque musulmane (VIII-XV siècles)*, Presses Universitaires de Rennes, Rennes.

OLIVER-PRIM, 1995

OLIVER, A., PRIM, T., *Arqueologia, La Lleida Secreta*, Manent Edicions S.L., Mataró.

PAYÀ, 1996

PAYÀ, X., *Carrer Bafart, INT-46. 1995. Informe-Memòria*, inèdit.

PAYÀ *et alii*, 1996

PAYÀ, X., GIL, I., LORIENTE, A., LAFUENTE, A., MORÁN, M., "Evolució espacial i cronològica de l'antiga ciutat d'*Ilerda*", a *Revista d'Arqueologia de Ponent*, 119-150.

PAYÀ-LORIENTE, 1998

PAYÀ, X., GIL, I., LORIENTE, A., "L'excavació del bar Clavé: vuit segles de muralles", *Revista d'Arqueologia de Ponent*, 8.

PITA, 1974

PITA, R. *Lérida árabe*, Dilagro ediciones, Lleida.

PLA DIRECTOR, 1993

PLA DIRECTOR DE LA SEU VELLA DE LLEIDA, Jaume Fresquet, Enric Solsona, (redactors) Generalitat de Catalunya, Direcció General del Patrimoni Cultural.

SABATÉ, 2003

SABATÉ, F., *Alta edat mitjana*, Història de Lleida, volum 2, Pagès Editors, Lleida.

SAULA, 1990

SAULA I BRIANSÓ, O., *Memòria de les excavacions d'urgència practicades en el solar de l'edifici Cervantes (entre els carrers Ronda de Sant Martí, Sant Carles i Jaume I el Conqueridor).* SS.TT. Cultura, Generalitat de Catalunya, Lleida, inèdit.

TORRES, 1985

TORRES, L. *Ciudades hispano-musulmanas*, Madrid

VILLANUEVA, 1851

VILLANUEVA, J. *Viage literario a las iglesias de España*, vol. XVI, Madrid.

Des châteaux des marches de Catalogne à la brique médiévale: élaboration d'une méthode d'archéologie monumentale "extensive"

Philippe Araguas

Mon propos n'est pas ici de présenter une synthèse sur les châteaux des marches d'Aragon et de Catalogne aux premiers temps de la Reconquête: depuis l'article que je publiai dans "*L'Information d'histoire de l'art*" en 1973, de nombreuses publications se sont ajoutées aux miennes[1] pour traiter du problème historique posé par cette abondance extraordinaire de constructions castrales dans le piémont pyrénéen des xème et xième siècle. Cette leçon qu'il m'a été proposé de faire portera d'avantage sur un point de méthode que sur les résultats de l'application de cette méthode; néanmoins, pour en mesurer la pertinence c'est à son application dans le cadre d'une recherche menée dans un tout autre domaine que celui de la fortification du premier âge féodal que je consacrerai la deuxième partie de l'exposé.

Archéologie monumentale, histoire de l'architecture et archéologie du bâti

La position méthodologique que je propose dans cet essai d'ego-histoire (pour reprendre un concept forgé par Pierre Nora) est celle d'un historien formé dans la tradition de l'archéologie monumentale de tradition française confronté à la nécessité de prendre en compte de vastes ensembles d'objets archéologiques qui sont également des édifices d'architecture et de ce fait relèvent d'une approche distincte de celle de l'archéologie monumentale qui est l'histoire de l'architecture.

1. Les châteaux de la frontière aragonaise au xième siècle, dans *Information d'histoire de l'art*, 18ème année, n° 5, novembre-décembre 1973 p. 199-203; Les châteaux des marches de Catalogne et de Ribagorce -950-1100), dans *Bulletin Monumental,* T 137, III, 1979, p. 205-224; Le château de Loarre et les châteaux de la frontière aragonaise au xième siècle, leur place dans l'architecture militaire de l'Occident chrétien, dans *La Marche supérieure d'Al Andalus et l'Occident chrétien*, Casa de Velazquez-Universidad de Zaragoza, Madrid 1991 (publications de la Casa de Velazquez, série archéologie XV), p. 165-176; Mozárabes y lombardos : los castillos del primer arte románico en Cataluña, à paraître dans les actes du *1° Congreso de castellología ibérica*, Aguilar del Campoó, 14-17 septembre 1994 p 15-32. L'ensemble de ma bibliographie est consultable sur le site internet du centre de recherche Ausonius de l'Université de Bordeaux 3 <http://ausonius.u-bordeaux3.fr>. Les principaux ouvrages consultables pour une mise à jour sont: Cabañero Subiza, Barnabé, *Los castillos catalanes del siglo X, circunstancias históricas y cuestiones arquitectónicas,*, Saragosse, Institución Fernando el Católico, 1996 et Castán Sarasa, Adolfo, *Torres y castillos del alto Aragón,* Diario Alto Aragón, 2004.

Pour comprendre la difficulté et la situation quasi schizophrénique de l'auteur de ces lignes lorsqu'il se lança dans cette aventure, il faut préciser qu'en France l'histoire de l'architecture et l'archéologie monumentale sont associées dans le dispositif académique à l'histoire de l'art mais que depuis quelques décennies, l'archéologie à tendance à chercher son autonomie vis-à-vis de l'histoire de l'art tandis que l'archéologie de l'architecture se positionne également dans une certaine opposition par rapport à l'archéologie monumentale et à l'histoire de l'architecture. La manière de résoudre cet imbroglio disciplinaire est à mon sens de se revendiquer avant tout historien et de considérer que toutes ces approches n'ont de sens que si elles contribuent à la fabrique de l'histoire.

La géohistoire et la cartographie historique

L'apprentissage de l'histoire s'est fait pour moi dans le cadre de l'Université de Bordeaux au début des années soixante dix du siècle passé ; le Professeur Charles-Marie Higounet y enseignait alors l'histoire médiévale. Ses recherches l'avaient conduit à développer un type d'approche à laquelle il conféra une dimension épistémologique dont le manifeste est l'article sur la "Géo-Histoire" qu'il écrivit pour la prestigieuse encyclopédie de La Pléiade.[2]

Dans cet article, Charles Higounet inscrit la démarche de l'historien dans une nécessité de prendre en compte les réalités géographiques. Cette réalité géographique ne se limite pas à l'identification des lieux où se fait l'histoire mais se confond avec ce que l'on désignerait d'une manière plus moderne par l'environnement et surtout avec l'interaction de l'homme et de l'environnement : c'est là ce qui distingue la géohistoire de Charles Higounet de la vieille géographie historique d'Auguste Longnon (1844-1911). Dans les années 1970 l'enseignement de Charles Higounet sur la colonisation allemande vers l'Est ou sur l'évolution topographique des villes d'Aquitaine exerçait sur certains étudiants une fascination à laquelle n'était pas étrangère la qualité des documents graphiques qu'élaborait, sous la tutelle du maître, le Laboratoire de cartographie historique de l'Université de Bordeaux. Dans l'article cité, Charles Higounet développe les principes de cette mise en espace de l'histoire par le biais de cartes et d'atlas. Il explique comment ces cartes et ces Atlas ne doivent pas simplement être considérées comme "un bilan, accumulation ou représentation de phénomènes passés. ...[elles peuvent] être aussi un moyen de recherche et d'interprétation". Il me faut ici citer plus longuement Higounet pour faire comprendre quelle était en 1961 la modernité de cette méthode qui porte

2. Higounet, Charles-Marie, "La Géohistoire" dans *L'histoire et ses méthodes,* sous la direction de Charles Samaran, Paris, Gallimard (Encyclopédie de la Pléiade) 1961, p. 68-91.

en germe toutes les études que rendent désormais possible les S.I.G (systèmes d'informations géographiques) sur lesquels on reviendra plus longuement:

"La carte, en histoire, entendons maintenant aussi bien la carte topographique que la carte de travail ou d'atlas, ne doit pas être cependant considérée uniquement comme un bilan, accumulation ou représentation des phénomènes passés. Elle peut être aussi un moyen de recherche et d'interprétation. C'est dans ce sens que l'on essayera de dégager une méthode cartographique.

Il importe, avant tout, de dissiper deux équivoques. Méthode d'interprétation, la méthode cartographique vient s'ajouter, sans les remplacer naturellement, comme un outil entre les mains des historiens, à ses devancières : la méthode critique, la méthode comparative et la méthode statistique. D'autre part, "cartographique" ne saurait signifier qu'elle se limite à la recherche des procédés de représentation graphique en vue de l'élaboration de cartes historiques. Certes, elle ne négligera pas ces questions d'expression graphique, mais son but essentiel sera, par la confection de cartes provisoires ou "intermédiaires" et par l'interprétation de cartes topographiques, de rechercher entre tous les faits ainsi enregistrés, y compris le substrat physique, des rapports qui ne s'apercevraient peut-être pas autrement. En bref, la méthode cartographique est une méthode de recherche qui consiste à éclairer les phénomènes historiques par le moyen de leur inscription sur la carte.

En partant des deux postulats déjà énoncés: que l'histoire s'est déroulée dans l'espace et que son accumulation a laissé, peu ou prou, des traces dans le paysage humanisé, l'historien qui étudie un problème ou une période déterminés peut établir à titre d'hypothèse de recherche tel ou tel croquis, peut consulter telle carte ancienne ou moderne pour s'aider personnellement à comprendre certains aspects des choses ou des événements qui ressortent mal, par ailleurs, des documents écrits ou qui résistent aux autres procédés d'interprétation. La carte en répondant à la question *où?* peut suggérer des éléments de réponse aux questions *comment?* et *pourquoi?* C'est, en quelque sorte, une "expérience" qui, comme telle, peut réussir, mais peut aussi échouer.

Dans la pratique, la méthode cartographique donne lieu, en premier, à l'établissement de cartes de répartition ou de distribution, moyen depuis longtemps déjà employé couramment tant dans les sciences d'observation qu'en sociologie, ethnographie et linguistique. Mais l'application de ce procédé au matériel historique suppose, plus encore que dans les sciences d'observation, un travail préparatoire considérable de recherche et de critique érudite. La confection d'une carte de répartition suppose, en outre, une enquête aussi exhaustive que possible. Rien ne serait plus dangereux que de ne cartographier qu'une partie de la documentation. En tout cas, s'il y a des lacunes dans celle-ci, il sera nécessaire d'en déceler, au préalable, toutes les coordonnées de temps et de lieu pour que les zones vides de la carte puissent être neutralisées.

Cette démarche méthodologique pose des problèmes d'expression graphique : choix du cadre et de l'échelle de la carte, choix du fond, dessin des données, dont ont ne peut aborder ici que les très grandes lignes. Une première esquisse à petite échelle, sorte de pré-expérience, fait parfois pressentir des résultats intéressants. L'échelle définitive dépendra, évidemment, du phénomène étudié, de la dispersion des données et de l'ordre de grandeur des distances"

Fort de l'enseignement de Charles-Marie Higounet, c'est avec détermination que je décidais, lorsqu'il me fallut réaliser dans le cadre d'un mémoire de maîtrise une étude sur le château de Loarre, de compléter l'approche monographique attendue par l'inscription de cet objet archéologique dans son cadre géographique.

Le château de Loarre et les châteaux de la frontière aragonaise au xième siècle

Le mémoire de maîtrise que je soutins sous ce titre en juin 1973 devant un Jury composé des professeurs J. Gardelles et J. Lacoste est loin d'être un modèle du genre; l'étude monographique de Loarre menée avec les moyens réduits d'un étudiant pourvu de son seul carnet de croquis et d'un appareil photographique mettait cependant bien en évidence les différentes campagnes de construction et proposait pour la première phase une chronologie sensiblement plus basse —ca 1040-1050— que celle envisagée par Antonio Durán Gudiol[3] —ca 1016— 1025—. Cette nouvelle proposition de datation s'appuyait sur la mise en relation de traits constructifs des parties les plus anciennes du château avec ceux d'un certain nombre de constructions voisines. C'est dans la prise en compte d'un petit corpus de fortifications encore pas ou très peu étudiées que cette étude préfigurait la méthode que j'allais développer ultérieurement dans mes études d'histoire de l'architecture. M'appuyant sur la mise en évidence de deux ou trois critères simples issus de l'observation des matériaux de constructions et des types d'appareillage, je proposai une mise en relation avec l'apparition de ces *castra* dans la documentation. La cartographie de ces critères faisait apparaître une ligne, abusivement peut-être considérée comme celle d'une "frontière" du milieu du xième siècle. Les dimensions réduites du corpus (une vingtaine de tours) autant que l'approche sommaire de la documentation trop complexe à

3. Durán Gudiol, Antonio, *El castillo de Loarre,* Caja de ahorros y Monte de Piedad de Zaragoza Aragón y Rioja 1971.

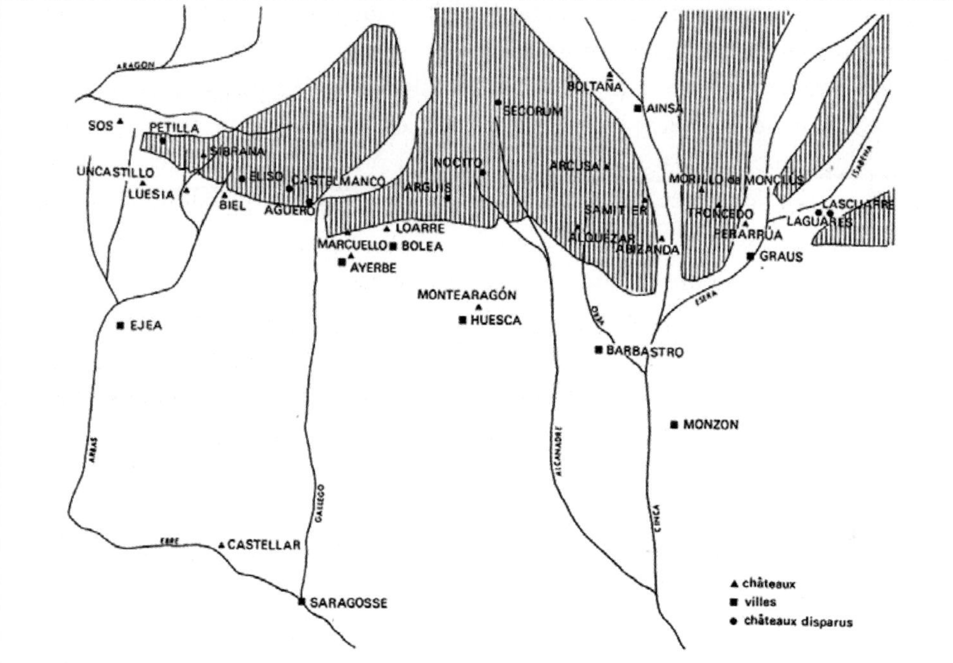

Les châteaux de la frontière du royaume d'Aragon au XIe siècle (en hachures, les zones montagneuses)

analyser pour un débutant,[4] la maladresse d'une cartographie indigente étaient compensées par l'enthousiasme de la démarche et par des conclusions raisonnables qui semblent toujours acceptées par les spécialistes.[5] Cette expérience

---

4. Je dois ici rendre hommage à la mémoire de don Antonio Durán Gudiol qui a avec une si grande générosité sut accueillir un jeune chercheur français de vingt et un ans et lui communiquer l'ensemble de la documentation à sa disposition sur ces châteaux.

5. En dépit d'une polémique pour l'examen de laquelle je renvoie à mon article : Mozárabes y lombardos: los castillos del primer arte románico en Cataluña, dans *Actas del 1° Congreso de castellología ibérica,* Aguilar del Campoó, 14-17 septembre 1994, p.15-32. La datation que je proposais alors pour les châteaux aragonais est celle retenue par la dernière en date des études menèes sur ce thème: Viruete Erdozaín, Roberto, "Los castillos del primer románico: "Ad examplamentum christianorum et malum de mauros", dans *Actas del III congreso de castellología ibérica,* coordinator Amador Ruibal, Guadalajara 28 de octubre 1 de noviembre 2005, Associación española de los castillos, Diputación de Guadalajara, 2006, p 201-216, cf p.207 : "Philippe Araguas, tal como ya hemos dicho anteriormente, fecho los castillos aragoneses del Primer Romanico entre los años 1040 y 1070 a través de la comparación de sus vestigios con otros pertenecientes a fortificaciones e iglesias catalanas de cronología mas segura, es decir, utilizo argumento exclusivamente artísticos y arqueologícos fundamentalmente para justificar sus tesis. Junto con las ideas de Philippe Araguas, el estudio de la documentación demuestra, conforme venimos de señalar, que en época de Ramiro 1,y bajo su patrocinio y financiación, se emprendio una política constructiva con unos fines muy concretos consistentes en edificar fortalezas en la frontera meridional del reino en lugares cercanos a los husun islamicos de la antigua Marca Superior. En consecuencia, asumiremos como correcta, tras analizar todas las fuentes disponibles, la datacion propuesta por Philippe Araguas para las torres dei Primer Románico."

m'incitait à prolonger mes recherches en archéologie monumentale non par la mise en œuvre d'une grande monographie, comme l'avait fait mon directeur de mémoire Jacques Gardelles sur la Cathédrale Saint André de Bordeaux, mais en développant des études sérielles sur des corpus de grande ampleur; ce n'est pas sans mal que je réussis à faire accepter au professeur Gardelles la direction d'une thèse sur les châteaux catalans dont j'avais entrevu les silhouettes depuis mes tours aragonaises.

Les châteaux des marches de Catalogne et Ribagorce

L'étude que je menais entre 1974 et 1978 me permit de prolonger en l'améliorant quelque peu la méthode balbutiante mise en œuvre sur les forteresses aragonaises. Le corpus devenait tout à coup à l'échelle de mes ambitions: parmi les centaines de châteaux catalans dont les vestiges se dressaient encore sur le territoire des anciennes "marches" de Catalogne et de Ribagorce, 243 me parurent devoir être retenu, dans la thèse que je présentais en avril 1978 devant un jury composé des professeurs Gardelles, Higounet et Durliat. Cette thèse qui n'a jamais fait l'objet d'une publication était basée sur les mêmes principes méthodologiques que la maîtrise, mais l'abondance considérable de la documentation écrite autant que la diversité et le nombre des vestiges archéologiques permettaient des croisements de données infiniment plus riches que ceux auxquels avait donné lieu l'étude des châteaux aragonais; le fait qu'il s'agisse d'une première tentative de synthèse dans ce domaine les moyens limités dont je disposais pour mener cette recherche[6] me conduisaient évidemment à limiter la problématique à ce qui était mon domaine de compétence, l'archéologie monumentale. Il n'était pas question pour moi d'aborder les thèmes d'histoire de l'occupation du sol chers au professeur Higounet ni même de développer des approches de l'archéologie stratigraphique ni, a fortiori, de l'archéologie du bâti qui était encore dans les limbes. On peut se faire une idée des conclusions auxquelles ce travail de quatre années m'avait conduit par l'article que publia en 1979 le Bulletin Monumental complété par quelques réflexions que je développais à l'occasion de diverses rencontres scientifiques.[7] Ce qui m'apparaît intéressant, avec le recul et dans le cadre de la réflexion épistémologique que

6. Je ne bénéficiais pour ce faire d'aucune allocation de recherche et l'appui de mon directeur de thèse se limitait à la confiance qu'il m'accordait car ses propres recherches ne l'avaient pas rendu familier du monde catalan.

7. Les châteaux des marches de Catalogne et de Ribagorce -950-1100), dans *Bulletin Monumental,* T 137, III, 1979, p 205-224; La formation d'un grand domaine féodal dans l'Espagne de la Reconquête, les châteaux d'Arnau Mir de Tost, dans *106ème congrés national des sociéts savantes, Actes, Section Philologie et Histoire jusqu'en 1610,* 1981, p 61-76; Le château de Loarre et les châteaux de la frontière aragonaise au XIème siècle, leur place dans l'architecture militaire de l'Occident chrétien, dans *La Marche supérieure d'Al Andalus et l'Occident chrétien*, Casa de Velazquez-Universidad de Zaragoza, Madrid 1991 (publications de la Casa de Velazquez, série archéologie XV), p. 165-176.

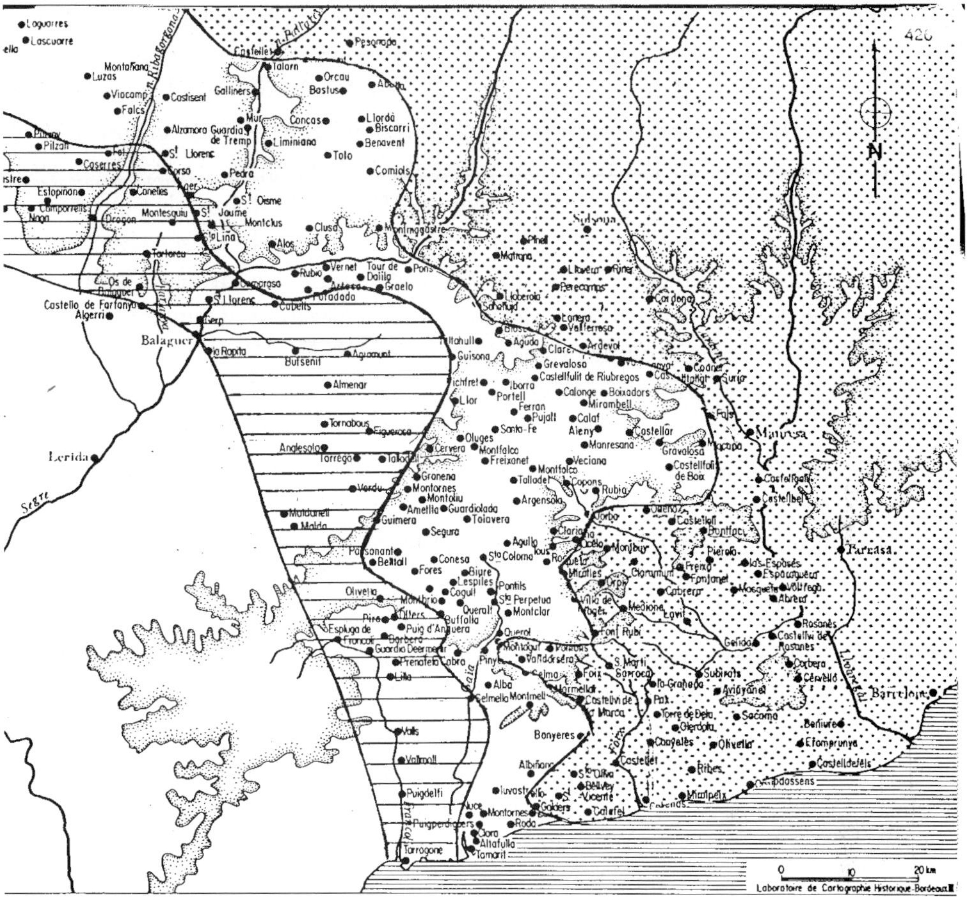

Avancée schématique du front pionnier.

Jusqu'à l'an 1000.

De 1000 à 1050.

De 1050 à 1100.

prétend formuler le présent article, est moins lié à la part infime que cette thèse prend dans la constitution d'une Histoire de l'Occident médiéval qu'à la mise en évidence des résultats qu'une méthode, servie par des moyens pourtant indigents aux regards de ceux que l'on entend employer de nos jours dans des études de ce type, permet d'atteindre lorsqu'elle assume ses limites. Le croisement des données historiques et archéologiques pour la plupart d'entre elles repérables par la bibliographie et par une prospection très sélective et pragmatique du territoire m'avait permis d'établir les séquences de la construction d'un réseau castral dans la Catalogne du tournant de l'an mil à laquelle Pierre Bonnassie venait tout juste de consacrer une thèse admirable soutenue à l'Université de Toulouse en mars 1973. Entre la Thèse d'État de Pierre Bonnassie et la modeste thèse de troisième cycle que je soutenais trois ans plus tard à Bordeaux il y a sans doute plus qu'un écart lié à la gradation des diplômes[8] l'une est en effet une grande thèse d'histoire qui étudie une société complexe, l'autre une thèse d'histoire de l'art et d'archéologie dont la problématique est limitée à des points d'architecture et qui est empreinte sans aucun doute d'une moindre rigueur.

L'Inventaire général des monuments et richesses artistiques de la France

Cette rigueur méthodologique allait m'être apportée dés mes premiers pas dans le service de L'Inventaire général des monuments et richesses artistiques de la France où je rentrais en 1977. Créé en 1964 par André Malraux ce service était sans doute dès l'origine marqué par la démesure de la pensée de son fondateur qui y voyait avant tout "une aventure de l'Esprit"; comme dans tout ce qu'entreprit André Malraux, le génie était dans l'intention, mais celle-ci suffit à impulser une recherche qui bouleversa, à l'échelon européen, les modalités de prise en compte des biens patrimoniaux.[9] L'ambition démesurée d'établir l'inventaire des richesses patrimoniales du pays "de la cathédrale à la petite cuillère" était soutenu par l'exemple, toujours fascinant, du cadastre napoléonien qui en quelque, décennie, pourvut la France d'un outil de gestion de son patrimoine foncier absolument incomparable. De cette entreprise on retint l'esprit de système et la mentalité jacobine qui faisaient converger les informations vers un centre de documentation national. La contrepartie de cette organisation très centralisée était d'établir, pour la collecte des données, une méthodologie homogène et si possible sans faille; c'est à cette tâche que les chercheurs de la cellule parisienne s'attelèrent rapidement; le premier résultat tangible fut la publication par Jean Marie Pérouse de Montclos

8. Je dois ici préciser pour les étudiants étrangers au système français que, jusqu'en 1984 il existait en France deux thèses; la thèse de troisième cycle correspondant *grosso modo* à l'actuelle thèse de doctorat délivrée par les universités qui permettait de candidater à des postes universitaires; la thèse de doctorat d'État donnant le titre de docteur ès lettres était l'aboutissement d'une recherche beaucoup plus longue et approfondie, il n'était pas rare qu'elle ne soit soutenue qu'au terme d'une dizaine d'années de recherches; elle a été remplacée par l'habilitation à diriger des recherches qui seule permet à prétendre à la candidature au titre de professeur (catedrático).

9. Pour mesurer la réalité de cette affirmation on pourra consulter les *"Actes du colloque sur les inventaires des biens culturels en Europe…"* Centre d'études du Bischenberg, Obernai-Bishoffsheim (Bas-Rhin) 27-30 octobre 1980, Paris, Nouvelles éditions latines 1984.

du "Vocabulaire de l'architecture" qui imposait un vocabulaire unifié pour l'analyse de l'architecture en même temps qu'il se calait sur une grille d'étude qui permettait une prise en compte de chacun des édifices et ensembles d'édifices absolument normalisée.[10] Ce qui pouvait apparaître comme une attitude doctrinaire en 1972 s'imposait avec évidence comme une nécessité lorsque dès les années 75-80 l'informatisation des données devint une réalité pour le service. On ne pouvait rêver meilleure école pour un jeune chercheur tenté par l'appréhension de champs de recherches toujours plus larges.

Les réflexions que mena l'Inventaire Général dans ces années sous la houlette de Jean Marie Pérouse de Montclos aboutirent à la mise en place d'une méthode particulièrement adaptée à des études menées sur de vastes corpus. Basée sur une exigence de repérage exhaustif permettant une sélection raisonnée d'objets d'études, la méthode Montclos fut mise en œuvre dans les services régionaux et aboutit à l'établissement d'un inventaire partiel mais sans commune mesure avec ceux menés jusqu'alors, du patrimoine architectural français. C'est personnellement dans les travaux que je menais sur le Vic-Bilh, petite région historique du nord-est du département des Pyrénées Atlantiques que je pus mettre en application la méthode en la couplant avec celle de la géo-histoire et de la cartographie historique apprise auprés du Professeur Higounet. De ce travail sont issus un certain nombre d'analyses du patrimoine architectural: maisons paysannes, églises, mottes castrales, toujours étayées par une approche cartographique qui permettait de visualiser des croisements de données porteurs de sens historique.[11] Dans le cadre de ces études j'eus recours pour la première fois en 1982 à la cartographie générée informatiquement par la base de données Mistral mise en place par l'Inventaire, qui regroupait les informations saisies à partir de bordereaux accompagnant les dossiers établis à la suite des campagnes d'inventaire.[12] Cet outil qui préfigurait les S.I.G (systèmes

10. *Principes d'analyse scientifique, Architecture, Mathode et vocabulaire,*Imprimerie nationale, Paris, 1972; depuis lors la méthodologie de l'inventaire général a été exposée dans une série de fascicules de la collection "documents & méthodes" édités par Monum, Éditions du Patrimoine; pour l'architecture, on retiendra *Principes, méthode et conduite de l'Inventaire Général,* sousla direction de Michel Melot et Hélène Verdier, par Xavier de Massary et Georges Coste, Monum, Paris, 2001 et *Système descriptif de l'architecture,* sous la direction d'Hélène Verdier et Monique Chatenet, par Jeanette Yvain et Xavier de Massary, éditions du Patrimoine, Paris, 1999.

11. Parmi les études qui résument les résultats des travaux de l'équipe de l'Inventaire qui se consacra au Vic-Bilh, il faut tout d'abord mentionner: *Vic Bilh, Morlaas, Montanérès (cantons de Garlin, Lembeye, Thèze, Morlaas, Montaner. Inventaire topographique,* sous la direction de Jean Claude Lasserre, en collaboration avec Catherine Duboy Lahonde, Jean Claude Lasserre, Joël Perrin, Paris, Imprimerie Nationale, 1989. Plus proches des préoccupations des étudiants médiévistes et comme pendant de l'étude sur les châteaux aragonais, je signale à leur attention les pages que j'ai consacré à l'étude des données croisées des "abbayes laïques" et des mottes castrales en Béarn Mottes et abbayes laïques en Vic Bilh, dans *104ème congrés national des sociéts savantes, Actes, Section Philologie et Histoire jusqu'en 1610,*1979, T II, p. 5-14

12. La base Mistral est à l'origine de la banque de données Mérimée du Ministère de la Culture: <http://www.culture.gouv.fr/documentation/merimee/accueil.htm>.

RÉPARTITION DES MAISONS-FERMES À LUCARNE-FRONTON

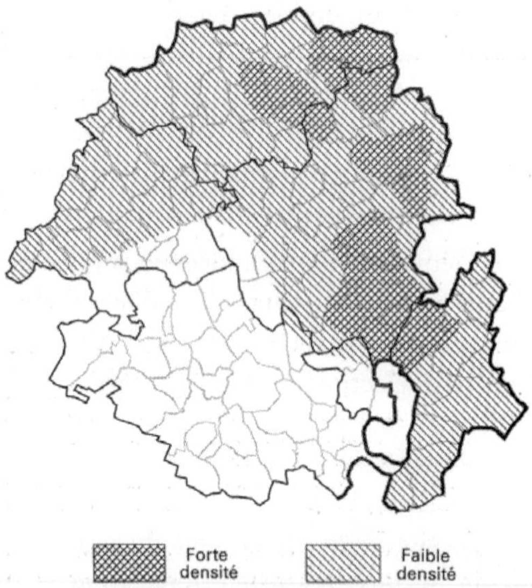

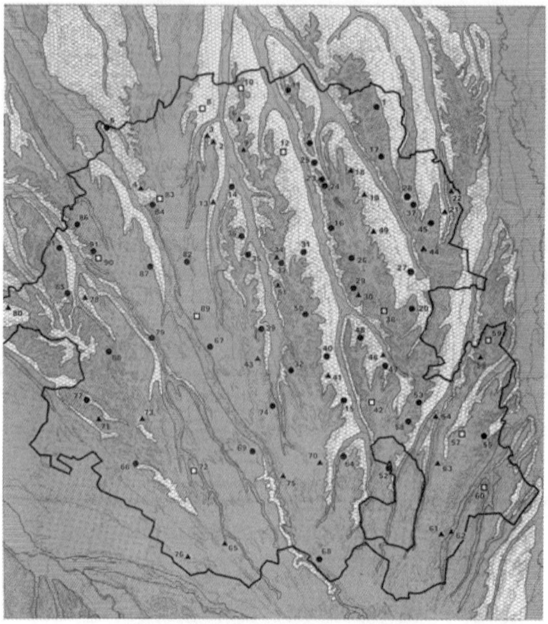

IMPLANTATION DES FORTIFICATIONS EN FONCTION DE LA NATURE DU SOL
Établie d'après la carte géologique détaillée de la France - feuilles de Castelnau et de Tarbes.

Alluvions récentes — Terrains sédimentaires, alluvions anciennes et limons solifluées — Alluvions glaciaires et argiles à galets du Pontien — ● Château à motte — □ Village fortifié — ▲ Autres types de fortifications

d'information géographiques) permettait en effet d'établir très rapidement toutes les cartes possibles à partir du croisement des données contenues dans les dossiers, dans la mesure où elles étaient toutes géo-référencées en coordonnées Lambert 3. La rentabilité d'un tel système apparaissait particulièrement adaptée aux études portant sur un grand nombre d'individus comme, par exemple, celles qui avaient trait à l'architecture vernaculaire.

Inventaire Général et Inventaire thématique

L'Inventaire Général se trouva rapidement placé devant un dilemme difficile à résoudre; généraliste par essence, son approche restait souvent en deçà de ce que les spécialistes pouvaient en attendre et les chercheurs engagés dans cette "aventure de l'esprit" pouvaient parfois avoir l'impression de perdre leur âme en ratissant le territoire qui s'avérait beaucoup plus riches en petites cuillères qu'en cathédrales. L'un des moyens pour rétablir un certain équilibre entre le souci d'une couverture rapide et systématique du territoire et les aspirations à des recherches plus approfondies résidait dans la mise en place d'inventaires thématiques: les plus fructueux consistèrent en l'établissement d'un corpus des verrières (*corpus vitrearum*) et d'une enquête très large menée sur le patrimoine industriel. Pour ceux qui n'étaient pas engagés dans ces inventaires thématiques restait la possibilité de mener, parallèlement à leur recherche mercenaire, des études ponctuelles sur leur temps "de loisir".[13] C'est ce que je fis en entreprenant une étude sur les techniques de construction en brique dont la pertinence m'avait été suggérée par l'étude de Montaner, un grand château construit au XIVème siècle par le vicomte de Béarn Gaston Fébus. Une première étude sommaire, visant à replacer le château dans son environnement typologique monumental m'avait amené à me pencher à nouveau sur les fortifications catalanes du milieu du XIVème siècle qui aboutit à une nouvelle tentative de cartographie réalisée cette fois sans le secours de l'informatique. Les limites de ce type de travail qui se limite souvent à un semis de points plus ou moins illustratifs apparaissait évident même dans le cadre d'un corpus aussi réduit que celui du réseau castral catalan vers 1350.[14]

Carte de répartition des châteaux catalans.
1 - Au roi.
2 - A un grand « baron ».
3 - A un seigneur.
4 - A l'Eglise.
5 - Appartenance indéterminée ou complexe.

13. Certains surent, en travaillant sur le patrimoine français, combiner les deux; comme ces études personnelles étaient le fait de chercheurs chevronés, elles portèrent leurs fruits, mais il est incontestable qu'elles se faisaient au détriment de la mission fondamentale du service.

14. Le réseau castral catalan vers 1370, dans *Castrum III*, actes du colloque *Guerre fortification et habitat dans le domaine méditerranéen au Moyen Age*, Casa de Velázquez-Ecole Française de Rome, 1985, (1986), p. 113-122.

La brique dans l'architecture de l'Espagne médiévale

Lorsqu'il s'agit pour moi, en 1990 de synthétiser les données rassemblées depuis 1983 sur la brique dans les constructions de l'Espagne médiévale, il m'apparut évident que seule la mise en place d'une base de données géo-référencées me permettrait de traiter correctement le dossier. L'étude qui portait sur le territoire de l'Espagne définie dans son cadre administratif contemporain (selon un principe mûrement réfléchi inculqué par l'Inventaire Général) reposait sur un corpus de plus de 550 monuments dont beaucoup étaient constitués d'entités architecturales distinctes. La base de données que je conçus alors avec l'aide de Georges Coste, Ingénieur d'études auprès du service régional de l'Inventaire de Poitou-Charentes, m'amena à convertir les données de l'analyse monumentale et de la documentation historique en rubriques d'une base de données établie sur *word* et convertie en *D. Base,* hiérarchisée en une douzaine de champs qui m'amena à établir 698 bordereaux dont les 97 entrées étaient à l'infini combinables entre elles (cf annexe). La corrélation de cette base avec le logiciel *Arc-Info* fut assurée par Georges Coste et le traitement statistique et cartographique qui fut alors opéré a été l'objet d'une étroite collaboration; cette étape d'apprentissage des SIG que beaucoup de chercheurs en sciences humaines franchissaient alors parallèlement avec moi dans le cadre de différentes équipes de recherches n'est sans doute pas exemplaire mais elle me semble pouvoir illustrer une démarche que les jeunes chercheurs gagneront à intégrer: la complexité des outils informatiques, quelle que soit la souplesse et la "convivialité" des logiciels actuellement disponibles, rend indispensable le dialogue avec les informaticiens qui ne sont pas de simples techniciens au service des chercheurs; une recherche faisant appel aux nouvelles technologies de l'information ne peut à mon sens être conduite en dehors de cette démarche d'étroite collaboration qui implique de la part de l'historien en sciences humaines une certaine modestie à l'égard de la conduite de sa propre recherche et de la part de l'ingénieur ou du technicien un investissement assez lourd dans la problématique spécifique de l'historien. La combinaison infinie des tris croisés permise par le système doit en effet intégrer des protocoles de traitement statistique des données et des modes de représentations que peu d'historiens sont capables d'établir seuls.

Quoiqu'il en soit c'est cette collaboration qui a permis l'utilisation de listes, de cartes et de graphiques qui ont servi à élaborer une réponse à la problématique d'une thèse, sans doute contestable à certains égards, mais qui présente néanmoins l'avantage de proposer quelques éclairages nouveaux sur l'histoire de l'architecture médiévale espagnole. C'est à partir de ces documents graphiques que je vais maintenant exposer les résultats de cette étude d'archéologie monumentale.[15]

---

15. La thèse a été publiée en 2003 par la Casa de Velazquez: Brique et architecture dans l'Espagne médiévale (xiième-xvème siècle), Bibliothèque de la Casa de Velazquez n° 25, Casa de Velázquez, Madrid 2003 le catalogue correspondant à la thèse est en ligne sur le site du centre de recherches Ausonius de l'Université de Bordeaux 3:

Maçonneries murales[16]

Assez rares sont les édifices dont les murs sont en brique sur toute leur épaisseur;[17] on peut considérer que ce type de maçonnerie murale, qui apparaît dès l'époque almohade au petit minaret de Bollullos de la Mitación (Séville) est le plus souvent réservé à la construction des étages supérieurs des tours[18] et à l'architecture civile : rappelons à cet égard le texte d'Ibn 'Abdun sur la Séville almohade,[19] qui précise que "les briques doivent avoir l'épaisseur du mur à construire"; il est vraisemblable que ce passage fait allusion à la brique crue, la plus couramment utilisée dans la construction des maisons urbaines.

C'est en Aragon qu'à la fin du XIVème ou au début du XVème siècle on en vint à utiliser la brique dans toute l'épaisseur des maçonneries pour les églises et les

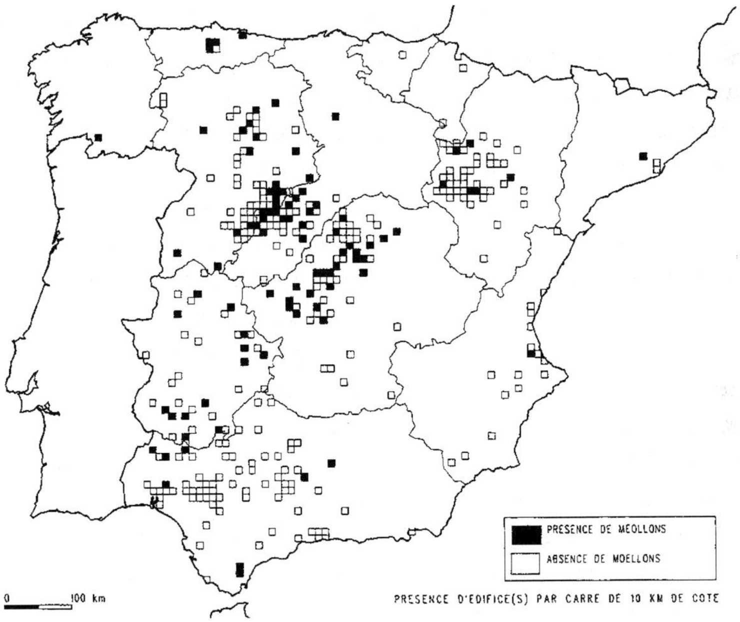

http://cctausonius.u-bordeaux3.fr/araguas/

16. Je n'expose ici la résolution par la cartographie que d'un certain nombre de points de la problématique, pour ce qui a trait aux modalité d'appareillage, on pourra trouver développé plus amplement cet aspect de la question dans Ph Araguas : Maçonneries murales de brique dans l'Espagne médiévale à paraître dans *Arqueologia de la Arquitectura* n° 4. Pour le reste on renvoie aux 53 cartes publiées dans "Brique et architecture…" op.cit qui ne représentent qu'une faible partie de toutes celles qui furent générées pour étude par le système.

17. Compte tenu de l'impossibilité de sonder les maçonneries, il nous est impossible de raisonner dans ce domaine autrement que par extrapolation.

18. VALDÉS FERNANDEZ, M., *Arquitectura Mudéjar en León y Castilla,* León, Universidad de León 1984, p. 60: les tours sont généralement sur la travée droite du choeur, la seule dont les murs sont assez épais puisque préparés à recevoir un voûtement, ils peuvent très bien recevoir des constructions relativement légères dont les murs ont une épaisseur souvent inférieure à 45 cm.

19. LÉVI-PROVENÇAL, Evariste. *Séville musulmane au début du XIIème siècle. Le traité d'Ibn'Abdun,* traduit avec une introduction et des notes par... Paris: Maisonneuve, 1947.

monuments de quelque importance : cette pratique y était vraisemblablement permise par la robustesse du matériau, issue de l'assemblage de la brique et du plâtre et par la légèreté des voûtes d'ogives construites ainsi.[20] Partout ailleurs, que ce soit à Tolède, en Vieille Castille, en León ou en Andalousie, la construction de murs en brique sur toute leur épaisseur est tout à fait exceptionnelle: chaque fois que nous avons pu effectuer une vérification, la fourrure entre deux parements de brique associe moellons, fragments de brique, galets et mortier dans des proportions variables.

Évolution de la densité des édifices de brique

Carte densité XIIème siècle: ne prend pas en compte les édifices asturiens et mozarabes; le noyau tolédan est trés dense, mais le nombre d'édifices est supérieur en vieille Castille et León; les édifices isolés de Castille nouvelle correspondent à Calatrava la Nueva et Cogolludo, établissements relevant de l'Ordre de Calatrava; les points de forte densité (2 à 4 édifices par 10 km^2) en León correspondent à Toro, Alba de Tormes et Ciudad Rodrigo.

Carte densité XIIème+XIIIème: la densification est trés nette aux confins des provinces de Ségovie Avila Salamanque et Valladolid (*submeseta norte)*, le phénomène diffuse lentement en Aragon et dans l'Andalousie récemment reconquise, les points les plus denses correspondent à Toro, Arévalo, Madrigal et Tolède

Carte densité XIIème + XIIIème + XIVème: La densification se poursuit dans la *submeseta norte* tandis qu'au XIVème siècle, l'Aragon commence à se couvrir d'édifices *mudéjares* de brique. La reconquête du Levante et de l'Andalousie s'accompagne de la construction d'édifices dans lesquels l'emploi de la brique devient assez courant.

Carte densité XIIème+XIIIème +XIVème + XVèmesiècles: De nouveaux foyers de haute densité se développent, en Aragon autour de Saragosse, Daroca, Calatayud et Teruel, et en Andalousie, dans la région de Palos de la Frontera (Huelva), et surtout de Séville Carmona Ecija. En Catalogne, l'organisation de la production de brique à Barcelone permet la généralisation de l'emploi en couvrement, mais non en appareil mural.

Système de proportion largeur/longueur des briques

Le rendu graphique adopté met bien en évidence l'originalité tolédane. Ce n'est en effet que dans les édifices de la zone d'influence de Tolède que les briques ont un rapport largeur/longueur de 2/3 ; les exceptions (hors de la Nouvelle Castille)

20. Sur ce point, cf Philippe Araguas: Coût de la brique et économie de la construction de brique dans l'Espagne médiévale, actes du colloque "*La brique antique et médiévale*", E.N.S. Fontenay-Saint Cloud / Ecole Française de Rome, Saint Cloud, 16-18 novembre 1995, Ecole Française de Rome, 2000 (collection de l'Ecole Française de Rome, 272, p. 243-259; L'acte de naissance de la *bóveda tabicada* ou le certificat de naturalisation de la *voûte catalane*?. *Bulletin monumental* 156, II, 1998 p. 129-136; Voûte à la Roussillon, *Buttlletí de la Reial Acadèmia Catalana de Sant Jordi*, XIII, 1999, p. 173-185.

évolution de la densité des édifices

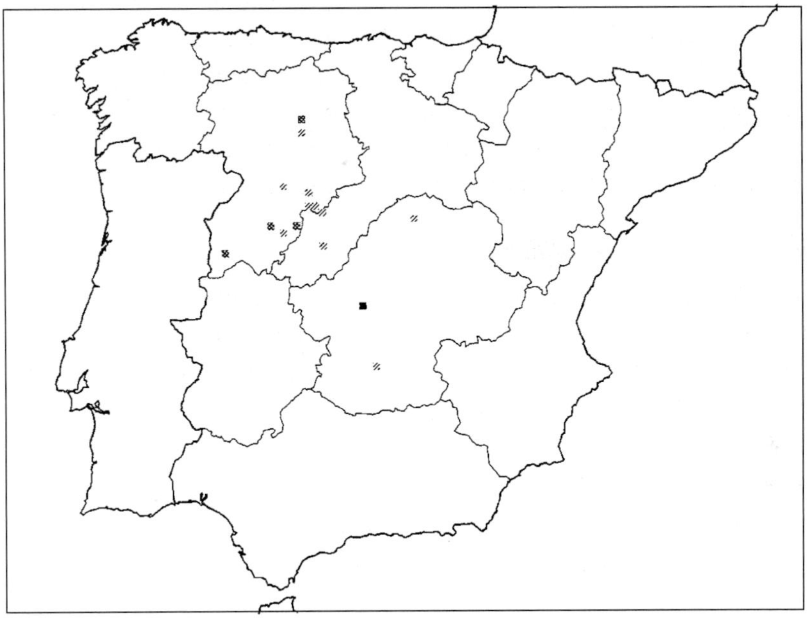

XIIème siècle

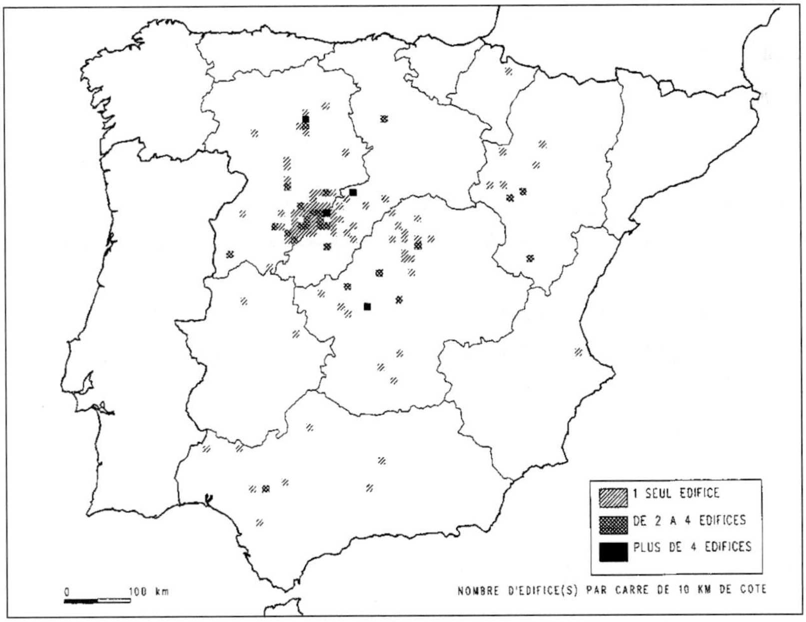

XIIème et XIIIème siècle

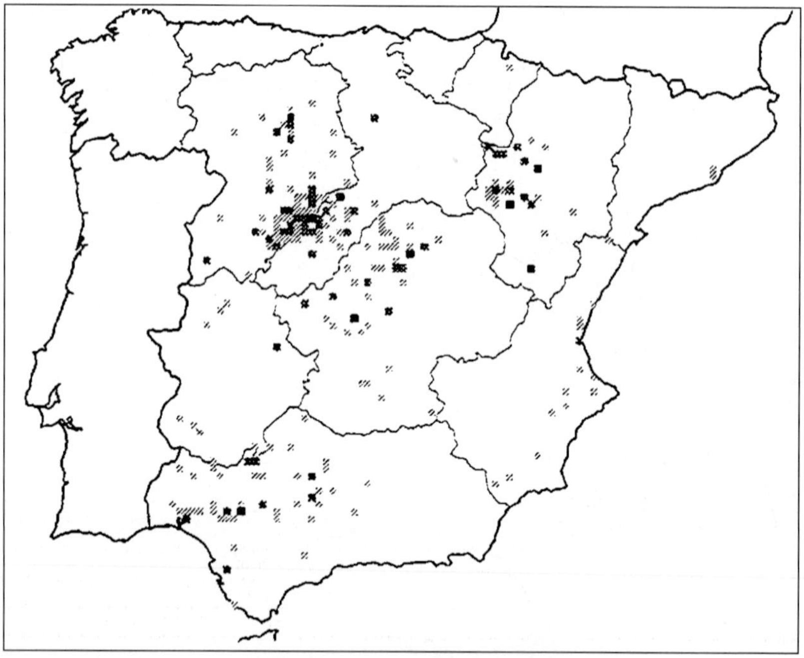

XIIème, XIIIème et XIVème

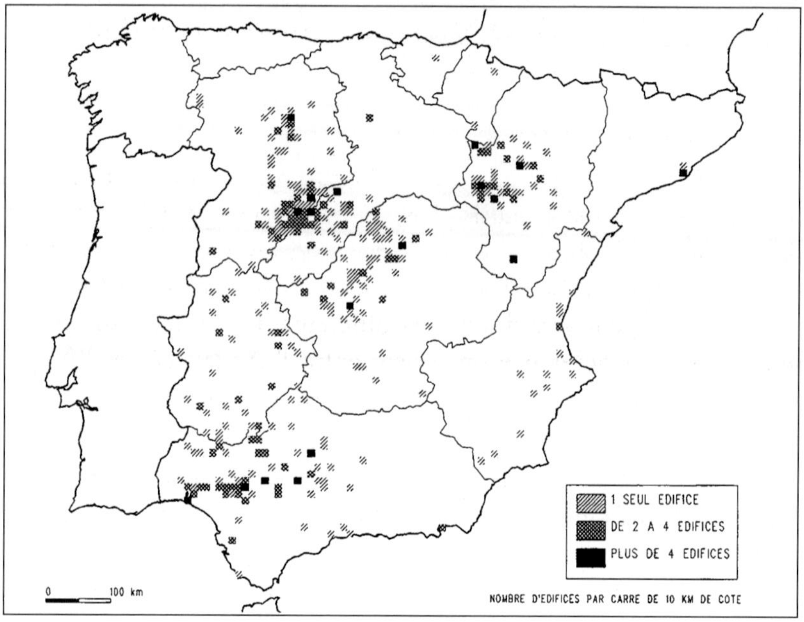

XIIème, XIIIème, XIVème et XVème siècles

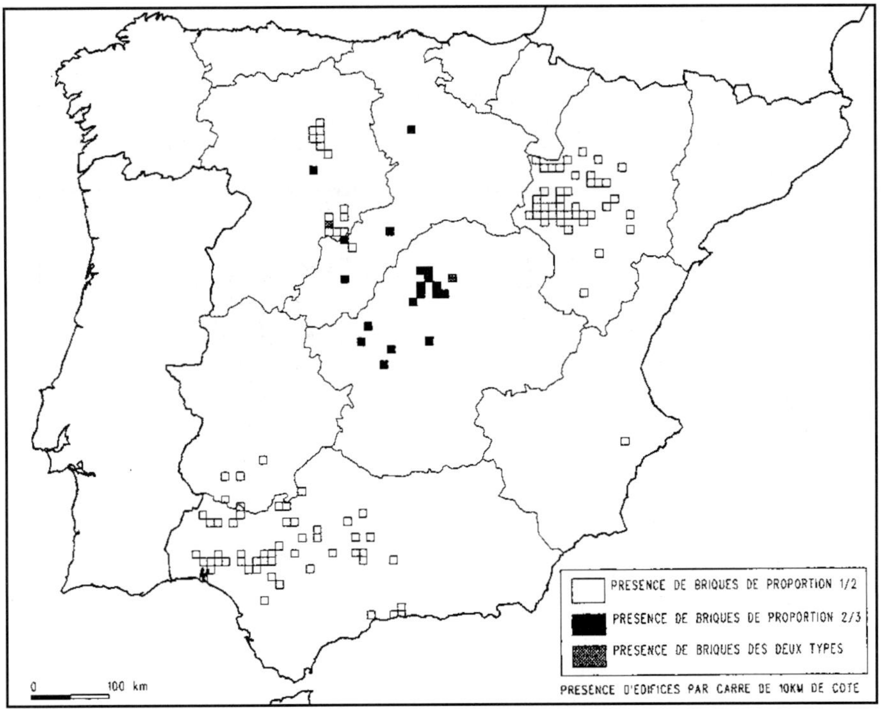

sont constituées par la chapelle Santiago de las Huelgas à Burgos, San Vicente d'Avila (dimensions non controlées données par Gomez Moreno), San Martín et la Lugareja à Arévalo (Avila), La Mota à Medina del Campo (Valladolid) et San Andrés d'Aguilar de Campos (Valladolid).

Appareillage "centré" et "décentré" des arcs brisés

Deux systémes d'appareillage des arcs brisés coexistent dans les édifices gothiques ou gothico-mudéjars: à Santiago de Saragosse par exemple, on constate que l'ensemble des joints des briques composant l'arc convergent vers un point unique, au contraire l'exemple de San Isidoro del Campo à Santiponce (Séville) montre que les joints convergent vers des points différents. La comparaison des cartes 25 et 26 montre bien la différence qui existe entre l' Andalousie et l'Aragon de ce point de vue. En Aragon ce n'est qu'à Ateca que l'on peut signaler un appareillage décentré.

Ces quelques cartes permettent de prendre la mesure de la possibilité offerte par les systèmes d'information géographiques pour établir des synthèses sur des grandes problématiques touchant à l'archéologie monumentale, pour ce qui est de l'histoire de l'emploi de la brique dans l'architecture de l'Espagne médiévale, c'est en s'appuyant essentiellement sur cette exploitation de la cartographie historique que j'ai pu aboutir à un certain nombre d'observations que je résume ici de manière discursive.

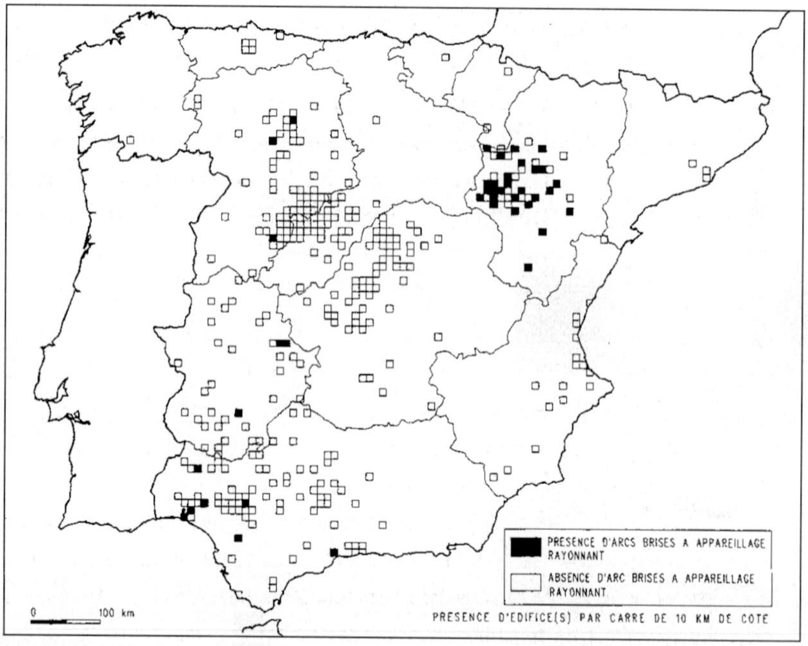

arcs brisés à appareillage rayonnant

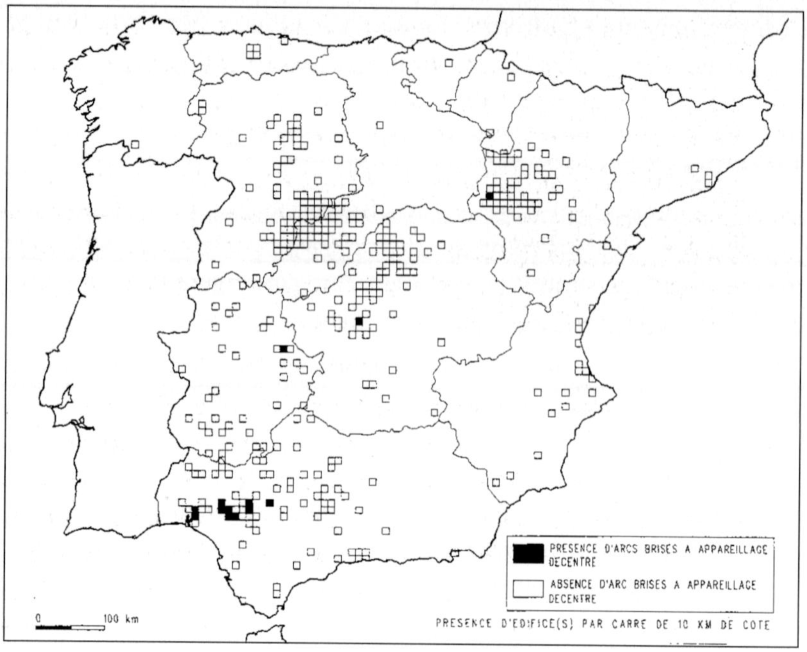

arcs brisés à appareillage décentré

Santiponce San Isidoro del Campo porte 1

Saragosse santiago

LE DISCOURS DE LA MÉTHODE

La brique cuite requiert, pour sa production en masse, une technologie relativement élaborée qui est toujours liée à des civilisations dans lesquelles le phénomène urbain est prépondérant dans l'organisation économique et sociale. Rome, qui exporte jusque dans les *villae urbanae* et les *castra* des confins de l'empire des modes de production artisanaux marqués au coin de l'*Urbs*, a sans nul doute fait connaître aux populations de la Péninsule ce matériau qui est resté, dans les années sombres du haut Moyen Age associé au souvenir de plus en plus lointain de l'âge d'or qui a correspondu au règne des Sévère.

Le hiatus, entre l'Antiquité tardive et la renaissance carolingienne, n'a sans doute pas permis que fussent totalement oubliés les savoir-faire artisanaux complexes que requiert la cuisson de la brique en quantité suffisante pour donner naissance à une architecture dans laquelle elle ne soit pas limitée à un usage purement décoratif. Néanmoins à l'époque préromane, le matériau est utilisé avec parcimonie pour quelques arcs ou couronnements de mur, parfois peut-être pour clore des voûtes dont les reins sont montés en grand appareil, lui aussi de tradition romaine.

Ce n'est qu'avec la *repoblación* que l'usage du matériau se répandit de manière significative, ce qui laisse supposer une organisation de la production, soit par des ateliers itinérants, soit par des fabriques artisanales associées aux petits noyaux urbains qui se développent alors autour de monastères dominés par un clergé attaché à assurer la soumission de ces terres nouvelles à l'orthodoxie catholique. Les chevets des multiples petites églises de Vieille Castille et de León expriment pour la première fois dans la péninsule ibérique l'aptitude du matériau à répondre à des préoccupations à la fois structurelles et décoratives. On ne saurait trop insister sur le caractère roman de ces édifices, trop souvent exclus de cette catégorie stylistique du fait de l'emploi, jamais exclusif du reste, de ce matériau.

La brique a ainsi donné lieu, dans l'Espagne de la Reconquête à la mise en place de formules architecturales dans lesquelles elle est utilisée avec une certaine parcimonie dans le gros-oeuvre, mais exaltée par le décor. Les arcatures des églises romanes de la Vieille Castille et du León, celles qui animent les chevets des églises mudéjares de Tolède prolongent tard dans le XIIIème siècle des formules nées avec l'art roman, réhabilitées par la sensibilité artistique cistercienne et discrètement adaptées à une réalité proprement hispanique marquée par le passé islamique.

On ne peut que constater un certain parallélisme dans les mouvements qui se manifestent en faveur du matériau dans l'islam d'Occident et l'Europe chrétienne aux XIIème et XIIIème siècles, mais ni les techniques de mise en oeuvre ni les caractéristiques intrinsèques du matériau ne permettent d'affirmer que la pratique architecturale des *albañiles* de Castille ou d'Aragon soit davantage redevable à la tradition musulmane qu' à la tradition chrétienne. La plus incontestablement mudéjare des "écoles" d'architecture chrétienne, celle de Tolède, fait appel à un matériau dont les proportions correspondent à celles qui dominent dans le monde romain, tandis que le rapport largeur/longueur des briques de la Giralda trouve un écho dans celui qui régit le matériau employé dans bien des édifices italiens contemporains.

Le fait de dissocier clairement ce qui dans une église mudéjare remonte au XIIème ou XIIIème siècle de ce qui est largement postérieur (nefs reconstruites, charpentes) permet d'emblée de relativiser, voire de contester le "mudéjarisme" des chevets romans. La prise en compte de l'histoire démographique de la *Meseta norte* ou de l'histoire religieuse de Tolède est indispensable à la compréhension de l'emploi de tel matériau ou de telle forme architecturale, tandis qu'une vision qui détache les éléments décoratifs de répertoires formels pour les replacer dans le cadre de considérations esthétiques plus vastes liées à l'histoire de la spiritualité est nécessaire pour donner sa juste mesure au parti décoratif du "roman de brique" ; il est utile enfin, pour avoir une vision claire de ce que signifie le style mudéjar de comprendre qu'au XIVème siècle, les impératifs de la conquête s'effacent derrière ceux de l'intégration.

C'est alors seulement que sur l'ensemble de la Péninsule, avec des variations régionales importantes dont seule peut rendre compte une approche détaillée par province, la brique se met au service du style mudéjar, au même titre du reste que les autres matériaux. Associée à la céramique en Aragon pour décorer les clochers dressés au XVème siècle sur le flanc des églises gothiques, elle se confond avec elle dans les somptueux portails de *ladrillo limpio* de Séville.

Dans le gros-oeuvre cependant la brique est rarement utilisée seule. Son emploi, presque partout limité à la construction des arcs, des voûtes ou de certains éléments de structure ne s'étend qu'exceptionnellement au gros-oeuvre dans quelques monuments tardifs en Andalousie, dans les églises de la région de Saragosse ou dans les grands châteaux de Coca, Casarrubios del Monte, La Mota et Arévalo.

On a donc à faire presque toujours dans l'Espagne médiévale à "une architecture de brique avec peu de brique" et ce n'est qu'en Aragon à partir du XIVème siècle que l'on peut réellement parler d'une architecture de brique puisque le matériau y est utilisé à l'exclusion de tout autre et selon des techniques spécifiques.

Les limites de la méthode

Ces dernières lignes empruntées à la conclusion de ma thèse, sont l'aboutissement d'une recherche sans doute un peu marginale et risquée dans la mesure où elle va à l'encontre de l'une des exigences fondamentales de la recherche qui est le principe de la vérification systématique des informations prises en compte; il est évident que lorsque l'on s'engage à travailler sur un grand nombre d'édifices il est impossible de vérifier chacune des informations nécessaires à l'établissement du corpus sur lequel va s'établir la réflexion. Dans le cas présent, les seules observations "de première main" sont les lectures d'appareil et la mesure des briques composant ces appareils que j'ai pu effectuer. La quasi-totalité des informations historiques et un certain nombre d'informations archéologiques sont le fruit d'une compilation de données issus des travaux de chercheurs divers. Il est vraisemblable qu'un certain nombre de ces informations sont erronées ou seront démenties par des travaux ultérieurs ; cependant, compte tenu de la masse des informations traitées il faudrait qu'un grand nombre d'informations s'avèrent fausses pour remettre en cause la synthèse. Cette éventualité étant toujours envisageable, le choix de proposer à la communauté scientifique un droit de regard et une possibilité d'intervenir sur le devenir de l'interprétation historique du phénomène envisagé m'a conduit à mettre en ligne le catalogue des édifices pris en compte.[21] Il est ainsi possible à toute personne intéressée par le thème de proposer des rectifications ou des mises à jour du catalogue qui fonde cette recherche. Cela permettra peut être un jour de reprendre le sujet ou de l'étendre à des régions ou des pays voisins.

Au terme de cet exposé de la méthode que j'ai appliquée au long d'une trentaine d'années de recherches en histoire de l'architecture, j'en viens à penser que si j'avais à reprendre aujourd'hui le dossier des châteaux des marches d'Aragon et de Catalogne, je ne pourrais le faire sans constituer une base de données susceptible d'être intégrée à un système d'informations géographiques, mais je ne suis pas certain que les conclusions que je pourrais apporter seraient pour autant foncièrement différentes de celles que m'avaient permis de formuler l'observation attentive des vestiges archéologiques, l'établissement de croquis sommaires et les quatre boites de chaussures remplies de fiches 10,5 x 14,35 cm dont la conversion en langage informatique poseraient je n'en doute pas d'insolubles problèmes de conscience scientifique.

21. <http://cctausonius.u-bordeaux3.fr/araguas/>.

ANNEXE

PRINCIPE DE STRUCTURATION DE LA BASE DE DONNÉES

CHAMPS IDENTIFICATION

Identifiant interne à la base

REFE n° 6 chiffres 1= unité architecturale (il peut y avoir plusieurs bor dereaux par édifice) 2et 3 = province, 4 à 6 = commune

Localisation et identification[1]

MUNI commune (municipio)

TITU titulaire ou élément d'identification

CHAMPS ARCHITECTURE RELIGIEUSE

Architecture religieuse

EGPA 1 église 2 néant 3 mosquée 4 synagogue

EGMO église monastique: 1 bénédictin 2 néant 3 mendiant 4 cîteaux 5 ordre militaire

ERMI 1 chapelle 2 néant

Typologie des parties composantes des édifices religieux

CHCO 1 chevet composé 2 néant

CHPL 1 chevet plat

CHCU 1 chevet courbe

CHP5 1 chevet à 3 ou 5 pans 2 néant 3 plus de cinq pans

1. Dans cette base nous n'avons pas utilisé de localisation géographique que celle interne au système générée automatiquement lors du pointage sur le fond de carte, compte tenu de l'échelle les édifices sont systématiquement localisés au centre géographique du territoire municipal auquel ils appartiennent.

NEF	1 nef unique 2 néant 3 vaisseaux multiples
TOCA	1 tour carrée ou rectangulaire 2 néant
TOPO	1 tour polygonale, 2 néant
TOMI	1 tour type minaret
CHAP	1 chapelle adjacente
PORC	1 portail 2 néant 3 portail en ladrillo limpio 4 baie en ladrillo limpio
DIV1	1 autre élément 2 néant 3 arc diaphragme 4 contrefort

CHAMPS ARCHITECTURE CIVILE ET MILITAIRE

Typologie des parties composantes: édifices militaires et civils

CAST	1 château 2 néant
CORT	1 courtine 2 néant 3 enceinte urbaine
FLAN	1 ouvrage de flanquement
DIV2	1 autre 2 néant
EDCI	1 édifice civil 2 néant
DIV3	1 cheminée 2 néant

CHAMPS CONSTRUCTION

Typologie des appareils

PLEI	1 brique dans toute l'épaisseur 2 néant
PARI	1 parement intérieur de brique 2 néant
PARE	1 parement extérieur de brique 2 néant
ANGL	1 angles de brique
HARP	1 harpes 2 néant
CHAI	1 chaînes de brique 2 néant
ARA1	1 arases de brique 2 néant
CABO	1 carreaux et boutisses alternés 2 néant
ASAL	1 assises alternées 2 néant
CARR	1 carreaux 2 néant
BOUT	1 boutisses 2 néant
IRRE	1 appareil irrégulier

Typologie des matériaux

MOEL 1 moellon 2 néant

BETO 1 béton 2 néant

PDTL 1 pierre de taille 2 néant

Typologie des voûtements

VPLC 1 voûte plein cintre 2 néant 3 échelonnées 4 rampantes

VBBR 1 voûte en berceau brisé 2 néant 3 échelonnées 4 rampantes

VART 1 voûte d'arête 2 néant 3 échelonnées

OBRM 1 ogives de brique moulurée 2 néant

OBRT 1 ogives de brique non moulurée 2 néant

OPTM 1 ogives de pierre de taille moulurée 2 néant

OPTT 1 ogives de pierre de section carrée2

OGI4 1 ogives quadripartites 2 néant

OGIX 1 ogives multiples 2 néant

OGCO 1 ogives courbes 2 néant

ESQU 1 voûte en auge 2 néant 3 voûte en pendentif

COUP 1 coupole 2 néant

CONE 1 coupole nervée 2 néant

COPA 1 coupole à pans 2 néant

COTR 1 coupole sur trompes 2 néant 3 trompes d'arête

VENC 1 voûte en encorbellement 2 néant

TABI 1 voûte à la Roussillon 2 néant

DIV4 1 autre type de couvrement

Typologie des arcs et baies

APLC 1 arc plein cintre 2 néant

ARCO 1 arc outrepassé 2 néant 3 outrepassé brisé

ASUR 1 arc surbaissé 2 néant

ATPT 1 arc en tiers point 2 néant

ALAN 1 arc en lancette 2 néant

ARAY 1 appareillage rayonnant 2 néant

ADEC 1 appareillage décentré 2 néant

APOL	1 arc polylobé 2 néant 3 arc trilobé
AGEM	1 baies géminées 2 néant
OCUL	1 oculus 2 néant 3 polylobé

CHAMPS DECOR

Typologie des appareils décoratifs

SCIE	1 dents d'engrenage 2 néant
CHEV	1 chevrons 2 néant
DAMI	1 damier 2 néant
LOSA	1 losange 2 néant
SKLO	1 sebkah en losange 2 néant
SKMI	1 sebkah mixtilinéaire 2 néant

Typologie des éléments d'amortissement et de décor

PINA	1 pinacle 2 néant
MERL	1 merlon 2 néant
MPYR	1 merlon pyramidal 2 néant 3 échelonnés
ARPC	1 arcature plein cintre 2 néant 3 roman de brique
AROU	1 arcature outrepassée 2 néant 3 outrepassée brisée
ARPO	1 arcature polylobée 2 néant 3 trlobes
AREN	1 arcature entrecroisée 2 néant
RENF	1 renfoncement rectangulaire 2 néant
CROI	1 décor en croix 2 néant
CROX	1 décor en croix de Saint André 2 néant
DIV5	1 autre élément 2 néant 3 cordon d'éternité 4 lazos 5 polylobes 6 mouqarnas
MOUL	1 brique moulée 2 néant
CERA	1 élément céramique 2 néant
MDRS	1 modillon à ressaut 2 néant
MDML	1 modillon mouluré 2 néant
MDPY	1 modillon pyramidal 2 néant

CHAMPS DATATION

DAT1 Première date: 1=Préroman

2=Islamique
3=XIIème
4=1° moitié XIIème
5=1° quart XIIème
6=2° quart XIIème
7=2° moitié XIIème
8=3° quart XIIème
9=4° quart XIIème
10=XIIIème
11=1° moitié XIIIème
12=1° quart XIIIème
13=2° quart XIIIème
14=2° moitié XIIIème
15=3° quart XIIIème
16=4° quart XIIIème
17=XIVème
18=1° moitié XIVème
19=1° quart XIVème
20=2° quart XIVème
21=2° moitié XIVème
22=3° quart XIVème
23=4° quart XIVème
24=XVème
25=1° moitié XVème
26=1° quart XVème
27=2° quart XVème
28=2° moitié XVème
29=3° quart XVème
30=4° quart XVème
31=XVème
32=1° moitié XVème
33=° quart XVIème
34=2° quart XVIème
35=sans objet

DAT2 id

DAT3 id

CHAMPS AUTEUR

MOMU	1 maître d'oeuvre musulman 2 néant
MOCH	1 maître d'oeuvre chrétien

CHAMPS DIMENSION

DIM2	1 rapport l/L= 1/2 2 néant
DIM3	1 rapport l/L= 2/3 2 néant
LONG	longueur (numérique)
LARG	largeur
HAUT	épaisseur

CARTOGRAPHIE

La cartographie a été réalisée en collaboration avec Georges Coste, responsable de la cartographie auprés du Bureau de la Méthodologie de l'Inventaire Général.

La saisie des bordereaux a été réalisée sur Word et convertie en .dBase. Le logiciel de cartographie utilisé pour la réalisation des cartes est PC-ARC/INFO.

Compte tenu du fait que le maillage adopté est de 10 km, on ne peut s'attendre à une localisation précise ; les édifices ont été situés dans l'ordre dans lequel ils se présentent dans le catalogue en rayonnant à partir du centre géographique du *municipio* dans lesquels ils se trouvent.

Quand la représentation proportionnelle a étè choisie, les classes ont été déterminées à partir des cartes de répartition par siècles (Cartes 3 à 6) par la méthode des seuils observés[2] ce type de représentation nous a paru le plus propre à reflèter de la manière la plus fidèle la densité réelle tout en permettant une lisibilité correcte.

2. Cauvin, Colette; Reymond, Henry ; Serradj, Abdelazziz: *Discrétisation et représentation cartographique,* GIP Reclus, Montpellier 1987.

PROGRAMA

Inauguració del curs. D'esquerra a dreta: Flocel Sabaté, director del curs; Antoni Balasch, ponent de cultura de la Diputació de Lleida; Xavier Viola, alcalde d'Algerri; Emili Junyent, degà de la Facultat de Lletres de la Universitat de Lleida; Ignasi Cortés, ponent de cultura del Consell Comarcal de la Noguera. (Fotografia Isabel Martínez)

Dilluns, 3 d'octubre de 2005.
Ajuntament d'Algerri.
16.00 h. Lliurament de credencials.
16.30 h. Inauguració del curs.
17.00 h. Primera sessió.
Doctor Guillem Rosselló Bordoy, director del Museu Arqueològic de Palma de Mallorca, *Introducció a l'estudi de la ceràmica andalusina.*

Dimarts, 4 d'octubre de 2005.
Ajuntament d'Algerri.
17.00 h. Segona sessió
Doctor Antonio Malpica Cuello, catedràtic de la Universidad de Granada, *Los husun andalusíes y su análisis arqueológico.*

Dijous, 6 d'octubre de 2005.
Ajuntament d'Algerri
17.00 h. Tercera sessió
Senyora Ana Loriente, responsable del Servei d'Arqueologia de l'Ajuntament de Lleida, *L'arqueologia urbana a Lleida: dinàmica i resultats històrics.*

Sessió de treball a la Sala d'actes de l'Ajuntament d'Algerri. (Fotografia Isabel Martínez)

Dissabte, 8 d'octubre de 2005.
Visita guiada al Museu Comarcal de la Noguera, guiada per la seva directora, Senyora Carme Alòs.

Dilluns, 10 d'octubre de 2005.
Ajuntament d'Algerri.
17.00 h. Quarta sessió
Doctor Philippe Araguas, catedràtic de la Université Bordeaux III-Michel de Montaigne, *Des châteaux des marches de Catalogne à la bruque médiévale.*

Divendres, 14 d'octubre de 2005.
Ajuntament d'Algerri.
17.00 h. Cinquena sessió.
Doctor Philippe Sénac, catedràtic de la Université Toulouse-Le Mirail, *Estratigrafía del poblamento musulmán al norte del Ebro (s. VIII-XI)*
20.00 h. Cloenda del curs i entrega de certificats.

Sessió de treball sobre ceràmiques a la Sala d'actes de l'Ajuntament d'Algerri amb la professora Ana Loriente. (Fotografia Isabel Martínez)

Descans després de la sessió de treball. S'hi pot veure departint els professors Francesc Fité, Guillem Rossell Bordoy, Flocel Sabaté i Antonio Malpica. (Fotografia Jesús Brufal)